Detlef W. Schneider / Wolfgang Rechtien

Die Macht des Arguments

Detlef W. Schneider / Wolfgang Rechtien

DIE MACHT DES ARGUMENTS

Sicher auftreten,
klar formulieren,
mit Überzeugung gewinnen

SPRINGER FACHMEDIEN WIESBADEN GMBH

© Springer Fachmedien Wiesbaden
Ursprünglich erschienen bei Betriebswirtschaftlicher Verlag Dr. Th. Gabler GmbH, Wiesbaden 1991
Softcover reprint of the hardcover 1st edition 1991

Lektorat: Ulrike M. Vetter

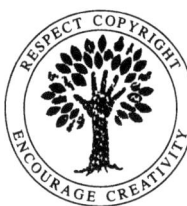

Alle Rechte vorbehalten. Das Werk einschließlich aller seiner Teile ist urheberrechtlich geschützt. Jede Verwertung außerhalb der engen Grenzen des Urheberrechtsgesetzes ist ohne Zustimmung des Verlages unzulässig und strafbar. Das gilt insbesondere für Vervielfältigungen, Übersetzungen, Mikroverfilmungen und die Einspeicherung und Verarbeitung in elektronischen Systemen.

Höchste inhaltliche und technische Qualität unserer Produkte ist unser Ziel. Bei der Produktion und Verbreitung unserer Bücher wollen wir die Umwelt schonen: Dieses Buch ist auf säurefreiem und chlorarm gebleichtem Papier gedruckt. Die Einschweißfolie besteht aus Polyäthylen und damit aus organischen Grundstoffen, die weder bei der Herstellung noch bei der Verbrennung Schadstoffe freisetzen.

Die Wiedergabe von Gebrauchsnamen, Handelsnamen, Warenbezeichnungen usw. in diesem Werk berechtigt auch ohne besondere Kennzeichnung nicht zu der Annahme, daß solche Namen im Sinne der Warenzeichen- und Markenschutz-Gesetzgebung als frei zu betrachten wären und daher von jedermann benutzt werden dürften.

Satz: Satztechnik, Taunusstein

ISBN 978-3-322-92988-4   ISBN 978-3-322-92987-7 (eBook)
DOI 10.1007/978-3-322-92987-7

Vorwort

Wie gut Ihre Ideen auch immer sein mögen, sie werden sehr oft erst durch eine sinnvolle Übertragung auf andere wirksam. Wer durch das gesprochene Wort andere Menschen dazu bringen will, ein Ziel auf einem bestimmten Weg zu erreichen, darf meist nicht voraussetzen, daß dieses Ziel bereits mit den Vorstellungen jener übereinstimmt, die es erreichen sollen. Trifft das gesprochene Wort nicht präzise, und für andere verstehbar, das angepeilte Ziel, so kann sich Mißerfolg einstellen. Kommunikation ist nur so gut wie das Handeln, das aus ihr hervorgeht.

Je besser ein Mensch mit dem Wort umgehen kann, desto erfolgreicher ist er im Umgang mit anderen. Wer in jeder Situation zum richtigen Wort findet, ist gegenüber allen Situationen des Lebens besser gerüstet. Er formt und stärkt sein Selbstbewußtsein und somit seine gesamte Persönlichkeit.

Wortgewandtheit und sicheres Auftreten sind nicht angeboren. Was wir bei vielen erfolgreichen Menschen als „Naturtalent" bewundern, ist fast immer das Ergebnis sorgfältiger Schulung und Übung.

Das Wissen um Bedingungen und Regeln, um sinnvoll mit sich selbst und anderen Menschen umzugehen, ist eine notwendige Voraussetzung, um zu einer überzeugenden Rhetorik zu gelangen. Jedoch muß dieses Wissen durch praktische Übung gefestigt werden. Hierzu bietet dieses Buch Grundlagen und Anleitungen. Wir haben es geschrieben für jeden,

> der seine Persönlichkeit weiter entwickeln möchte,
> der noch sicherer auftreten will,
> der andere von sich überzeugen möchte,
> der erfolgreich beraten oder begeistern will,
> der Menschen führen und motivieren will.

Inhaltsverzeichnis

Vorwort 5

1. **Sprechen – Instrument der Persönlichkeit** 9
   Detlef W. Schneider

2. **Selbstsicherheit** 13
   Wolfgang Rechtien

   2.1 Umgang mit Lampenfieber 13
   2.2 Streß und Streßbewältigung 45

3. **Die freie Rede** 83
   Detlef W. Schneider

   3.1 Die unterschiedlichen Redearten 84
   3.2 Vorbereitung und Aufbau einer Rede 88
   3.3 Durchführung der Rede 102

4. **Verlaufsformen unterschiedlicher Gespräche** 109
   Detlef W. Schneider

   4.1 Subjektive Gesprächsanteile 111
   4.2 Das Bild vom anderen 113
   4.3 Gesprächsgegenstand – der objektive Teil 115
   4.4 Die Situation 116
   4.5 Partnerbezogenes Gespräch 117
   4.6 Die Akzeptanz des anderen 123
   4.7 Konfliktgespräch 126
   4.8 Beurteilungsgespräch 127

5. Kommunikation als grundlegendes soziales Geschehen ... 133
Wolfgang Rechtien

5.1 Bedeutung von Kommunikation 133
5.2 Interaktion und Kommunikation 134
5.3 Verbale/nonverbale, sprachliche/nichtsprachliche Kommunikation 141
5.4 Beziehung zwischen Sender und Empfänger 149
5.5 Kommunikationsprozesse optimieren 152

6. Dialektik – faire und nichtfaire Techniken 171
Detlef W. Schneider

6.1 Was ist Dialektik? 171
6.2 Erfolgreiche Gesprächsführung und Verhandlung 175
6.3 Gesprächseröffnung und Gesprächssteuerung durch Fragen 181
6.4 Argumentation und faire Überzeugungstechniken 191
6.5 Dialektische Gesprächsformen 207
6.6 Abwehr unfairer dialektischer Angriffe 225
6.7 Manipulation 232

7. Die erfolgreiche Präsentation 235
Detlef W. Schneider

7.1 Die vier Phasen der Präsentation 237
7.2 Aufbau einer Präsentation 238
7.3 Einsatz visueller Hilfsmittel 239
7.4 Medien für die Präsentation 248

Literaturverzeichnis 255

Stichwortverzeichnis 259

1. Sprechen – Instrument der Persönlichkeit

Menschen haben ein Grundbedürfnis nach Information und Kommunikation. Sich mit seiner Umgebung, mit anderen Menschen auseinanderzusetzen, dient der Orientierung, kommt dem Kontaktbedürfnis und dem Bedürfnis nach Anerkennung und Wertschätzung der eigenen Person entgegen.

Beim Kleinkind beobachten wir, wie es sich seine Umwelt durch Fühlen erobert. Informationen werden durch Greifen, Anfassen, In-den-Mund-Stecken förmlich einverleibt. Diese Neugier führt später zum Fragenbedürfnis. Die Dinge erhalten Namen. Schließlich treten Wörter an die Stelle der konkreten Dinge. Wörter und Sätze repräsentieren dann Objekte und die vermittelnden Prozesse. Aus „Greifen" wird „Begreifen", aus „Anfassen" wird „Erfassen". Zusammenhänge werden verstanden. Nur der Mensch besitzt die Fähigkeit, Sprache zu lernen.

Miteinander reden und sich austauschen geschieht mittels Sprache. Weit vor dem Einsatz der Rhetorik steht also der Einsatz und die Verwendung der Sprache.

Sprache ist für uns Menschen sehr wichtig; sie beeinflußt uns und unser Denken und Handeln, unsere Gefühle und unsere Wahrnehmung. Wir haben uns alle an Sprache als eine Selbstverständlichkeit gewöhnt.

Im folgenden interessieren uns Sprache und die Möglichkeiten, die uns die Sprache eröffnet, unter dem Aspekt der Rhetorik. Für eine moderne Rhetorik ist die Kunst der sprachlichen Darstellung allein zwar sehr wichtig, jedoch nicht ausreichend. Erst durch ein optimales Zusammenwirken von vorbereitendem Denken, partnerschaftlichem Sprechen und geöffnetem Hören wird Kommunikation erfolgreich. Dadurch werden Inhalte präzise übertragen und interpretiert.

Wir verstehen nun unter:

- Denken: Bedeutungen, Beziehungen und Sinnzusammenhänge erfassen und herstellen;
- Sprechen = Kodieren: Inhalte darstellen (Ausdrucks- und Verständigungsmittel), Wissen kundgeben, benennen, sichtbar machen (motorische Kraft);
- Hören = Dekodieren: akustische Reize empfangen und aufnehmen, Signale und Zeichen entschlüsseln, Interpretation und Transfer.

Darüber hinaus spielt die gesamte Atmosphäre, in der ein Sprachvorgang abläuft, eine entscheidende Rolle (z.B.: Familie, Gesinnungsgruppen, Arbeitswelt, menschliche Beziehungen).

In der Arbeitswelt ist Kommunikation ein zentrales Thema. Der wechselseitige Austausch von Mitteilungen ist Grundlage jeglichen organisatorischen Geschehens. Funktionierende Kommunikation und damit funktionierende Rhetorik leistet einen Beitrag zur psychischen Gesundheit. Isolierung eines Menschen im Sinne von Vorenthaltung von Kommunikation führt zu schweren Störungen.

Informiertsein bedeutet mitreden, mithandeln, mitverantworten können. Neben der Orientierung und Kontaktförderung steigert Informiertsein das Selbstwertgefühl.

Um zu kommunizieren, benutzen wir Zeichensysteme. Es besteht kein Zweifel, daß für den des Sprechens und Hörens fähigen Menschen das Kommunikationssystem der Sprache das wichtigste ist. Darüber hinaus ist es wichtig zu erkennen, daß Sprache und menschliches sprachliches wie nichtsprachliches Handeln dicht miteinander verbunden sind. Die Welt, in der wir leben, wird weitgehend durch Sprache und Sprachverfügung gebildet. Wir schaffen mit unserer Sprache Realität. Innerhalb der Sprache unterscheiden wir zwischen geschlossenen und offenen Systemen.

- *Geschlossene Systeme* sind eindeutig, schematisch, ihre Leistungen sind voraussagbar. In einem geschlossenen System ist eine andere Deutung des Symbols ausgeschlossen.

- In *offenen Systemen* sind die beteiligten Elemente komplex, sie stehen in Rückkopplung zueinander, ihre Ergebnisse sind ohne weiteres nicht voraussehbar und planbar. Beispiele: eine geringe Anzahl, das Wetter ist unfreundlich.

Im zwischenmenschlichen Bereich findet die Sprache in ihrem offenen System ihre häufigste Anwendung. Je nach Gebrauch, Situation und Absicht kann sie unterschiedliche Bedeutung und Wirkung haben.

Man kann mit einem gegebenen Bestand an Satzmustern unendlich viele Sätze erzeugen, Neues erkennen, Bedeutungen verschieben oder im Zustand ständiger Produktivität erhalten.

• Qualifizierte Rhetorik ist somit sinnvoller, bewußter und kontrollierter Einsatz der eigenen Persönlichkeit.

Da Sprecher und Zuhörer sich wechselseitig beeinflussen und ganze Völker mittels Sprache zu Taten beeinflußt wurden und werden, beschäftigten sich die Menschen schon sehr früh mit der Sprache und ihrem gezielten Einsatz. Schon während der griechischen und römischen Antike haben Philosophen das Geheimnis der Redewirkung zu ergründen versucht. Quintilian (30 bis ca. 60 n. Chr.) hat unter anderem das bis dahin zusammengetragene Wissen über die Rhetorik systematisch geordnet und in Lehrbüchern der Nachwelt überliefert. Gut und überzeugend zu sprechen galt lange Zeit als Kunst und wurde hoch geschätzt. Mit „Rhetor" wurde in der Antike ein guter Redner bezeichnet. In der Ableitung läßt sich Rhetorik folglich als Redekunst, auch Beredsamkeit interpretieren. Somit kann unter Rhetorik die Lehre von der Redekunst und der Redekunde verstanden werden.

Rhetorik im ursprünglichen Sinne bezog sich auf die Rede vor mehreren Zuhörern. Auch heute versteht man unter einer Rede eine Ansprache vor einem größeren Zuhörerkreis. Im Grunde ist es jedoch unwesentlich, ob vor einem großen oder nur vor einem kleinen Zuhörerkreis gesprochen wird oder gar nur zu einer Person. Die Gesetze und Wirkungsmechanismen gelten in allen Bereichen.

Leider geriet die Rhetorik in vielen Ländern Europas in Vergessenheit und wurde nur noch in den Klöstern gepflegt und überliefert. Heute erfreut sich die Rhetorik wieder zunehmender Beliebtheit. In weiten Bereichen unseres Lebens können wir heute kaum auf eine gute und überzeugende Rhetorik verzichten. Und dennoch: Das scheinbar so Einfache wie die Rede, bereitet uns häufig unversehens Schwierigkeiten. Die Frage: „Können Sie reden?" würden die meisten Menschen mit einem klaren Ja beantworten. Anders jedoch die Frage: „Können Sie eine Rede halten?" Sprechen im Sinne von „zu anderen sprechen" bedeutet für uns heute auch einen Teil unserer Selbstverwirklichung, bedeutet, unsere Persönlichkeit weiter aus- und aufzubauen.

2. Selbstsicherheit

2.1 Umgang mit Lampenfieber

Wenn wir uns hier mit Lampenfieber, Angst und Streß auseinandersetzen, dann geht es um deren Verminderung und konstruktive Nutzung. Keinesfalls kann es um die Bearbeitung von sehr starken oder gar chronischen Angstzuständen gehen. In diesen Fällen ist psychologische Beratung in Anspruch zu nehmen.

Ich weiß nicht, mit welchen Gedanken, Gefühlen und Erwartungen Sie einem öffentlichem Auftritt entgegensehen, wenn Sie bei diesem eine bedeutsame Rolle spielen – dabei kann es sich um eine Rede, eine Konferenz, eine Sitzung oder auch „nur" um ein wichtiges Gespräch im kleinen Kreis handeln – und was Sie dann denken und fühlen, wenn die Situation da ist. Was geht in Ihnen vor, wenn Sie vor Publikum stehen, wenn sich die Aufmerksamkeit Ihrer Gesprächspartner auf Sie richtet ...?

Möglicherweise ist dies gar nichts Besonderes für Sie und Sie erledigen Ihre Vorbereitungen wie jede andere Tätigkeit auch – konzentriert und zielbewußt, ohne störende Vorstellungen oder Gefühle. Oder vielleicht tun Sie dies auch gerne – gehen mit froher Erwartung an die Sache heran und fühlen sich auch während der Situation entspannt, selbstbewußt und kompetent.

In diesen Fällen gehören Sie zu den wenigen Menschen, für die das Thema dieses Kapitels mit wenig oder keiner persönlichen Betroffenheit verbunden und eher von allgemeinem Interesse ist – etwa in dem Sinne, was wohl in anderen in solchen Situationen vor sich geht: Sorgen, Befürchtungen, Zweifel, von denen Sie selbst nicht berührt sind. Oder ...?

Den meisten Menschen jedenfalls geht es anders. Sie sind vor und während öffentlichen Reden (wenn sie sie selbst halten müssen, natürlich), wichtigen Sitzungen und Gesprächssituationen

- mehr oder weniger aufgeregt und unsicher,
- fühlen sich von den anderen kritisch betrachtet,
- haben Herzklopfen, feuchte Hände und was es sonst noch an Symptomen gibt.

Kurz gesagt: Sie haben Lampenfieber.

Und obwohl, wie gesagt, die meisten Menschen dieses Bündel von Gefühlen und Vorstellungen, das man als Lampenfieber bezeichnet, aus eigener Erfahrung kennen, sind viele von ihnen der Überzeugung, es ginge nur *ihnen* so, nur *sie* hätten den inneren Kampf mit Aufgeregtheit, Unsicherheit, Leistungsdruck auszufechten.

Unsicher und ängstlich zu sein, Lampenfieber zu haben – das ist nicht etwas, was wir gerne und leicht zugeben. Lieber spielen wir die Rolle dessen, der lässig und gelassen im Mittelpunkt der Aufmerksamkeit steht und nicht aus der Ruhe zu bringen ist. Dabei hat Aufgeregtheit keineswegs nur negative Aspekte. Im Gegenteil: in manchen Situationen ist sie für optimale Leistungsfähigkeit förderlich oder sogar Voraussetzung – wir werden dies im weiteren Verlauf noch ausführlich besprechen.

- Was ist das eigentlich, Lampenfieber, Leistungsangst, soziale Angst, Streß?
- Wie wirken sich diese emotionalen Zustände eigentlich aus?
- Wie entstehen sie?
- Welche gedanklichen und gefühlsmäßigen Komponenten sind in ihnen enthalten?
- Wie können wir Streß, Angst, Lampenfieber konstruktiv nutzen?

Das sind die wesentlichen Themen der folgenden Abschnitte. Dabei geht es weniger um die *Beseitigung,* sondern allenfalls um die *Verminderung* und vor allem um die *konstruktive Nutzung* der in diesen Emotionen enthaltenen Energien für den Aufbau leistungsfähigen und selbstsicheren Verhaltens.

Lampenfieber und Publikumsangst

In seiner Ausgabe von 1971 definiert das *dtv-Lexikon* Lampenfieber als

„nervöse Unruhe vor dem Auftreten (bei Schauspielern, Sängern, Rednern u.a.)" (S. 79)

Im *Lexikon der Psychologie* wird das Phänomen des Lampenfiebers etwas ausführlicher behandelt, und zwar als

„Zustand großer Nervosität u. starker innerer Angespanntheit (psychogene, innere Erregung), der Vortragende, Redner u. Künstler vor öffentl. Auftritten sowie Prüflinge vor dem Examen befällt; L. ist die bis zu einem gewissen Grade normale Form der Erwartungsangst. Es ist häufig von Furcht vor Mißerfolg begleitet u. zuweilen mit einer Blockierung des normalen Erlebnisverlaufs sowie des Ausdrucksverhaltens einhergehend." (S. 1202)

So scheint Lampenfieber dann aufzutreten,

- wenn es um eine soziale Situation geht,
- in der Leistung in irgendeiner Form erbracht werden soll,
- man der wirklichen oder vermeintlichen Bewertung durch ein Publikum (im weitesten Sinn) unterliegt
- und man in dieser Situation auch versagen kann.

Daß dieser Aspekt der sozialen Bewertung eine bedeutende Rolle spielt, zeigt auch eine Untersuchung von *Ortlieb* zur *Publikumsangst*:

„Die Angst vor sozialer Bewertung ist ein emotionales Problem, welches sich in einer Scheu vor öffentlichem Auftreten bzw. Sprechen und einer Tendenz zur Meidung entsprechender Aktivitäten zeigt." (1973, S. 13)

Es kann die Wahrnehmungsprozesse beeinflussen und sich auf das Ausdrucksverhalten, also Mimik, Gestik, Sprechweise auswirken. Wie in dieser Definition wird die Erregung, die mit Lampenfieber verbunden ist, meist in ihren negativen Auswirkungen gesehen; daß sie unter bestimmten Umständen durchaus auch positive Folgen haben kann, habe ich bereits erwähnt.

Der Begriff des „Lampenfiebers" wurde im Lebensbereich der Bühne geprägt, also von Menschen, bei denen öffentliches Auftreten vor Publikum und Bewertung durch dieses Publikum den eigentlichen Kern ihres Berufes bilden. Gerade bei solchen Berufen könnte man vermuten, daß die mit Leistung vor und Bewertung durch andere verbundene Angst durch Gewöhnung und Routine nachläßt; dies scheint jedoch keineswegs der Fall zu sein. *Pablo Casals,* der „König des Bogens", berichtet im Gegenteil auf dem Höhepunkt seiner Karriere über anscheinend völlig unmotivierte Angstzustände:

> „Sie können sich vorstellen, wie viele Künstler ich während meiner langen Laufbahn kennengelernt habe; bei allen scheint die nervöse Angst eine Selbstverständlichkeit zu sein. Es gibt nur sehr wenig Ausnahmefälle ... Aber ich kenne keinen Künstler, der so von Angst geplagt wäre wie ich. Manche meiner bevorstehenden öffentlichen Konzerte bedrücken mich wie ein Alptraum. Selbst heute noch." (*Corredor* 1954; deutsch nach *Eckhardt/Lück/Mertesdorf* 1970)

Dem Publikum bleibt das Vorhandensein und das Ausmaß von Lampenfieber weitgehend verborgen. Entsprechende Untersuchungen haben gezeigt, daß Lampenfieberempfindungen von Außenstehenden im allgemeinen unterschätzt werden.

Erregung vor Publikum kennen nun nicht nur Podiumskünstler, sondern auch Examenskandidaten vor und in der Prüfung, junge Männer und Mädchen vor dem Abschlußball der Tanzstunde, der Passant, der unerwartet in ein Fernsehinterview gerät usw. (Sie können die Liste sicher um einiges erweitern).

So erscheint die Angst vor öffentlichem Auftreten keineswegs als besonders auffälliges Phänomen. Zwar wurde gelegentlich diese Form der Angst als eine Erscheinungsform der Angsthysterie klassifiziert, es hat sich aber im Gegensatz dazu gezeigt, daß der größte Teil der Personen, die davon betroffen sind, nicht zur Gruppe sogenannter neurotischer Personen zählt und Publikumsangst zu den normalen Erlebnisweisen des Alltags zu zählen ist (*Paul* 1966).

Furcht, Angst, Ängstlichkeit

Den gefühlsmäßigen, *emotionalen* Zustand, den wir in der Alltagssprache „Angst" nennen, kennt jeder von uns aus unterschiedlichen Situationen und in unterschiedlichen Intensitäten. Gleichzeitig ist das Wissen darüber, was Angst eigentlich ist, wie sie entsteht und welche Funktion sie in der Regulation der Lebensprozesse hat, im Alltag verhältnismäßig wenig verbreitet. Dabei ist es gerade dieses Wissen, das zu einem konstruktiven Umgang mit Angst und Furcht beitragen kann – wir werden diesem Thema daher einige Aufmerksamkeit widmen.

Wenn Sie Ihr Augenmerk einmal auf Ihre eigenen Erfahrungen mit Angst richten, werden Ihnen – so vermute ich – die beiden folgenden Punkte vertraut sein:

- Angst ist keineswegs ein einheitliches Phänomen, sie kann im Gegenteil sehr unterschiedliche Qualitäten annehmen. So ist z.b. die Angst vor körperlichem Schmerz eine andere als die Angst vor dem Abgelehnt-Werden durch (bedeutsame) Mitmenschen.

- Angst zu haben ist in unterschiedlichem Maß sozial akzeptiert bzw. tabuisiert. Das Ausmaß dieser Akzeptanz bzw. Tabuisierung hängt von verschiedenen Begleitumständen ab, u.a.

  • von der Rollen- und Kompetenzzuschreibung für die sich ängstigende Person (z.B. Erwachsener – Kind; Experte – Neuling),

  • von der Art der Angst und der Situation, in der sie auftritt; so ist die Angst vor dem Zahnarzt weithin akzeptiert – und zwar auch dann, wenn man mit Zahnärzten bereits eine Menge an Erfahrungen besitzt, während *soziale Angst* (oder auch die Angst davor, eine öffentliche Rede zu halten) uns allenfalls für die ersten zwei-, dreimal zugestanden wird.

Das unterschiedliche Ausmaß an *sozialer* Akzeptanz gegenüber verschiedenen Formen der Angst führt zu Unterschieden in dem Ausmaß, in welchem wir selber eigene Angsterlebnisse wahrnehmen und akzeptieren. Wie wir noch sehen werden, ist eine präzise Wahrnehmung jedoch Voraussetzung für die Beeinflussung von und den konstruktiven Umgang mit Angstprozessen.

In der *Psychologie* gehören Angst und Furcht zu den am häufigsten untersuchten Phänomenen. Obgleich der Nutzen einer Unterscheidung zwischen Angst auf der einen und Furcht auf der anderen Seite nicht unumstritten ist, liegt sie den meisten Untersuchungen und theoretischen Abhandlungen zugrunde. Im allgemeinen wird dabei Furcht als ein Spezialfall der Angst betrachtet – wir werden darauf bei den Begriffsbestimmungen noch zu sprechen kommen.

- Unter *Angst* verstehen wir ein mit Beengung, Erregung, Verzweiflung verknüpftes Lebensgefühl, das vor allem dadurch gekennzeichnet ist, daß die willensmäßige, verstandesmäßige „Steuerung" des Verhaltens teilweise oder ganz aufgehoben ist. (vgl. *Dorsch* 1982, S. 34).

In dem Maße, in dem Angst auf ein konkretes Objekt bezogen ist, z.B. Examensangst, wird sie zur *Furcht,* die rationaler Prüfung und Beeinflussung eher zugänglich ist.

- Häufig wird Angst auch definiert als Besorgtheit und Aufgeregtheit angesichts von Situationen, die subjektiv als bedrohlich und ungewiß eingeschätzt werden (*Schwarzer* 1981).

Die Tatsache, daß Angst mit sehr unterschiedlichen Qualitäten erlebt werden kann, ist ebenfalls Anlaß zu wissenschaftlichen Untersuchungen gewesen. Dabei ist man zu dem Schluß gekommen, daß Angst

„ein übergeordnetes Gefühlsmuster (ist), welches aus mehreren fundamentalen Gefühlen zusammengesetzt ist. Furcht und andere zusätzliche Gefühle wie Traurigkeit, Ärger, Schuld oder Scham bilden dann gemeinsam dieses Muster, welches Angst genannt wird". (*Schwarzer* 1983, S. 147)

Sowohl Angst als auch Furcht lassen sich auf mindestens vier Ebenen beschreiben und erfassen:

- auf der Ebene der sprachlichen Mitteilung,
- auf der Ebene der körperlichen Erregung,
- auf der Ebene des sichtbaren Verhaltens sowie
- auf der Ebene von Mimik und Gestik.

• Von der Angst als einem bestimmten Gefühlszustand läßt sich Ängstlichkeit als ein *Persönlichkeitsmerkmal* unterscheiden. Ängstlichkeit läßt sich als chronische Bereitschaft zu Angst- bzw. Furchtreaktionen beschreiben: Menschen, die häufig mit Angst reagieren, wird diese Eigenschaft der Ängstlichkeit zugeschrieben.

Wie andere Persönlichkeitsmerkmale ist Ängstlichkeit eine überdauernde Disposition. Diese Unterscheidung zwischen Angst und Ängstlichkeit ist nützlich, da sie es ermöglicht, zu bestimmen, ob ein Verhalten mehr durch bestimmte Situationsbedingungen oder eher unabhängig von der Situation durch eine persönliche Disposition bestimmt ist.

Ängstlichkeit als Disposition bezieht sich auf überdauernde individuelle Unterschiede zwischen Personen in der für sie mehr oder weniger charakteristischen Bereitschaft, auf reale oder vorgestellte Gefahrensituationen mit Angst oder Furcht zu reagieren (vgl. *Schwarzer* 1983, S. 149). Dabei kann Ängstlichkeit ebenso wie Angst und Furcht mit bestimmten Situationen verbunden sein, also eine Disposition zu verstärkten Angstreaktionen in bestimmten Situationen sein.

Wie wir noch sehen werden, spielen solche überdauernden Merkmale wie Ängstlichkeit eine wichtige Rolle bei der Bewältigung von *Streß*.

• Mit *Furcht* wird ein Lebensgefühl des Bedrohtseins bezeichnet. In bestimmtem Umfang ist Furcht mit Angst verwandt, im Gegensatz zu dieser ist sie aber *objektbezogen*.

Furcht ist nach Art und Umfang der Bedrohung angemessener bzw. angepaßter, als dies die Angst ist. Zu den primären, d.h. nicht gelernten Auslösern von Furcht gehören laute und plötzliche Geräusche, Stoß und Schock, sowie Erschütterung des Bodens bzw. der Unterlage, auf der man sich befindet. Sekundäre Furcht ist die durch Konditionierung erworbene Furcht. (*Dorsch* 1982, S. 229–230)

Im allgemeinen wird Furcht als Spezialfall der Angst angesehen. Als Furcht kann so etwas wie ein bewußter Erregungszustand bei der Konfrontation mit einer akuten Gefahrensituation angesehen werden. Sie gehört nach *Izard* (1980) zu den zehn fundamentalen Gefühlen.

Zu den psychologischen Theorien, die sich besonders mit der Furcht, ihrer Herkunft und ihren Konsequenzen beschäftigt haben, gehört die Psychoanalyse *Freuds*. Wichtig zu wissen ist dabei, daß *Freuds* Begriff der Angst weitgehend mit dem identisch ist, was Sie in der heutigen psychologischen Literatur unter der Bezeichnung Furcht finden. *Freuds* Begriff der Signalangst ist ungefähr gleichbedeutend mit dem der Furchtantizipation. Zu Angst (= Furcht) kommt es, wenn man einer Gefahr tatsächlich ausgesetzt ist, zu Signalangst (= Furchtantizipation), wenn man eine mögliche Bedrohung durch eine Gefahr wahrnimmt.

Freud ging davon aus, daß alle Gefahrensituationen – und damit alle angstauslösenden Umstände – in irgendeiner Weise mit Trennung oder Verlust verbunden sind, z.b. mit dem Verlust eines geliebten „Objektes" oder dem Verlust der Liebe seitens eines anderen. Das Urerlebnis von Gefahr und Verlust ist für ihn die Geburt. Dieser Verlustaspekt von bedrohlich erlebten Situationen kann mit zunehmenden Alter weniger unmittelbar ersichtlich werden, er bleibt jedoch vorhanden. Nach der Entwicklung des Überichs z.B. kann soziale Angst (Furcht-Scham oder Furcht-Schüchternheit) zu einem inneren Ersatz für eine äußere Gefahr werden, und moralische Angst (Furcht-Schuld) kann zu einem vollständig inneren Erlebnisphänomen ohne jede äußere Bedrohung werden.

Auch wenn wir dem *Freud*schen Ansatz zur Erklärung von Angst und Furcht heute nicht mehr folgen, verdanken wir ihm doch zwei wichtige Gedanken:

- Individuen unterscheiden sich in der Wahrnehmung und Beurteilung möglicher Gefahren;
- wenn etwas in einer tatsächlich ungefährlichen Situation Angst auslöst, so ist dies das Ergebnis individueller Lern- und Bewertungsprozesse.

Um die Bestandteile von Angst bzw. Furcht, die für die folgenden Handlungsreaktionen bestimmend sind, besser identifizieren zu können, unterscheidet man (in der neueren psychologischen Forschung) zwischen kognitiven und emotionalen Komponenten.

Der *kognitiven* Komponente entsprechen Bezeichnungen wie Besorgnis oder Selbstzweifel: man macht sich Sorgen, ist beunruhigt, zweifelt an den eigenen Fähigkeiten, fühlt sich schuldig, beobachtet mehr sich selbst als die Problemsituation, erwartet Mißerfolge, stellt sich selbst in Frage, vergleicht sich mit anderen, hält sich für inkompetent, betont besonders die bedrohlichen Elemente einer Situation usw.

Zur kognitiven Komponente kommt die *emotionale* Komponente: man spürt die eigene physiologische Erregung und interpretiert sie als „ängstliche Erregung", als Furcht. Dabei ist ein Sachverhalt äußerst wichtig: die *Wahrnehmung* einer Erregung ist etwas ganz anderes als die *tatsächliche Erregung*. Forschungen (z.B. *Morris/Liebert* 1970) haben ergeben, daß zwischen tatsächlicher und erlebter körperlicher Erregung nur ein sehr geringer Zusammenhang besteht[1].

Drei inhaltlich bestimmte Einteilungen von Angst haben sich als sinnvoll erwiesen: Existenzangst, Leistungsangst und soziale Angst. Während sich Existenzangst auf Bedrohung körperlicher Unversehrtheit bezieht, ist der Inhalt von Leistungs- und sozialer Angst die Bedrohung des Selbstkonzeptes, so daß sich folgende Unterscheidung ergibt:

---

[1] Falls es Sie interessiert: die Korrelation zwischen beiden betrug in den Untersuchungen von *Morris/Liebert* r = .34.

- Angst vor körperlicher Bedrohung: Existenzangst
- Angst vor Bedrohung des Selbstkonzeptes:
  - Leistungsangst,
  - soziale Angst.

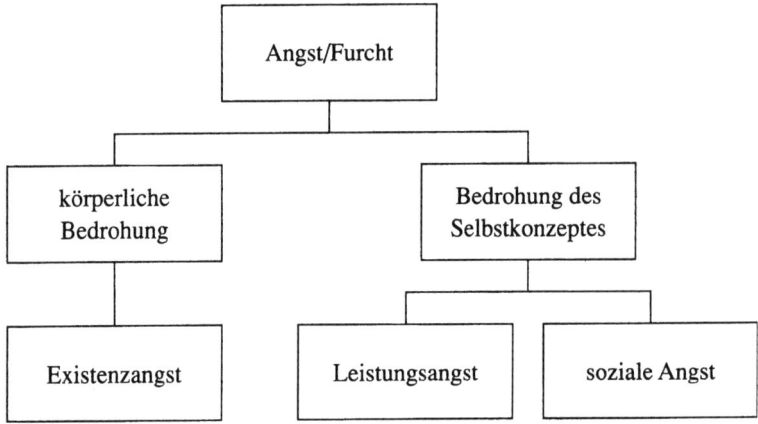

Abbildung 2.1: Existenzangst – Leistungsangst – soziale Angst

Körperliche Bedrohung, also Existenzangst oder -furcht wird im Zusammenhang mit Ihrem Lampenfieber und den Situationen, in denen Sie öffentlich sprechen, wohl kaum eine Rolle spielen (oder werden Sie häufiger von Ihrem Publikum verprügelt? In diesem Fall sollten Sie einmal ernsthaft prüfen, was Sie eigentlich so alles sagen!). Leistungsbezogene und soziale Furchterlebnisse jedoch sind die Bestandteile, die wesentlich zu Lampenfieber, Rede- und Publikumsangst beitragen. Wir werden uns mit diesen Phänomenen daher ausführlicher auseinandersetzen.

Auswirkungen von Lampenfieber

Bevor wir uns ausführlicher mit Leistungsangst und sozialer Angst als den wesentlichen Bestandteilen von Lampenfieber beschäftigen, möchte ich einen ersten Blick auf die Frage werfen, wie sich Lampenfieber auswirken kann und welche Erklärung hierfür möglich und sinnvoll ist.

Als theoretischer Ausgangspunkt für diese Betrachtung bietet sich das Konzept der „Sozialen Aktivierung" an.

Die Theorie der sozialen Aktivierung betrifft die Frage, ob der einzelne mehr (oder weniger) leistet, wenn er isoliert bzw. in Gemeinschaft anderer tätig ist. Zu ihren Vorläufern gehören die Untersuchungen zum sog. Schrittmacherphänomen, in denen festgestellt wurde, daß selbst die besten Radfahrer noch bessere Resultate erzielen, wenn sie im Wettbewerb oder mit einem Schrittmacher fahren (*Triplett* 1897). Dieses Phänomen der Aktivierung in sozialen Situationen wurde vor allem in den Vereinigten Staaten Gegenstand einer Reihe von empirischen Untersuchungen; der von *Allport* 1924 geprägte Terminus „social facilitation" wurde zum Standardbegriff.

Im Laufe der Untersuchungen zur sozialen Aktivierung stellte sich allerdings heraus, daß die Anwesenheit von anderen Personen keineswegs immer zu einer Verbesserung der Leistung führte, im Gegenteil oftmals eine Behinderung der Leistungsfähigkeit zu beobachten war. Dies führte zur Entwicklung einer Art „Zwei-Stufen-Theorie" durch Robert F. *Zajonc* (1965). – Übrigens ist diese Erkenntnis auch der Grund dafür, daß ich in der Überschrift den Begriff „Soziale Leistungsbeeinflussung" und nicht etwa „Leistungsaktivierung" gewählt habe.

Der Grundgedanke dieses Konzeptes ist dabei der folgende:

1. Wird ein Individuum in Gegenwart anderer tätig, so schafft diese soziale Situation in ihm einen Zustand erhöhter Erregung. Dabei können die anderen sowohl Mitwirkende, Wettbewerbsgegner als auch Zuschauer sein.

2. Dieser Zustand erhöhter Erregung führt dazu, daß das Individuum bei der Aufgabenbewältigung vor allem auf solche Verhaltensweisen zurückgreift, die entweder physiologisch verankert oder aber gut beherrscht werden. Solche Verhaltensweisen werden *dominante Reaktionen* genannt.

Übertragen auf unser Thema kann dies folgendermaßen dargestellt werden (in Anlehnung an *Lück* 1969):

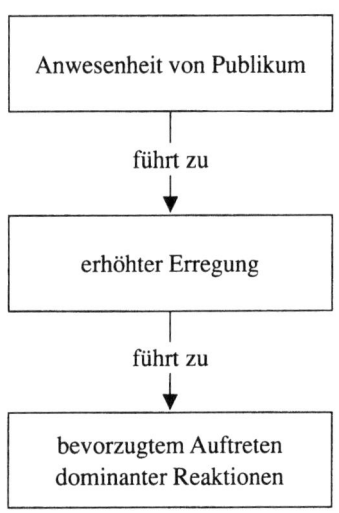

Abbildung 2.2: Konzept der sozialen Aktivierung

Wenn nun in einer Publikumssituation Lampenfieber den Rückgriff auf dominante, also etwa gut gelernte und beherrschte Verhaltensweisen fördert, gibt es zwei Möglichkeiten: entweder sind diese Reaktionen der Situation und geforderten Leistung angemessen, oder sie sind es nicht. In beiden Fällen werden sie durch das Lampenfieber gefördert.

Ich kann mir vorstellen, daß der eine oder andere von Ihnen an dieser Stelle einen gewichtigen Einwand vorzubringen hat. Vielleicht haben Sie nämlich die Erfahrung gemacht, daß sich Lampenfieber auf Ihre

Leistung auswirken kann, daß Sie aber keineswegs in jeder sozialen Situation, in der Leistung von Ihnen gefordert wird, auch Lampenfieber haben.

Tatsächlich muß man davon ausgehen, daß Publikumssituationen nicht in jedem Fall zu erhöhter Erregung führen. Unter anderem hängt dies davon ab, ob die Anwesenden als kompetent erlebt werden oder nicht. Vor allem dann ist mit Erregung und Lampenfieber zu rechnen, wenn die betreffende Person annimmt, daß sie vom Publikum bezüglich ihres Verhaltens und ihrer Leistung bewertet wird, und wenn sie dieser Bewertung auch eine subjektive Bedeutung beimißt. Abbildung 2.2 läßt sich also folgendermaßen erweitern:

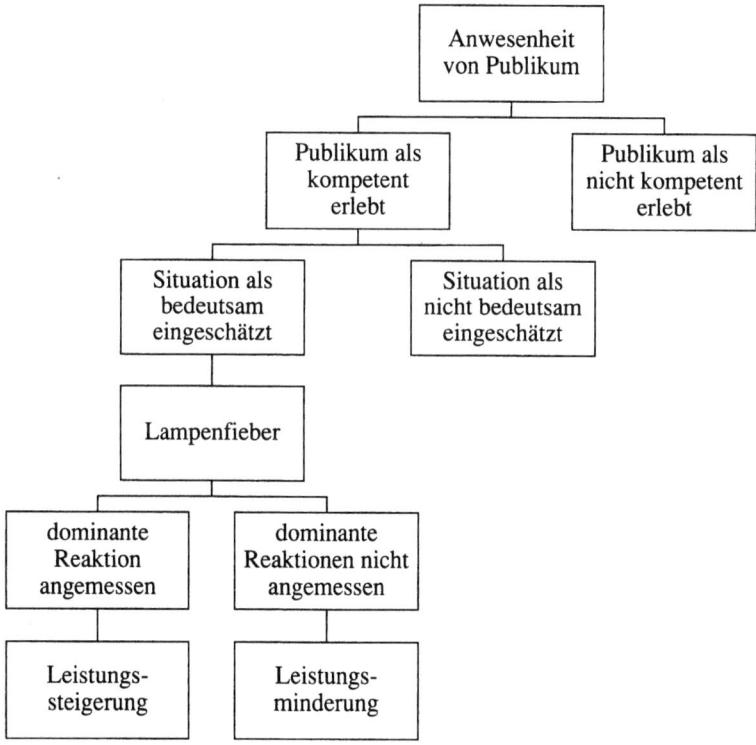

Abbildung 2.3: Soziale Aktivierung und Leistung

Auf weitere Einflüsse der Erregung auf die Leistungsfähigkeit und auf die Möglichkeit, die Erkenntnisse über solche Zusammenhänge konstruktiv zu nutzen, werden wir im Laufe der nächsten Abschnitte zu sprechen kommen.

Sozial bedingte und leistungsbedingte Angst

Leistungsangst

Leistungsangst ist zumeist am Spezialfall der Prüfungsangst untersucht und behandelt worden. In der Tat stellt die Prüfungsangst einen Prototyp der Situationen dar, in denen Leistung verlangt und in denen daher Angst bzw. Furcht verspürt wird. In der Prüfung stellen sich die Phänomene, die auch in anderen leistungsbezogenen und angstbesetzten Situationen zu finden sind, in besonders prägnanter Form dar. Daher eignet sich die Prüfungssituation auch für uns als Ausgangspunkt der Betrachtung.

In einer Leistungssituation wie der Prüfung lassen sich zunächst zwei motivationale Prozesse feststellen. Der erste dieser Prozesse besteht aus allen motivationalen Tendenzen zur Aufgabenbearbeitung wie zum Beispiel Leistungsbereitschaft. Dieser Motivationsbereich betrifft unsere Fragestellung nach Lampenfieber, Leistungsangst nicht unmittelbar, und ich werde ihn deshalb nicht weiter behandeln.

Der Motivationsbereich, der uns hier eigentlich interessiert, umfaßt alle Angst- und Furchtreaktionen, die mit Leistung und Prüfung verbunden sind und die durch diese ausgelöst werden. Innerhalb dieses Bereiches sind nun zwei Reaktionen zu unterscheiden. Die eine Art von Angst- und Furchtreaktionen trägt unmittelbar zur Aufgabenerledigung bei und reduziert dadurch zugleich auch die Angst-/Furchtreaktion. Wir bezeichnen diese als aufgabenrelevante Angstreaktionen.

Die zweite angstbezogene Reaktion, die zu unterscheiden ist, ist nicht mit der besonderen Struktur der Aufgabe oder der Leistungssituation verbunden. Sie besteht aus Gefühlen der Untüchtigkeit, Hilflosigkeit und Aufgeregtheit, aus Erwartungen von Mißerfolg und aus der Tendenz, die Prüfungs- bzw. Leistungssituation zu vermeiden. Sie sehen, daß es sich hier um stark selbstwertbezogene belastende Reaktionen handelt. Diese tragen zur Aufgabenlösung nicht bei, sondern können diese behindern.

Äußere Hinweise auf das Vorliegen solcher dysfunktionalen selbstwertbezogenen Angst- bzw. Furchtreaktionen sind z.B. überschießende Motorik in der Gestik, Schwitzen, gequältes Lachen.

Zur wissenschaftlichen Überprüfung solcher Prozesse in Leistungssituationen wurden verschiedene Tests entwickelt. Dazu gehört z.B. der Achievement Anxiety Test (Aat; *Alpert/Haber* 1960), der leistungsbeeinträchtigende und leistungsfördernde Aspekte der Prüfungsangst unterscheidet.

Solche Tests wurden insbesondere benutzt, um Leistung und Verhalten von ängstlichen Menschen und wenig ängstlichen Menschen in Leistungssituationen zu untersuchen und zu vergleichen. Die Grundtendenz der Ergebnisse solcher Erhebung ist recht eindeutig. Unter dem starken Eindruck, daß persönliche Fähigkeiten überprüft werden, leisten Personen mit hoher Ängstlichkeit weniger als wenig ängstliche Personen. Diese Unterlegenheit gilt aber wirklich nur dann, wenn die Aufgabensituationen eine hohe Bedeutung für das Selbstwertgefühl hat. In Situationen mit geringer Selbstwertrelevanz ist es genau umgekehrt: hier leisten ängstliche Menschen mehr als wenig ängstliche.

Der Sachverhalt, daß Ängstliche in Situationen mit hoher Bedeutung für das eigene Selbstwertgefühl weniger leisten, kann folgendermaßen erklärt werden:

Die Vorstellung, daß die eigenen Leistungen bewertet werden, erzeugt eine Fülle selbstwertbezogener Reaktionen, die stark mit Gefühlen verbunden sind und die sich auf das Lösungsverhalten auswirken, indem sie wenig geübte, nicht automatisierte Lösungsschritte behindern.

Sicherlich erinnern Sie sich an dieser Stelle an die These der Forschungen zur sozialen Aktivierung, daß Erregung die Ausführung dominanter, also gut gelernter und automatisierter Reaktionen fördert, eine Annahme, die durch die Ergebnisse der Forschungen zur Leistungsangst gestützt wird.

An dieser Stelle liegt die Frage auf der Hand, was angesichts dieses Sachverhaltes von Seiten ängstlicher Menschen getan werden kann, um mit Leistungssituationen besser umgehen zu können.

Eine Schlußfolgerung ergibt sich unmittelbar aus den Untersuchungen: könnte es Ihnen, wenn Sie eher mit Angst oder Furcht auf Leistungssituationen reagieren, gelingen, die Relevanz dieser Situation für Ihr Selbstwertgefühl zu reduzieren, dann käme es weniger zum Entstehen von Lampenfieber und zur beschriebenen hemmenden Auswirkung der Furcht oder Angst auf Ihr aufgabenbezogenes Verhalten.

Eine zweite Möglichkeit ergibt sich aus der Beobachtung, daß es unter Streß und vor allen bei eher ängstlichen Menschen zu vermehrten Dominanzreaktionen kommt. Sind die dominanten, also gut eingeübten Verhaltensweisen diejenigen, die aufgabenbezogen und lösungsfördernd sind, ist die Angstreaktion nicht hinderlich, sondern vielleicht sogar positiv. Allerdings werden Sie sicherlich unmittelbar auf das Problem stoßen, was zu tun ist, solange Sie die entsprechende Übung und Routine in Gesprächs- oder Redesituationen noch nicht besitzen. Deren Erwerb kann ja ohne weiteres jahrelang dauern.

Nun gibt es durchaus auch hier eine Möglichkeit, konstruktiv mit diesen Leistungssituationen und seiner Angst umzugehen. Bevor ich Ihnen diese darstellen kann, muß ich Ihnen allerdings noch von einer weiteren Untersuchung zur Prüfungsangst berichten.

In einem Lernexperiment (*Sarason* 1958) fügte der Versuchsleiter nach der üblichen Einführung hinzu, daß viele Leute bei dieser Aufgabe in einen angespannten und aufgeregten Zustand gerieten, daß Lernfortschritte sich nur langsam einstellten und daß es am besten sei, sich einfach auf die Aufgabe zu konzentrieren und sich keine Gedanken darüber zu machen, wie gut man abschneide. Diese beruhigende

Situationsbedingung verminderte nicht die selbstwertbezogene Bedeutung der Aufgabe, lenkte aber die Aufmerksamkeit von der Selbstbeobachtung weg auf die Aufgabenlösung. Interessant ist nun, daß diese Aufmerksamkeitsumlenkung zu besseren Leistungen bei ängstlichen Personen führte – und diese Leistungen *waren sogar noch besser als die Leistungen bei Aufgaben ohne Selbstwertbedrohung*. Offensichtlich ist es nicht notwendig, die Leistungsbewertung ganz zu vermeiden, um negative Einflüsse erhöhter Ängstlichkeit auszuschalten. Wichtig scheint vielmehr zu sein, daß es den Betroffenen gelingt, *ihre Aufmerksamkeit mehr auf die Aufgabe als auf sich selbst zu konzentrieren*. Im geschilderten Experiment reichte hierfür schon die einfache beruhigende Instruktion des Versuchsleiters. (Bei wenig ängstlichen Personen führte die beruhigende Zusatzinstruktion übrigens zu einer Leistungsverminderung!)

In einer neueren Untersuchung, ebenfalls von *Sarason* (1972), wurde die Wirkung verschiedener Instruktionen miteinander verglichen:

1. neutral: es wird nur die Aufgabe erklärt;
2. leistungsorientiert: Aufgabe wird als Intelligenztest ausgegeben;
3. Beruhigung: Aufgaben werden als so schwer dargestellt, daß kaum jemand viele davon lösen kann; daher besser keine Gedanken auf das mögliche Abschneiden richten, sondern auf Aufgabe konzentrieren;
4. motivierende Aufgabenorientierung: manche lernen schneller als andere, aber daran ist der Experimentator nicht interessiert; es geht um den Verlauf von Lernkurven; die Aufgabe soll daher als Gelegenheit zur Übung betrachtet werden;
5. Aufgabenorientierung: es geht um Aspekte der Aufgabe, nicht um individuelle Leistungen.

Wie Sie aus Abbildung 2.4 leicht ersehen können, ist die unter dem Leistungsaspekt günstigste Situation für ängstliche Personen die „motivierende Aufgabenorientierung", gefolgt von „Beruhigung" und „Aufgabenorientierung". Wenig Ängstliche Personen erzielten ihr bestes Ergebnis unter „Leistungsorientierung".

Bedingungen	Hochängstliche	Niedrigängstliche
neutral	47,83	46,67
leistungsorientiert	34,08	65,08
Beruhigung	58,75	42,24
motivierende Aufgabenorientierung	65,33	59,67
Aufgabenorientierung	50,00	38,25

Prozentzahl richtiger Antworten nach wiederholtem Lernen relativ sinnfreien Sprachmaterials unter verschiedenen Instruktionsbedingungen

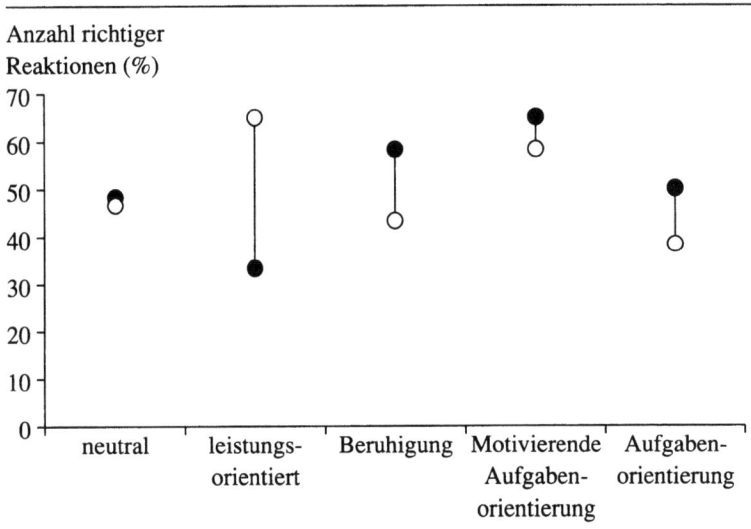

Abbildung 2.4: Aufmerksamkeitsorientierung und Leistung

Sie sehen, daß unter den richtigen Instruktionsbedingungen Ängstlichkeit keineswegs eine ungünstige Voraussetzung für Leistung sein muß, im Gegenteil: unter drei der fünf untersuchten Bedingungen waren ängstliche Personen den wenig ängstlichen sogar überlegen.

Wie wir im Abschnitt über Selbstinstruktionen noch sehen werden, ist diese Erkenntnis für die Bewältigung von Lampenfieber auch dann von großer Bedeutung, wenn kein Experimentator oder eine andere Person vorhanden ist, um beruhigende Instruktionen zu geben.

Wenn nun festgestellt werden kann, daß die Art der Instruktion einen so gewichtigen Unterschied macht, liegt die Frage nahe, wodurch diese Wirkung zustande kommt. Eine mögliche Antwort liegt darin, daß durch eine solche Anweisung die Aufmerksamkeit auf andere Aspekte der Situation gerichtet wird.

Aufmerksamkeitsrichtung und Leistungsangst

Wie wir im vorhergehenden Abschnitt gesehen haben, scheint Leistungsangst vor allem dann ausgelöst zu werden, wenn die eigenen Leistungen einer Fremdbewertung unterzogen werden. Dies kann nämlich besonders bei Personen, die eher ängstlich sind, zu einem erhöhten Auftreten von deprimierenden, selbstwertbezogenen Wahrnehmungen führen. Solche Wahrnehmungen tragen nicht zur Lösung der Aufgabe bei, vielmehr beanspruchen sie selbst einen erheblichen Teil an Aufmerksamkeit. Diese *Selbstaufmerksamkeit* beeinträchtigt die Situationsbewältigung, denn sie reduziert die Aufmerksamkeit, die dafür zur Verfügung steht.

- Erhöhte Selbstaufmerksamkeit beeinträchtigt daher die Leistungsfähigkeit.

Diese Erkenntnis wird als „Aufmerksamkeitshypothese der Prüfungs- und Leistungsangst" bezeichnet. Sie ist in einer ganzen Reihe von Untersuchungen belegt worden (z.B. *Wine* 1971). Die Aufmerksamkeitshypothese ist auch in Untersuchungen eingegangen, in denen zwei Komponenten (Bestandteile) von Leistungs- und Prüfungsangst nachgewiesen wurden. Eine dieser Komponenten setzt sich aus kognitiven Prozessen zusammen, die sich als *Selbstzweifel* bezeichnen lassen, die andere Komponente *(Aufgeregtheit)* besteht aus autonomen körperlichen Reaktionen wie Anspannung usw.

In diesen Untersuchungen stellte sich heraus, daß sich Selbstzweifel und Aufgeregtheit in dreierlei Hinsicht unterscheiden:

1. Die Erwartung, eine Leistung mit Erfolg bringen zu können (Erfolgserwartung) hängt mit Selbstzweifel zusammen: je größer der Selbstzweifel ist, desto geringer ist die Erwartung, Erfolg zu haben. Aufgeregtheit hingegen hängt mit der Erfolgserwartung nicht zusammen.
2. Aufgeregtheit erreicht in der Leistungssituation ihren Höhepunkt und fällt nach deren Beendigung in ihrem Ausmaß rasch ab. Die Stärke des Selbstzweifels ändert sich vor, während und nach der Leistungssituation kaum.
3. Die tatsächlich erbrachte Leistung hängt eng mit dem Ausmaß an Selbstzweifel zusammen, jedoch so gut wie gar nicht mit Aufgeregtheit.[2]

Sie sehen an diesen Ergebnissen, daß es nicht die mit der Angst verbundene Erregung ist, die sich hinderlich auswirkt, sondern die Tatsache, daß viele Menschen große Teile ihrer Aufmerksamkeit nicht auf die Bewältigung der Situation, sondern auf sich selbst und ihre eigenen Zweifel richten. Das bedeutet:

- Wenn Sie zu den Menschen gehören, die in Leistungssituationen zu erhöhten Angst- oder Furchtreaktionen tendieren, dann sollten Sie sich darauf überprüfen, wieviel der Ihnen zur Verfügung stehenden Energie und Aufmerksamkeit Sie zur tatsächlichen Bewältigung der Situation verwenden und wieviel Sie auf sich selbst und Ihre Selbstzweifel richten. Eine Veränderung der Richtung Ihrer Aufmerksamkeit hin auf die Aufgabenbewältigung wird die Auswirkungen von Leistungsangst und Lampenfieber vermindern.

---

2 vgl. zu diesen Ergebnissen die Darstellung in *Heckhausen* 1980, S. 245, sowie die Untersuchungen von *Liebert/Morris* 1967, *Morris/Liebert* 1969, 1970, von *Spiegler/Morris/Liebert* 1968 und *Doctor/Altmann* 1969.

Komponenten der Leistungsangst

Wie erwähnt, gibt es viele Hinweise darauf, daß Leistungsangst kein einheitliches Phänomen ist, sondern vielmehr aus zwei verschiedenen Komponenten, nämlich einer eher kognitiven und einer eher emotionalen Komponente, zusammengesetzt ist. In einer ganzen Reihe von Untersuchungen wurden diese Komponenten näher untersucht (*Heckhausen* 1980).

1. Zur kognitiven Komponente gehören demnach:
   - Unzulänglichkeitsvorstellungen
   - negative Selbsteinschätzung und Selbstbewertung
   - Erwartung von Mißerfolg und Scheitern.

2. Zur affektiven Komponente gehören:
   - Aufgeregtheit
   - Gefühl, überfordert zu sein
   - mangelnde Reaktionskontrolle.

Überprüft man, inwieweit diese in einer Leistungssituation vor allem bei ängstlichen Personen auftretenden Kognitionen und Gefühle damit zusammenhängen, ob die jeweilige Situation besser oder schlechter bewältigt wird, dann zeigt sich:

Nur die zur ersten Komponente gehörenden Wahrnehmungen, also Inkompetenzvorstellungen, negative Selbsteinschätzung und Mißerfolgserwartung, hängen deutlich mit der Leistung zusammen. Selbstwertbezogene Gedankeninhalte wirken sich um so störender aus, je stärker die beschriebenen Vorstellungen von Inkompetenz, Mißerfolgserwartung, Selbstzweifel und negativer Selbstbewertung sind.

Sind solche kognitiven Inhalte allerdings in ausgeprägter Weise vorhanden, dann wirkt sich auch ein Bestandteil der affektiven Komponente, nämlich die Aufgeregtheit, in negativer Weise aus und verstärkt den störenden Einfluß auf die Situationsbewältigungsversuche.

Nun könnten Sie anhand dieser Ergebnisse zu dem – an sich logischen – Schluß kommen, daß der gefundene Zusammenhang zwischen Selbstzweifel und verminderter Leistung banal sei und einfach auf einer realistischen Selbsteinschätzung beruhe. Demnach schätzt sich jemand, der z.b. mit Situationen öffentlichen Sprechens nicht gut zurecht kommt, realistisch ein und seine Selbstzweifel sind zu recht eine Folge seiner schlechten Leistung.

Träfe diese Argumentation zu, dann wäre Lampenfieber weitgehend einfach eine Folge real vorhandener Unfähigkeit. Es ließe sich allenfalls dadurch reduzieren, daß man seine Fähigkeit, also etwa das Reden vor Publikum, trainiere und verbessere.

Glücklicherweise ist das nicht so!

Dagegen spricht zunächst schon die zu Beginn dieses Kapitels erwähnte Tatsache, daß Lampenfieber auch nicht vor großen und erfahrenen Künstlern halt macht; Sie erinnern sich an das Zitat von *Pablo Casals*:

„Manche meiner bevorstehenden öffentlichen Konzerte bedrücken mich wie ein Alptraum. Selbst heute noch."

Daß diese Angst ein Resultat von Unfähigkeit sein könnte, ist wohl eher unwahrscheinlich.

Bereits erwähnte wissenschaftliche Befunde zeigen auf, daß auch der entgegengesetzte Zusammenhang gilt: Wird in einer Leistungssituation die Selbstwertbelastung verringert, dann kommt es zu einer erheblichen Verbesserung der Leistungen gerade bei Personen mit einer hohen Bereitschaft zu Angstreaktionen.

- Eine Verminderung von Selbstzweifel führt zu einer Verminderung von Lampenfieber und zu einer Leistungsverbesserung.

Das sollte Sie nun allerdings nicht dazu verführen, die Weiterentwicklung Ihrer Fähigkeiten im Bereich der Rhetorik einzustellen und nur noch an Ihrem Selbstbewußtsein zu arbeiten! Es sollte Sie allerdings veranlassen, diesem Bestandteil Ihres Lampenfiebers Aufmerksamkeit zu widmen und etwas Energie auf dessen Beeinflussung zu verwenden.

Welcher Art solche Veränderungen sein können, werden wir weiterhin ausführlich behandeln. Hinweise ergeben sich bereits aus den geschilderten Experimenten – Sie werden sehen, daß solche Untersuchungen nicht nur einen akademischen, sondern durchaus auch einen praktischen Wert haben können.

Auf der Grundlage der Erkenntnis, daß Angst und Furcht in Leistungssituationen keine bloße Folge von Unfähigkeit sind, sind Versuche unternommen worden, in denen Möglichkeiten zur Verringerung dieser Angst und damit zur Verbesserung des Bewältigungsverhaltens geprüft wurden.

Als effektiv haben sich vor allem drei Wege erwiesen:

- Bereits hingewiesen habe ich auf die Bedeutung, die Aufgabeninstruktionen bei der Bewältigung von Angst und Lampenfieber haben. Solche Instruktionen können – wie wir noch sehen werden – auch von dem Betroffenen selbst für sich gegeben werden und setzen nicht unbedingt einen Versuchsleiter, Lehrer oder Trainer voraus.

- Eine Verringerung der Selbstzweifel kann auch durch Lernen am Modell erfolgen, z.b. durch die Erfahrung, daß andere, kompetente Personen ebenfalls Lampenfieber besitzen und dieses erfolgreich bewältigt haben. Das kann z.b. durch entsprechende Berichte – wie den von Pablo *Casals* – erfolgen.

- Schließlich kann Lampenfieber und Leistungsangst durch eine Form der *systematischen Desensibilisierung* reduziert werden, in der entspannende Vorstellungsbilder zur Angstbewältigung sowie Selbstinstruktionen zur Steuerung der Aufmerksamkeit auf die Situationsbewältigung eingeübt werden. Diese Möglichkeit der positiven Bewältigung von Leistungsangst ist besonders effektiv; wir werden sie deshalb ausführlich kennenlernen und sehen, wie Sie sie selbst in Ihren Vorbereitungen auf Gespräche und öffentliche Reden nützen können.

Schlußfolgerungen

Leistungs- und Prüfungsangst ist nicht die einfache Folge mangelnder Fähigkeit, sondern ist eine Disposition. Versuche, sie zu vermindern, dürfen daher nicht bloß in einem Training von Fertigkeiten bestehen, sondern müssen sich auch auf den motivationalen Zustand richten. Dabei ist weniger das Gefühl der Angst oder Furcht bedeutsam, sondern eher die negativen gedanklichen Inhalte, die sich auf die eigene Person und ihre Bewertung richten. Für Personen, die zu ängstlichen Reaktionen in öffentlichen Leistungssituationen neigen, besteht ein erfolgversprechender Weg zur Verminderung von Leistungsangst darin, die Aufmerksamkeitsrichtung zu beeinflussen und sich stärker auf die Situationsbewältigung zu konzentrieren. Das kann vor allem durch eine Einführung von spannungsreduzierenden Selbstinstruktionen, durch die Orientierung an Vorbildern und durch systematische Desensibilisierung geschehen.

Selbstkenntnis I:
Mein Lampenfieber ist leistungsfördernd/leistungshemmend

Nachdem Sie sich in den vergangenen Abschnitten intensiv mit Lampenfieber, seinen Entstehungsbedingungen und den verschiedenen möglichen Auswirkungen befaßt haben, ist es jetzt an der Zeit, einen Blick auf Ihr eigenes Lampenfieber zu werfen und es daraufhin zu überprüfen, ob es sich eher leistungsfördernd oder eher leistungshemmend auswirkt.

Zu diesem Zweck habe ich Ihnen zwei Gruppen von Aussagen[3] zusammengestellt, bei denen Sie durch Ankreuzen angeben sollen, in welchem Umfang diese für Sie zutreffen.

Die erste dieser Gruppen enthält Behauptungen zu leistungsfördernder Angst, die zweite solche zu leistungshemmender Angst. Wenn Sie

---

3 Die einzelnen Aussagen dieser Skalen lehnen sich an Items des *Achievement Anxiety Tests (AAT)* an *(vgl. Alpert/Haber 1960; Alpert 1957).*

später Ihre Ergebnisse aus beiden Gruppen vergleichen wollen, dürfen Sie keine der Aussagen auslassen.

Damit kein Mißverständnis entsteht, möchte ich auf zwei Dinge ausdrücklich hinweisen.

1. Obwohl – wie in der Anmerkung erwähnt – die Aussagen beider Gruppen auf einem amerikanischen Test zur Leistungsangst beruhen, stellen sie in dieser Form keinen *wissenschaftlichen Test* dar[4]. Sie sollten die Ergebnisse daher lediglich als *Hinweise auf mögliche Wirkungen* Ihres Lampenfiebers nehmen und nicht als gültige und nachgewiesene Tatsachen.

2. Es ist durchaus möglich, daß es keine eindeutige Antwort gibt, sondern daß Ihr Lampenfieber sich je nach Situation förderlich oder hinderlich auswirkt. In diesem Fall ist es sinnvoll, verstärkt darauf zu achten, in welchen Situationen förderliche oder hinderliche Wirkungen festzustellen sind und worin sich diese Situationen unterscheiden.

---

[4] Dies gilt übrigens insbesondere für die meisten der sog. Tests, die Sie in manchen Illustrierten finden und mit Hilfe derer Sie angeblich feststellen können, ob Sie selbstbewußt, durchsetzungsfähig, lebensfroh oder was sonst immer sind. Die Items, die Sie dort finden, sind keineswegs testtheoretisch fundiert oder auf Gültigkeit usw. überprüft.

Test 1: Leistungsförderndes Lampenfieber

	stimmt genau	stimmt weitgehend	stimmt teilweise	stimmt kaum	stimmt gar nicht
Ich arbeite am besten unter Druck, z.B. wenn ein Gespräch oder eine Rede besonders wichtig ist.	☐	☐	☐	☐	☐
Auch wenn ich vor einer Rede (einem Gespräch) ziemlich nervös bin – sobald ich begonnen habe, scheine ich diese Nervosität zu vergessen.	☐	☐	☐	☐	☐
Aufgeregt zu sein verbessert meine Leistung während eines Gesprächs (einer Rede).	☐	☐	☐	☐	☐
Während einer Rede (eines Gesprächs) kann mich praktisch nichts aus dem Konzept bringen.	☐	☐	☐	☐	☐
Auf Rede- und Gesprächssituationen freue ich mich.	☐	☐	☐	☐	☐
Eine schwierige Gesprächs- oder Redesituation reizt mich mehr als eine einfache Situation.	☐	☐	☐	☐	☐
Je bedeutsamer und wichtiger ein Gespräch oder eine Rede ist, desto besser komme ich damit zurecht.	☐	☐	☐	☐	☐

Je häufiger und eindeutiger Sie diesen Aussagen zugestimmt haben, desto eher weisen Ihre Antworten darauf hin, daß sich Lampenfieber bei Ihnen leistungsfördernd auswirken kann.

Test 2: Leistungshemmendes Lampenfieber

	stimmt genau	stimmt weitgehend	stimmt teilweise	stimmt kaum	stimmt gar nicht
Aufgeregtheit behindert meine Leistungsfähigkeit während einer Rede/eines Gesprächs.	☐	☐	☐	☐	☐
Der Gedanke an einen schlechten Gesprächsverlauf (Redeverlauf) hindert mich.	☐	☐	☐	☐	☐
Wenn ich schlecht vorbereitet bin, bin ich besonders aufgeregt und schneide während eines Gesprächs (einer Rede) noch schlechter ab.	☐	☐	☐	☐	☐
Während eines Gesprächs oder einer Rede weiß ich auf Rückfragen nichts zu sagen, obwohl ich die Antwort kenne.	☐	☐	☐	☐	☐
Zu Beginn ist mein Kopf wie leergefegt, und es dauert einige Minuten, bis ich richtig in Gang komme.	☐	☐	☐	☐	☐
Ich mache mir vor einem Gespräch/einer Rede so viele Gedanken, daß ich ganz fertig bin, wenn es so weit ist, und mir ist dann fast ganz egal, was passiert.	☐	☐	☐	☐	☐
Wenn schon zu Beginn irgend etwas nicht ganz klappt, dann bin ich so nervös, daß auch der Rest mehr oder weniger daneben geht.	☐	☐	☐	☐	☐

Sie können für den Vergleich Ihrer Aussagen zu leistungsfördernden und leistungshemmendem Lampenfieber die folgende Auswertungshilfe benutzen. Bilden Sie in beiden Fällen – wie angegeben – je die Gesamtsumme.

Auswertungshilfe: Tragen Sie in die nebenstehenden Kästchen ein, wie oft sie die jeweilige Kategorie angekreuzt haben:	genau ☐	weit- gehend ☐	stimmt teil- weise ☐	kaum ☐	gar nicht ☐
Multiplizieren Sie die oben eingetragenen Einzelsummen mit den darunterstehenden Zahlen, tragen Sie die Ergebnisse hier ein	* 5 = ☐ +	* 4 = ☐ +	* 3 = ☐ +	* 2 = ☐ +	* 1 = ☐
und addieren Sie diese:	$\Sigma_1 =$ ⬜				

Ist die Summe im Test 1 größer als im Test 2, so können Sie für sich eine Tendenz zu leistungsförderndem Lampenfieber feststellen; ist sie kleiner, so wirkt Ihr Lampenfieber eher leistungshemmend. Manchmal hält sich beides die Waage.

Sozial bedingte Angst

In einem der vorhergehenden Abschnitte haben wir Lampenfieber als *soziale Leistungsbeeinflussung* aus der Perspektive der Theorie der sozialen Aktivierung betrachtet. Sie erinnern sich, daß diese Beeinflussung u.a. damit zusammenhängt, daß eine Tätigkeit in einer *sozialen Situation* durchgeführt wird.

Obwohl wir also bisher eher den Leistungsaspekt des Lampenfiebers diskutiert haben, ist der soziale Aspekt untrennbar mit diesem verbunden. Tatsächlich ist diese Trennung der Aspekte eine künstliche und in Wirklichkeit bilden beide innerhalb des Lampenfiebers eine unauflösliche Einheit.

Dem widerspricht auch nicht die Erfahrung, daß Lampenfieber meist schon dann vorhanden ist, wenn die soziale Situation selbst noch gar nicht besteht; das auslösende Moment ist nämlich schon durch die *Erwartung einer sozialen Situation* gegeben.

Zum Zwecke der Analyse ist die vorübergehende Trennung jedoch hilfreich und notwendig; wir werden daher im folgenden den sozialen Aspekt des Lampenfiebers betrachten.

Unter sozial bedingtem Lampenfieber – oder, um den korrespondierenden Fachbegriff zu benutzen, unter *sozialer Angst* – verstehen wir unangenehme Gefühle, die vor bzw. in zwischenmenschlichen Situationen auftreten und die eine Folge dieser Situationen oder der gedanklichen Vorstellung von diesen Situationen sind.

Neben dem durch Leistungsangst hervorgerufenen Lampenfieber gehören zu den häufigsten Angstarten in diesem sozialen Bereich:

– Angst vor öffentlicher Beachtung,
– Befangenheit und Hemmung im gefühlsmäßigen Kontakt, Befürchtung von Ablehnung, Spott und Kränkung,
– Angst beim Ablehnen sozialer Forderungen, beim Nein-Sagen zu Bitten und Aufforderungen usw., Befürchtung des Verlustes von Freundschaft, Zuneigung und Unterstützung,
– Angst beim Aussprechen und Durchsetzen eigener Wünsche und Forderungen, Befürchtungen von „Strafe" und Ablehnung,
– Angst davor, Normen und Regeln des sozialen Miteinanders zu verletzen, Befürchtung öffentlicher Mißbilligung,
– Angst vor der Bedrohung des eigenen Selbstkonzeptes als Folge des Nichterfüllens sonstiger sozialer Erwartungen. (vgl. dazu *Ullrich/Ullrich* 1976, Bd. I, S. 42 ff.)

Die körperlichen Symptome, mit denen sich solche Ängste und Befürchtungen bemerkbar machen, gleichen denen, die in der ganzen Bandbreite des Lampenfiebers auftreten können:

„... leichte Befangenheit, Beklommenheit, Verunsicherung, Hemmung, Schüchternheit, das Gefühl der Bedrohung bis hin zur nackten Angst oder Panikstarre,
aber auch spürbare Nervosität, Blockaden, Spannung, Verkrampfung, Zittrigkeit, Unruhe oder körperliche Reaktionen wie Herzklopfen, Schwitzen, Erröten,
und die Folgen dieser Verkrampfung und Unruhe: Atemnot, Enge im Hals, Sprech- und Schreibstörungen, Kopf- und Magenschmerzen, erhöhten Stuhl- oder Harndrang."
(*Ullrich/Ullrich* 1976, Bd. I, S. 43)

Obwohl Betroffene diese unangenehmen Gefühle meist als Folge der Befürchtung eigener Unzulänglichkeit erleben, müssen soziale Ängste keineswegs immer mit solchen Unzulänglichkeiten im sozialen Verhalten verbunden sein. Ebenso wie ein Mensch allein durch seine Angst daran gehindert sein kann, seine Fähigkeiten zum Tragen zu bringen, gibt es Menschen, die trotz ihrer Defizite angstfrei sind.

Allerdings können Defizite in bestimmten Verhaltensbereichen zu unangenehmen Erfahrungen führen und damit auf die Dauer Angst in entsprechenden Situationen bedingen. Ebenso kann (soziale) Angst dazu führen, daß bestimmte Fähigkeiten – obwohl sie vorhanden sind – nicht angewandt werden und so verkümmern. Für unser Thema ist es daher wichtig, festzustellen, ob eine solche gegenseitige Bedingtheit von sozialer Angst und nicht genutzten oder fehlenden sozialen Fähigkeiten vorliegt, und wenn ja, wie diese aussieht.

Das Empfinden, sozial kompetent zu sein, ist eine wichtige Voraussetzung für selbstbewußtes und selbstsicheres Auftreten. Solche Kompetenz wollen wir definieren als

„die Verfügbarkeit und Anwendung von kognitiven, emotionalen und motorischen Verhaltensweisen, die in bestimmten sozialen Si-

tuationen zu einem langfristig günstigen Verhältnis von positiven und negativen Konsequenzen führen ..."
(Hinsch/Pfingsten 1983, S. 6)

Darüber, welche Handlungen nun zu den wesentlichen Bestandteilen sozialer Kompetenz gehören, läßt sich keine endgültige Aussage machen. Wenn Sie sich einmal in der einschlägigen Literatur umsehen, werden Sie je nach Perspektive des jeweiligen Autors unterschiedliche Auflistungen finden. Für unseren Zusammenhang ist die unten aufgeführte Zusammenstellung (nach *Gambrill* 1977, S. 540) brauchbar.

Merkmale selbstsicheren Verhaltens:

– Nein-Sagen
– Versuchungen zurückweisen
– auf Kritik reagieren
– Änderungen bei störendem Verhalten verlangen
– Widerspruch äußern
– Unterbrechungen im Gespräch unterbinden
– sich entschuldigen
– Schwächen eingestehen
– unerwünschte Kontakte beenden
– Komplimente akzeptieren
– auf Kontaktangebote reagieren
– Gespräche beginnen
– Gespräche aufrechterhalten
– Gespräche beenden
– erwünschte Kontakte arrangieren
– um Gefallen bitten
– Komplimente machen
– Gefühle offen zeigen.

Ein Hinweis auf selbstunsicheres Verhalten kann sein, wenn eine oder mehrere dieser Verhaltensweisen in entsprechenden Situationen nicht oder nur unvollkommen gezeigt werden kann.

Selbstkenntnis II: Lampenfieber als sozial bedingte Angst?

Im Gegensatz zu den eher verhaltensbezogenen Merkmalen wird in diesem Abschnitt der subjektive Erlebensaspekt in den Vordergrund gerückt. Ebenso wie in der Aufgabe zur *Selbstkenntnis I* können Sie wieder ankreuzen, wie weit die folgenden Aussagen auf Sie zutreffen.

	stimmt genau	stimmt weitgehend	stimmt teilweise	stimmt kaum	stimmt gar nicht
Kritik an anderen offen zu äußern, fällt mir schwer.	☐	☐	☐	☐	☐
Wenn mich jemand beim Sprechen unterbricht, bin ich ziemlich hilflos.	☐	☐	☐	☐	☐
Wenn andere mir ein Kompliment machen, werde ich verlegen.	☐	☐	☐	☐	☐
Mit Fremden ein Gespräch zu beginnen, fällt mir schwer.	☐	☐	☐	☐	☐
Selbst wenn ich Forderungen habe, die berechtigt sind, kann ich diese nur schwer vorbringen.	☐	☐	☐	☐	☐
Ich weiß oft nicht recht, wie ich ein Gespräch beenden soll.	☐	☐	☐	☐	☐
Wenn ich nach meiner Meinung gefragt werde, bin ich schnell unsicher.	☐	☐	☐	☐	☐
Wenn andere mir widersprechen, werde ich schnell unsicher.	☐	☐	☐	☐	☐

Je häufiger Sie bei diesen Aussagen ganz oder weitgehend zugestimmt haben, desto eher liegt die Annahme nahe, daß Lampenfieber bei Ihnen wesentlich sozial (mit)bedingt ist.

Falls Sie Lust haben, etwas zu rechnen, können Sie die folgende Zuordnung vornehmen:

stimmt genau = 5
stimmt weitgehend = 4
stimmt teilweise = 3
stimmt kaum = 2
stimmt gar nicht = 1

Eine Summe der Antwortpunkte über 24 spricht eher für sozial (mit)bedingtes Lampenfieber, eine geringere Summe läßt eher vermuten, daß der Anteil sozialer Angst gering ist.

Aber wie ich schon angemerkt habe: nehmen Sie dies lediglich als Denkanstoß und nicht als irgendwie gesicherte Erkenntnis!

2.2 Streß und Streßbewältigung

Lampenfieber, Erregung, Streß und Angst in Publikumssituationen lassen sich nicht angemessen betrachten und beeinflussen, wenn man sie als isolierte Phänomene ansieht, die nichts mit der Gesamtlebenssituation zu tun haben, in die sie ja schließlich eingebettet sind. Sie sollten daher während der Bearbeitung dieses Abschnittes den Blick immer wieder auch auf Belastungsfaktoren richten, denen Sie außerhalb der Situationen ausgesetzt sind, die den unmittelbaren Gegenstand des Kurses bilden.

Den Hinweis, den ich bereits zu Beginn des vorhergehenden Abschnittes gegeben habe, möchte ich noch einmal wiederholen: sehr starke oder chronische Angstzustände sind nicht zur Bearbeitung im Selbsttraining geeignet. Sollten Sie unter solchen leiden oder sollten Sie feststellen, daß Ihre Angstreaktionen stärker werden, sollten Sie psychologische Beratung in Anspruch nehmen.

Im Abschnitt 2.1 haben wir Lampenfieber schwerpunktmäßig unter dem Aspekt von Angst und Furcht in öffentlichen Situationen, d.h. in solchen, bei denen Beobachter, Zuschauer, Publikum anwesend sind, betrachtet. Dabei haben wir zwischen leistungsbedingter und sozial bedingter Angst unterschieden. Wichtig dabei waren drei Punkte:

– Angst und Furcht – und damit Lampenfieber – haben einen Doppelcharakter: sie sind keineswegs nur hinderlich und belastend, sondern können durchaus förderlich, unter Umständen sogar für erfolgreiches Auftreten notwendig sein.

– Aus der theoretischen Betrachtung von Entstehungsbedingungen und Wirkung von Angst und Furcht lassen sich praktisch nutzbare Schlußfolgerungen für den Umgang mit ihnen ableiten.

– Für den konstruktiven Umgang mit Lampenfieber ist es notwendig zu wissen, wie die eigenen Angstprozesse beginnen und ablaufen; dazu wiederum ist Voraussetzung, eigene Aufgeregtheit als *Furcht* und *Angst* anzuerkennen und *zumindest vor sich selbst* zuzugeben.

Der erwähnte Doppelcharakter von Aktivierung und Hemmung wird uns ein weiteres Mal begegnen, wenn wir Situationen des öffentlichen Auftretens unter dem Aspekt von *Streß* und *Streßbewältigung* betrachten werden. Wie bereits zuvor werden Sie auch hier sehen, daß sich aus der Erforschung von Streß nützliche Schlußfolgerungen für den konstruktiven Umgang mit Erregung und Streßsymptomen ziehen lassen.

Streß und Streßfaktoren

Der Streßbegriff erfreut sich sowohl in den Massenmedien als auch in so verschiedenen Wissenschaftsdisziplinen wie Biologie, Medizin, Soziologie und nicht zuletzt Psychologie einer großen Beliebtheit, wobei diese Popularität oft recht fragwürdig ist, z.b. wenn er in populärpsychologischen Darstellungen oder von selbsternannten (Laien)Psychologen als Sammelbegriff für alle negativen, unlustbetonten Emotionen benutzt wird.

Im seriös-wissenschaftlichen Kontext gibt es verschiedene Definitionen von Streß, denen eines gemeinsam ist:

• Streß ist mit Situationen verbunden, in denen sich *Anpassungsprobleme* stellen, in denen also ein erreichter Zustand durch Veränderungen von internen oder externen Bedingungen in Frage gestellt wird, gefährdet ist.

Bereits im 17. Jahrhundert findet sich in der angloamerikanischen Umgangssprache der Begriff „stress". Benutzt wurde er zur Bezeichnung negativer Umstände wie „Leid" oder „Bedrängnis". Im späten 18. Jahrhundert gewinnt er auch die Bedeutung von „Anspannung" oder „Anstrengung", wird also zur Bezeichnung für eine physische oder psychische Belastung des Organismus.

Als biologisch-medizinischer Fachterminus geht er auf den Endokrinologen *Hans Selye*[5] (1936) zurück, der Streß als Auslöser eines „Allgemeinen Anpassungs-Syndroms"[6] beschrieb. Zu den für *Selyes* Definition wichtigen Bestimmungsstücken wie *Belastung mit extremen Anforderungen, Aktivierung des gesamten Bewältigungspotentials* und *gesundheitsbeeinträchtigende Wirkung* kommt in der heutigen Auffassung noch das subjektive *Gefühl des Gestreßtseins* hinzu.

Wenn Ihnen der Begriff *Streß* begegnet, so wird dies vermutlich nahezu immer mit dem Hinweis auf lästige, qualvolle und vielleicht sogar schädliche Situationen sein. Darüber wird leicht übersehen, daß dies nur eine Seite von „Streß" ist und daß Streß unter bestimmten Umständen durchaus vorteilhaft oder sogar angenehm sein kann –

---

5 Endokrinologie: Lehre von den endokrinen Drüsen, d.h. Drüsen mit innerer Sekretion, und deren physiologischer und psychologischer Bedeutung
6 Syndrom: Gruppe zusammengehöriger (Krankheits-) Erscheinungen

wenn Sie nicht selbst gerne Achterbahn fahren, kennen Sie vielleicht jemanden, für den dies ein immer wieder gern gesuchter Nervenkitzel ist.

Das „Allgemeine Anpassungs-Syndrom"

Wie erwähnt, geht die systematische Erforschung von Streß, seinen Entstehungsbedingungen und seinen Wirkungen zurück auf die Forschungen von *Selye* und auf dessen Beobachtung, daß ganz unterschiedliche Einflüsse offensichtlich das gleiche Reaktionsmuster im Organismus hervorrufen können[7]. Dieses Bündel von Reaktionen, das nicht als Folge eines oder mehrerer ganz bestimmter Außeneinflüsse auftritt und deshalb als *unspezifische Reaktion* bezeichnet wird, wurde zum Kernpunkt des *Selye*schen Streßkonzeptes. Dieses Konzept, das entsprechend dem beruflichen Hintergrund seines Urhebers ein *biologisches* Streßkonzept ist, definiert Streß als

- unspezifische Reaktion des Körpers auf Anforderungen und als phylogenetisch altes Anpassungsmuster, das den Körper primär auf körperliche Aktivitäten wie Kampf oder Flucht vorbereitet.[8]

In seinen Untersuchungen stellte *Selye* (1936) fest, daß diese unspezifischen körperlichen Reaktionen als Indikatoren für Belastungen des Organismus, also für Streß, angesehen werden können. Sie wurden später unter der Bezeichnung *„Allgemeines Adaptations-Syndrom"*[9] bekannt.

In der Folge interessierte sich *Selye* vor allem auch für den zeitlichen Ablauf solcher Prozesse. Dabei kam er zu einer dreistufigen Phaseneinteilung, die aus

---

7 Auf der physiologischen Ebene bei langdauernder Einwirkung: Schrumpfung von Thymus, Milz und Lymphknoten; Vergrößerung der Nebennierenrinde; Geschwürbildung in Magen und Darm (vgl. *Selye* 1981, S. 166)
8 Diese Bestimmung des „Streß *(Selye)*", wie sie oft genannt wird, stammt von *Levi* (1981, S. 189).
9 „General Adaptation Syndrom" (z.B. *Selye* 1937)

- Alarm-Reaktion,
- Stadium erhöhter Widerstandsfähigkeit und
- Erschöpfungsstadium

besteht. Diese Phasen unterscheiden sich in dem Ausmaß der Widerstandsfähigkeit des Organismus gegenüber der Einwirkung der – *Stressoren* genannten – Außenreize. In Abbildung 2.5 stellt die waagerechte Bezugslinie das normale Widerstandsniveau bei Abwesenheit von Streß dar; die Kurve symbolisiert das Niveau des Widerstandes in den verschiedenen Phasen.

Die erste Phase stellt so etwas wie eine „allgemeine Mobilmachung" des Körpers dar, die zur Vorbereitung einer Anpassung dient. Diese ist zunächst von einem Absinken des Widerstandsniveaus begleitet. Steht eine solche Anpassungsreaktion zur Verfügung, kommt es zur Phase des erhöhten Widerstandes. Nach längerer Einwirkung des Stressors geht die erworbene Anpassung wieder verloren: es tritt die Phase der Erschöpfung ein.

Die Reize, die bei der Entwicklung dieses Streßkonzeptes untersucht wurden, waren zunächst biologisch-physiologischer Art, nämlich

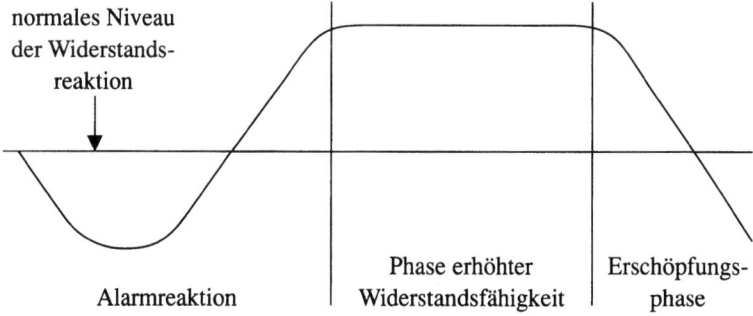

Abbildung 2.5: Das „Allgemeine Adaptions-Niveau" (nach *Selye* 1981, S. 167)

Hormonextrakte und andere toxische[10] Substanzen. Für unseren Zusammenhang ist natürlich die Frage besonders interessant, ob auch andere Belastungen, vor allem solche in sozialen Situationen, in ähnlicher Weise unspezifische Streßreaktionen hervorrufen.

Psychosozial bedingter Streß

Während für eine große Anzahl physikalischer Umweltreize nachgewiesen ist, daß sie als Stressoren wirken und z.B. Erkrankungswahrscheinlichkeiten erhöhen oder vermindern bzw. den Verlauf von Erkrankungen beeinflussen können, gilt dies für *psychosoziale* Reize nicht in gleicher Weise. Dennoch läßt sich aufzeigen, daß auch auf solche psychosozialen Ereignisse *unspezifische Reaktionen im Sinne des Streßbegriffes* erfolgen können (vgl. *Levi* 1981, S. 188).

Unter *psychosozialen Reizen* wollen wir im folgenden solche Reize verstehen, die aus sozialen Beziehungen bzw. sozialen Konstellationen stammen und den Organismus über zentralnervöse Prozesse beeinflussen (vgl. *Levi* 1981, S. 189).

Dabei kann jede Veränderung im psychosozialen Lebensraum als Stressor wirken, der über das neuroendokrine System den Organismus auf (körperliche) Aktivität vorbereitet. Unter den sozialen und sozioökonomischen Bedingungen unserer Gesellschaft können sich so eingeleitete Aktivitäten als ungeeignet erweisen, so daß wir aus einer Reihe von sozialen Gründen häufig gezwungen sind, unsere emotional bestimmten Ausdrucks- und Bewegungsimpulse zu unterdrücken. Das heißt in der Sprache der Streßforschung, daß wir gezwungen sind, motorisches oder verbales Verhalten in einer Weise zu zeigen, die mit unserem tatsächlichen emotionalen und neuroendokrinen Zustand inkongruent ist, also zu diesem in Widerspruch steht (*Levi* 1981, S. 191). Entsprechende Forschungen, die auf dem biologisch gegründeten Streßkonzept beruhen, gehen daher davon aus, daß solche Streßmuster

---

10 toxisch = giftig

der Reaktion auf psychosoziale Reize den gleichen Verläufen folgen wie biologisch bedingte Streßreaktionen.

Eustreß und Distreß

In der Einleitung habe ich bereits hervorgehoben, daß Streß ebenso wie Lampenfieber einen Doppelcharakter hat, der sich in positiven und negativen Auswirkungen äußert. Obwohl der Streßbegriff ursprünglich neutral ist und lediglich die Tatsache bezeichnet, daß eine Aktivierung für die Bewältigung einer Anforderungssituation stattfindet, begegnet er uns doch vorwiegend in seiner negativen Bedeutung. Daher möchte ich an dieser Stelle die beiden Seiten des Streß noch einmal unterscheiden:

Mit *Eustreß* bezeichnet man Streßreaktionen dann, wenn sie nach ihrer Art und ihrem Ausmaß als angenehm empfunden werden und positive Auswirkungen auf das durch sie bestimmte Erleben und Verhalten haben. Dazu gehört die Erhöhung der Aufmerksamkeit, die Verkürzung von Reaktionszeiten, die Intensivierung von Wahrnehmungs- und emotionalen Prozessen usw. Hieraus wird deutlich, daß die völlige Vermeidung von Streß nicht nur nicht möglich, sondern auch gar nicht wünschenswert ist. Sicher kennen Sie aus Ihrem eigenen Erleben Situationen, in denen Erregung und Aktivierung angenehm ist und die Sie aus diesem Grund gern aufsuchen. In vielen verschiedenen sportlichen Aktivitäten, gelegentlich beim Autofahren oder verschiedenen wettbewerbsorientierten Gesellschaftsspielen spielt Risikoerleben eine Rolle. Denken Sie an das früher erwähnte Beispiel der Achterbahn; auch andere Vergnügungen, die auf positivem Streß beruhen und die gern aufgesucht werden, finden Sie reichlich auf Kirmesveranstaltungen; die spitzen Schreie, die gelegentlich aus der Geisterbahn zu hören sind, sind Zeichen für Eustreß.

Auf der anderen Seite steht der *Distreß*: er ist von Art und/oder Ausmaß unangenehm. Dabei muß er nicht ausschließlich mit zu hoher Erregung einhergehen, auch zu geringe Aktivierung, subjektiv erlebt als Hemmung oder Lähmung, kann aus negativem Streß resultieren. Als

Symptome für Distreß gelten im allgemeinen Magenschmerzen, Verspannungen im Schulterbereich, Zittern der Hände, Schreckhaftigkeit, Ängstlichkeit, Depressivität, Konzentrationsschwäche, beschleunigtes Sprechen, Ungeduld, Jähzorn . . .

Selbstkenntnis III:
Meine positiven und negativen Streßsituationen

In dieser Übung sollen Sie ein verbessertes Gefühl dafür gewinnen, welche Art von Situationen für Sie Streßsituationen darstellen, oder genauer gesagt: in welchen Situationen Sie Eustreß und in welchen Situationen Sie Distreß empfinden und anhand welcher Empfindungen Sie ganz persönlich positive und negative Situationen unterscheiden.

1. Bitte versuchen Sie sich an Situationen oder Ereignisse aus der letzten Zeit zu erinnern, in denen Sie bei sich selbst eine besondere, vom Üblichen abweichende Aktivierung und Erregung festgestellt haben. Welche dieser Situationen war von angenehmen Gefühlen begleitet, welche von negativen?

Bitte notieren Sie möglichst fünf solcher angenehmen Erregungssituationen (Eustreß) und fünf unangenehme Erregungssituationen (Distreß).

2. Versuchen Sie, herauszufinden, in welchen *äußeren Merkmalen* sich diese positiven bzw. belastenden Situationen unterscheiden. Solche Merkmale können beispielsweise in der sozialen Dimension liegen (Anzahl, Bekanntheitsgrad der Anwesenden . . .), in den gestellten Anforderungen, in Ihrer vorhandenen Gemütsverfassung, in Ihren Gedanken zu dieser Situation. Notieren Sie auch hier Stichworte.

3. Wie sind Sie mit diesen Situationen umgegangen? Was haben Sie getan, um Angenehmes zu vergrößern und um Unangenehmes zu bewältigen?

Sollte es Ihnen auf Anhieb schwerfallen, diese Reflexionen aus der Erinnerung heraus durchzuführen, dann schlage ich Ihnen vor, Ihre Aufmerksamkeit in den nächsten Tagen immer wieder einmal auf entsprechende Situationen zu richten und Ihre Beobachtungen anhand dieser Situationen zu notieren, bis Sie auf je fünf Eustreß- und Distreß-Beobachtungen gekommen sind.

Auch wenn Sie die obige Übung bereits durchgeführt haben, sollten Sie Ihr Wahrnehmungsvermögen für Ihre persönlichen Eustreß- und Distreß-Empfindungen trainieren und entsprechende Notizen niederschreiben. Differenzierte Selbstwahrnehmung ist eine wichtige Voraussetzung für Training und Veränderung eigener Reaktionsweisen – und insbesondere die späteren Übungen zur Selbstinstruktion und Desensibilisierung für Streßsituationen setzen diese Selbstwahrnehmung voraus, wenn sie erfolgreich sein sollen.

Progressive Entspannung bei Lampenfieber und Streß

Wenn Sie vor oder in Publikumssituationen Lampenfieber und Streßsymptome verspüren, befinden Sie sich in guter Gesellschaft: den weitaus meisten Menschen geht es ähnlich (wir sehen es nur meistens nicht) und auch geübte Vortragende und Bühnenkünstler, bei denen öffentliches Auftreten zum Alltag gehören, sind keineswegs frei davon.

Nun wissen Sie aus unseren Überlegungen, daß es keineswegs allein die mit Lampenfieber und Streß verbundene Aktivierung und Erregung ist, die Sie unter Umständen in Ihrem selbstsicheren Auftreten behindert. Vielmehr ist es die Art und Weise, wie sich diese Erregung auswirkt – oder besser gesagt: *wie Sie mit dieser Erregung umgehen* und ob Sie sie konstruktiv nutzen, die darüber entscheidet, ob sich positive oder negative Konsequenzen ergeben.

Zu den begleitenden Abläufen, die eine konstruktive Nutzung der Aktivierung in Publikumssituationen verhindern können, gehört die Vorstellung, der Angst und Erregung hilflos ausgeliefert zu sein, nichts gegen sie tun zu können! Diese *Angst vor der Angst* kann zu einem sich selbst verstärkenden Kreisprozeß führen: man nimmt bei sich selbst Erregung, beispielsweise in Form von Anspannung in der Atem- und Sprechmuskulatur wahr, bekommt Angst davor, nicht ent-

spannt und locker sprechen zu können – was die ohnehin vorhandene
Erregung aufrechterhält und erhöht ...

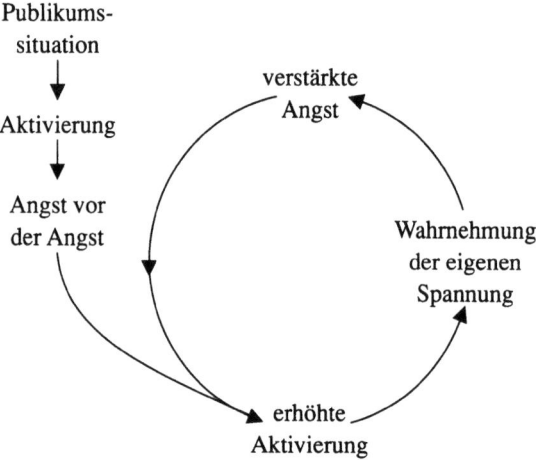

Abbildung 2.6: Angst vor der Angst – und die Folgen

So geht ein großer Teil der zur Verfügung stehenden Energie und
Aufmerksamkeit in diesen Kreisprozeß ein und ist für die Situationsbewältigung verloren, da er zur Selbstbeobachtung verbraucht wird –
Sie erinnern sich an den Zusammenhang zwischen Aufmerksamkeitsrichtung, Leistung und Aufgabenbewältigung?

Einmal so recht in Gang gesetzt ist es gar nicht so leicht, einen solchen Kreisprozeß zu stoppen. Der beste Weg ist daher, ihn so *früh wie möglich* zu unterbrechen, bevor er zuviel Energie und Aufmerksamkeit beansprucht und die Selbstsicherheit ernsthaft beeinträchtigt. Glücklicherweise ist eine solche frühzeitige Unterbrechung mit etwas Übung durchaus zu bewerkstelligen. Dies setzt allerdings zweierlei voraus:

1. eine möglichst frühzeitige Wahrnehmung der beginnenden, besser noch der sich erst ankündigenden Erregung, und

2. eine gut eingeübte Beherrschung von Techniken der Erregungsbewältigung.

Frühzeitiges Erkennen heißt dabei, sich selbst und seine spezifischen Erregungssymptome so gut zu kennen, daß Bewältigungstechniken eingesetzt werden können, bevor Streß und Lampenfieber zuviel Aufmerksamkeit und Energie absorbieren – Sie brauchen diese ja schließlich für den gezielten Einsatz Ihrer Bewältigungsmöglichkeiten.

Zu den bekanntesten und am leichtesten zu erlernenden Spannungsbewältigungstechniken gehört die von *E. Jacobson* (1938) entwickelte Methode der progressiven Muskelentspannung[11]. Diese beruht auf der Beobachtung, daß sich jede psychische Spannung in einer Zunahme des Muskeltonus manifestiert. Ziel des Verfahrens ist die progressive Entwicklung eines Entspannungszustandes über eine sehr differenzierte, systematisch erlernbare Tonuskontrolle einzelner Muskelpartien.

Jacobson hatte festgestellt, daß sich starke emotionale Zustände wie Angst positiv beeinflussen lassen, wenn sich die betroffene Person in einen Zustand tiefer Entspannung versetzte. Seine Versuchspersonen berichteten von einem Nachlassen ihrer Angst, nachdem sie gelernt hatten, einzelne Muskelgruppen ihres Körpers nacheinander an- und wieder zu entspannen (vgl. *Davison/Neale* 1988, S. 640).

Der Weg zur Bewältigung von Streß und Lampenfieber und zur Erhöhung von Selbstsicherheit, den ich Ihnen in diesem Kapitel vorstellen werde, beinhaltet also zwei Lernprozesse:

---

11 Möglicherweise noch bekannter ist das Autogene Training von *Schultz* (1966), auch als *konzentrative Selbstentspannung* bekannt. Dabei handelt es sich um eine äußerst wirksame Form der Selbsthypnose, die jedoch – soll sie wirklich nützen – ein ziemlich umfangreiches und intensives Üben erfordert. Auch für das Autogene Training gibt es Anleitung zum Eigentraining, ich empfehle jedoch dringend das Erlernen unter qualifizierter Anleitung. – Für die Zwecke der Bewältigung normaler Streßreaktionen reicht in der Regel die progressive Entspannung völlig aus.

- ein gezieltes Trainieren der Wahrnehmungsfähigkeit,
- das Erlernen von Techniken der progressiven Entspannung.

Hier ist ideal eine Warnung angebracht:

Das Einüben von Selbstwahrnehmung kann zu einer Erhöhung der Selbstaufmerksamkeit führen; diese wiederum kann mit beeinträchtigendem Lampenfieber verbunden sein. Das Training von Selbstwahrnehmung ist nur dann sinnvoll und hilfreich, wenn Sie sicherstellen können, daß dadurch Bewältigungsmaßnahmen und nicht etwa erhöhte Selbstaufmerksamkeit hervorgerufen wird. In unserem Zusammenhang bedeutet das:

Training und Schärfung der Wahrnehmung für eigene Erregungs- und Aktivierungsprozesse ist dann sinnvoll, wenn gegebenenfalls Entspannungsreaktionen zur Verfügung stehen und angewandt werden.

Diese Tatsache ist der Grund dafür, daß wir uns zunächst mit den Techniken der progressiven Entspannung befassen werden und die Selbstwahrnehmung noch zurückstellen.

Eingesetzt werden Verfahren der systematischen Entspannung zur Entlastung und Vorbereitung auf streßerzeugende Situationen und zur Senkung des Erregungsniveaus bei Angst und Streß.

Für unseren Zusammenhang von größter Bedeutung ist dabei, daß Entspannung als Selbstkontrolltechnik auch ohne Anleitung erlernbar und einsetzbar ist. Durch den Erwerb einer universell anwendbaren Technik zur Bewältigung schwieriger Situationen wird die Fähigkeit erhöht, aktiv und konstruktiv an solche Situationen heranzugehen. Die damit verbundene Erhöhung des Selbstwertgefühls ist mindest in gleichem Umfang bedeutsam wie die rein physiologische Wirkung.

Die Annahme, die der Anwendung von Entspannungsverfahren auf Streß- und Angstreaktionen zugrunde liegt, ist diese:

Durch Entspannung treten somatische und physiologische Veränderungen ein, die im Gegensatz zu solchen Reaktionsmustern stehen, die mit Angst und Streß verbunden sind. Gelingt es, Entspannungsreaktionen hervorzurufen, dann können nicht gleichzeitig auch die damit inkompatiblen[12] Angst- und Streßreaktionen auftreten.

Bei schweren und häufig auftretenden Angstzuständen sind Entspannungstechniken allerdings *kontraindiziert* und dürfen nur unter kompetenter Anleitung als Teil eines vollständigen Behandlungsprogrammes angewandt werden. Sie können nämlich vorhandene Angstabwehrmechanismen außer Kraft setzen und, wenn nicht zugleich neue Bewältigungsstrategien erworben werden, zur Verstärkung von Angstgefühlen führen.

Für den konstruktiven Umgang mit Lampenfieber und Leistungs- und sozialer Angst sind Entspannungstechniken allerdings nachgewiesenermaßen effektiv, vor allem, wenn sie anwendungsbezogen, d.h. im Hinblick auf Rede- und Publikumssituationen eingesetzt werden (vgl. die sorgfältig durchgeführte Studie von *Denney* 1974).

Diese Art von Selbstkontrolltechniken erwies sich sowohl bei sozial bedingter als auch bei leistungsbedingter Angst als mindestens ebenso effektiv wie übliche Desensibilisierungsbehandlungen unter therapeutischer Anleitung (z.B. *Denney/Ruppert* 1977). Weiter führt sie nicht nur zur Verminderung hinderlicher Angst, sondern zugleich zur *Zunahme förderlicher Erregung*. Aus diesem Grund ist das Einüben der progressiven Entspannung ein hervorragendes Mittel im Umgang mit Lampenfieber.

Progressiv, d.h. fortschreitend, ist dieses Vorgehen dabei in dreierlei Hinsicht:

1. Eine Muskelgruppe wird mit fortschreitender Übung stärker und stärker entspannt.
2. Das Training schreitet von einer Muskelgruppe zur anderen fort.
3. Tägliches Training führt zu einem Stadium, in welchem die Entspannung und Ruhe automatisch erhalten bleibt.

---

12 inkompatibel = unvereinbar

Entspannungstraining I: Arme

Die folgenden Anweisungen für die Entspannung der Arme sind (in Anlehnung an *Florin* 1975) – ebenso wie die weiteren Übungsteile – so formuliert, daß Sie diese im Sitzen durchführen können. Benutzen Sie dazu einen möglichst bequemen Stuhl mit seitlichen Armstützen, dessen Sitzhöhe es Ihnen ermöglicht, die Beine bequem auf den Boden zu stellen.

Viele Menschen finden es zumindest am Anfang leichter, die Entspannungsübungen in der Rückenlage zu üben. Wenn Sie feststellen sollten, daß es für Sie ebenfalls liegenderweise leichter und angenehmer ist, so können Sie dies ohne weiteres tun. Strecken Sie dabei Ihre Beine leicht gespreizt lang aus, die Zehenspitzen locker leicht nach außen zeigend, und legen Sie Ihre Arme neben den Körper.

Der Raum, in welchem Sie die Übungen durchführen, sollte in der Anfangszeit möglichst störungsfrei sein. Mit fortschreitender Übung wird es Ihnen gelingen, Entspannung auch unter weniger ungestörten Bedingungen und sogar in der Öffentlichkeit zu erreichen.

Nach Durchführung der Übung sollten Sie sich stets schrittweise und mit genügend Übergangszeit wieder auf Ihre Umgebung einstellen. Springen Sie also nicht gleich nach der letzten Anweisung auf, um in Ihren Alltagsstreß zurückzuspurten, sondern bleiben Sie noch ein, zwei Minuten sitzen oder liegen, recken Sie sich und schauen Sie sich gemächlich um. – Übrigens ist es auch sehr gut möglich, Entspannungsübungen im Bett vor dem Einschlafen durchzuführen. Ein Sich-wieder-auf-die-Umwelt-Einstellen ist dann natürlich nicht notwendig.

Die Formulierung der Instruktion soll Ihnen als Richtlinie dienen; Sie können sie Ihrem persönlichen Sprachempfinden anpassen. Wenn Sie einen Cassettenrekorder besitzen, können Sie sich die Instruktionen zur Erleichterung auf Band sprechen; falls Sie der Klang Ihrer eigenen Stimme stört, können Sie vielleicht einen Bekannten/eine Bekannte oder Ihre Partnerin/Ihren Partner bitten. Wichtig dabei ist eine ruhige und gelassene, langsame Sprechweise und das Einhalten der Sprechpausen zwischen den einzelnen Anweisungen. Die ungefähren Pausenlängen sind geklammert in Sekunden angegeben.

Setzen Sie sich so bequem wie möglich hin (2)

und versuchen Sie, Ihre Muskeln so locker zu lassen wie es gerade möglich ist. Ihre Arme liegen rechts und links neben Ihnen auf den Armstützen. (5)

Nun schließen Sie Ihre rechte Hand zur Faust und achten Sie auf die Spannung in Ihrem Unterarm und in der Hand. (3) Der restliche Körper bleibt dabei ganz entspannt!

Nun lassen Sie Hand und Unterarm locker, ganz locker. (3) Achten Sie darauf, wie sich die Muskeln Ihrer Hand und Ihres Unterarmes immer mehr entspannen. (8)

Versuchen Sie auch, die Finger ganz locker zu lassen (3); achten Sie auf Entspannung

in Ihrem Daumen (1), dem Zeigefinger (1), im Mittelfinger (1), im Ringfinger (1), und im kleinen Finger (8).

Nun schließen Sie die rechte Hand noch einmal zur Faust – halten Sie wieder die Spannung (1) – und entspannen Sie sich. Achten Sie dabei wieder auf den Übergang von Anspannung zu Entspannung (2). Beobachten Sie genau die unterschiedlichen Empfindungen bei Anspannung und Entspannung. (5)

Nun wiederholen Sie die Übung mit der linken Hand (1). Schließen Sie die linke Hand fest zur Faust (1), achten Sie dabei auf die Empfindungen bei dieser Anspannung (1), und entspannen Sie wieder (3).

Achten Sie darauf, wie angenehm es ist, wenn die Muskeln vom angespannten zum entspannten Zustand übergehen. (4)

Achten Sie wieder auf die Entspannung in jedem einzelnen Finger (2), dem Daumen (1), dem Zeigefinger (1), dem Mittelfinger (1), dem Ringfinger (1) und dem kleinen Finger (6).

Spannen Sie jetzt beide Hände und Unterarme fest an (1), achten Sie wieder auf die Anspannung (1) und lassen Sie wieder locker (2). Achten Sie wieder auf den Übergang von Anspannung zur Entspannung (5).

Lassen Sie die Unterarme schwer und ruhig liegen und konzentrieren Sie sich auf jeden einzelnen Finger (2), die Daumen (1), die Zeigefinger (1), die Mittelfinger (1), die Ringfinger (1) und die kleinen Finger (7).

Als nächstes spannen Sie nun den rechten Oberarm. Winkeln Sie den Ellbogen an und spannen Sie die Oberarm-Muskeln fest an (1), achten Sie dabei auf die Spannung (1) –

und entspannen Sie wieder (3). Lassen Sie den Oberarm ganz locker und entspannt werden (3) und achten Sie dabei auf das angenehme Gefühl der Entspannung (5).

Wiederholen Sie noch einmal die Spannung und Entspannung des rechten Oberarms. Ellbogen anwinkeln, Muskeln spannen, halten Sie die Spannung (1) und entspannen Sie (3). Entspannen Sie und achten Sie dabei wieder auf den Unterschied (5).

Nun spannen Sie den linken Oberarm. Winkeln Sie den Ellbogen an, spannen Sie die Muskeln im Oberarm fest an (1), achten Sie auf die Spannung (1) –

und entspannen Sie wieder (3). Lassen Sie den linken Oberarm ganz locker und entspannt werden (3) und achten Sie nur auf das angenehme Gefühl der Entspannung (5). Versuchen Sie, sich immer weiter zu entspannen (5).

Jetzt strecken Sie den rechten Arm so weit, daß Sie die Anspannung intensiv an der Rückseite des Armes spüren (1) und achten Sie wieder auf die Spannung.

Und wieder ganz locker lassen (2), legen Sie Ihren Arm ganz bequem hin (3). Versuchen Sie, ihn noch weiter zu entspannen (4).

Wiederholen Sie die Übung mit dem linken Arm. Strecken Sie den linken Arm (1) und achten Sie dabei auf die Spannung (1), und entspannen Sie wieder (3). Lassen Sie beide Arme locker und entspannt werden. Spüren Sie, wie die Arme auf ihrer Unterlage ruhen.

Jetzt spannen Sie in beiden Armen die Muskeln fest an: Oberarme (1), Unterarme (2) und Hände und achten Sie auf die Spannung (1).

Und wieder entspannen (4). Versuchen Sie, die Muskeln in den Oberarmen ganz locker werden zu lassen (4). Lassen Sie die Unterarme immer schwerer werden (4). Konzentrieren Sie sich wieder auf jeden Finger (3): Daumen (1), Zeigefinger (1), Mittelfinger (1), Ringfinger (1) und kleiner Finger (6).

Selbstverständlich weiß ich nicht, welche Erfahrungen Sie beim erstmaligen Durchführen dieser Übung gemacht haben – das kann von leichter bis hin zu tiefer Entspannung reichen. In jedem Fall ist es – um einen Übungseffekt zu erreichen, der eine Übertragung auf andere Situationen ermöglicht – notwendig, diese und auch die späteren Entspannungsübungen regelmäßig durchzuführen, möglichst täglich. Ich empfehle Ihnen, sich hierfür eine feste Zeit, etwa in der Mittagspause oder vor dem Schlafengehen zu reservieren.

Selbstverbalisation und Selbstinstruktion

Innere Monologe und ihr funktionaler Aspekt

Wenn Sie an die zuvor erwähnten Untersuchungen zum Zusammenhang zwischen Ängstlichkeit und Leistung zurückdenken, dann erinnern Sie sich sicher auch an den außerordentlichen Einfluß, den die Instruktionen auf die jeweilige Aufgabe habe.

Diesen Einfluß verschiedenartiger Instruktionen können Sie auch nutzen, um Ihre Erregung, Ihr Lampenfieber, Ihren Streß zu beeinflussen und konstruktiv zu nutzen. Ich habe bei der Schilderung der genannten

Untersuchungen schon darauf hingewiesen, daß dies auch dann möglich ist, wenn kein Experimentator anwesend ist; schließlich können Sie solche Instruktionen ja auch selbst geben.

Tatsächlich kann das Verhalten mit einer bestimmten Wahrscheinlichkeit durch sog. innere Dialoge beeinflußt werden. Innere Dialoge haben also eine funktionale Bedeutung. Das heißt, daß die (gedanklichen) Aussagen, die jemand an sich selbst richtet, bestimmte Verhaltensweisen oder Gefühlszustände, physiologische Reaktionen oder Aufmerksamkeitsprozesse mit sich bringen (*Meichenbaum* 1979).

Selbstverbalisationen dienen wie eine Art *kognitiver Filter* der Verarbeitung der wahrgenommenen Reize. Sie beeinflussen somit die Einschätzung der Situation sowie die Bewertung der eigenen Bewältigungskompetenz.

Auf diesem Wege können Selbstinstruktionen ganze Verhaltensketten anregen oder unterbrechen. Durch veränderte Selbstinstruktionen wird die Aufmerksamkeit auf andere Aspekte der Gesamtsituation gelenkt: auf die Aufgabe, auf das Publikum, auf die eigenen Selbstzweifel oder auch die eigenen Kompetenzen.

An dieser Stelle erinnere ich an die Bedeutung der Aufmerksamkeitsrichtung für die Auswirkungen von Angst und Lampenfieber.

Besonders wichtig sind dabei auch Erwartungen, die mit Selbstinstruktionen verbunden sind:

– *Selbstverbalisationen über Situationserwartungen* beziehen sich auf die momentane Situation und deren Veränderungen, die ohne eigenes Verhalten zu erwarten sind: *„Gleich werde ich als Redner angekündigt, und dann werden mich die Leute ansehen."*

– *Selbstverbalisationen über Kompetenzerwartungen* haben zum Inhalt, inwieweit Sie sich ein bestimmtes Verhalten zutrauen: „Ich werde keinen vernünftigen Ton herausbringen." oder inwieweit Sie unerwünschte eigene Reaktionen glauben, kontrollieren zu können: *„Gleich werde ich mich verhaspeln."*.

- *Selbstverbalisierungen über Folgeerwartungen* betreffen die Konsequenzen des eigenen Verhaltens: „*Alle werden sehen, daß ich rot werde und sich über mich amüsieren.*".
- *Selbstverbalisierungen über Kausalattribuierungen* betreffen die Ursachen, die für Ereignisse verantwortlich gemacht werden: „*Die Zuhörer sind unruhig, weil das, was ich sage, langweilig ist.*".

Aus diesen Überlegungen zur funktionalen Bedeutung von inneren Dialogen leiten sich für den konstruktiven Umgang mit solchen Selbstaussagen zwei Teilschritte ab:

1. Nicht förderliche Selbstverbalisationen und Selbstinstruktionen müssen unterbrochen werden.
2. Solche Selbstaussagen müssen durch positive Instruktionen ersetzt werden.

Die aktive Unterbrechung von negativer Selbstverbalisation

- *Selbstverbalisation als Selbstbestrafung*

Soziale Ängste können immer wieder neu belebt werden, v.a. durch die *Vorstellung* entsprechender Situationen und durch die *Vorwegnahme* der gefürchteten negativen Konsequenzen in der Phantasie. Wenn Sie „nur in Gedanken" glauben, daß das Publikum Sie als Sprecher ablehnt und Ihnen nicht zuhört, haben Sie letztendlich das gleiche Ergebnis für Ihre emotionale Situation, als wenn dieses Ablehnen und Nichtzuhören real stattfände. Eine solche negative Phantasietätigkeit, in der nicht die Zuhörer, sondern Sie selbst für unangenehme Begleiterscheinungen und Konsequenzen sorgen, nennt man Selbstbestrafung. Die negativen Gefühle, die solchen Selbstbestrafungen durch Phantasievorstellungen folgen, sind mit den Gefühlen, die bei tatsächlicher Kritik auftreten, funktional *äquivalent*.

Oft sind sie inhaltlich sogar so extrem, daß sie die schlimmsten Möglichkeiten der Realität übertreffen. Da negative Selbstbewertungen die Struktur sogenannter selbsterfüllender Prophezeiungen besitzen, ist es wichtig, diese zu beseitigen.

- *Der „Gedankenstop"*

Es ist daher sehr wichtig, diese automatische Koppelung zu unterbrechen. Die Technik, die dazu verwendet wird, wird in der Verhaltenstherapie als „Gedankenstop" bezeichnet. Gedankenstop unterbricht den Automatismus, der zwischen Gedanken und Angstreaktion besteht.

Wissenschaftliche Untersuchungen belegen, daß man mit diesem Verfahren, so simpel und vielleicht naiv es zunächst erscheinen mag, sogar hartnäckige und zwanghafte Grübeleien mit anschließender Angst, Selbstabwertung, Spannung usw. verringern kann. Allerdings setzt dies voraus, daß der Gedankenstop sehr konsequent und hartnäckig geübt und durchgeführt wird.

- *Durchführung des Gedankenstops*

Ermitteln Sie mit Hilfe von gründlicher Selbstbeobachtung den Punkt, an welchem die Kette von Vorstellungen, Gedanken usw., die zu negativen Gefühlen führt, beginnt. Das wird meist nicht der Gedanke sein, der unmittelbar vor dem tatsächlichen Angsterleben liegt, im Gegenteil: der Beginn dieses automatisierten Ablaufes liegt häufig früher, so daß Sie Ihre Aufmerksamkeit bei der Selbstbeobachtung auch auf frühe Beginne solcher Abläufe richten müssen. Unter Umständen gehört dazu etwas Übung.

Wenn Sie den Beginn solcher Abläufe nachvollzogen haben, d.h. den ersten Hinweis auf ihren Beginn identifiziert haben, dann können Sie damit beginnen, die Kettenreaktion zu unterbrechen, und zwar sollten Sie dies so früh wie möglich tun. Je eher diese Unterbrechung stattfindet, desto leichter ist es.

Sobald der als Auslöser identifizierte Reiz (Gedanke, Vorstellung o.ä.) auftaucht, setzen Sie einen Unterbrecher. Wenn Sie allein sind, kann dieser Unterbrecher darin bestehen, daß sie laut „STOP!" sagen und den Satz anfügen: „Gedanken sind gleichgültig". In Situationen, in denen das laute Aussprechen dieses Unterbrechers nicht angebracht erscheint, sollten Sie ihn in einer Art stillen Sprechens langsam und betont in Gedanken formulieren. Treten die auslösenden Vorstellungen nach Sekunden, Minuten oder Stunden wieder auf, unterbrechen Sie diese wieder mit STOP! GEDANKEN SIND GLEICHGÜLTIG!

Es kommt an dieser Stelle nicht darauf an, das *Ausbleiben* der auslösenden Vorstellungen zu erreichen, sondern darauf, den automatischen Ablauf der Kettenreaktion zu stören. Es ist daher sehr wichtig, den Gedanken zu unterbrechen, bevor er zu Ende gedacht wird – das Zuendedenken kann nämlich wie ein Verstärker wirken und die Reaktion weiter festigen.

Die konstruktive Beeinflussung Ihrer Selbstinstruktion

Im folgenden finden Sie eine Anzahl verbreiteter negativer Selbstverbalisierungs-Strategien. Zu jeder dieser Strategien ist jeweils ein Beispiel angegeben.

1. Bitte überlegen Sie zunächst, welche dieser negativen Strategien Sie gelegentlich oder häufig bei sich selbst entdecken. Bedenken Sie dabei, daß die angegebenen Beispiele zur Verdeutlichung dienen und sich die entsprechende Strategie bei Ihnen wahrscheinlich in anderen Selbstverbalisierungen äußern wird. Markieren Sie die Strategien, die Sie selbst anwenden, mit einem Kreuz.

2. Kreuzen Sie anschließend diejenigen Strategien an, die Sie am ehesten bei sich selbst verändern möchten.

Strategie	kenne ich von mir	möchte ich am ehesten ändern	Beispiel
Negativieren: positive Aspekte einer Situation übersehen und sich nur auf die negativen konzentrieren			Eine Rede zu halten bringt nichts als Streß und Aufregung.

Verschlimmern: eine schwierige Situation zu einer unerträglichen und unlösbaren machen			Die Leute in dieser Stadt sind die rücksichtslosesten, die es gibt. Es ist nicht zu ertragen.
Katastrophendenken: erwarten, daß mit größter Sicherheit das Schlimmstmögliche eintreten wird			Ich weiß genau: wenn ich da vorne stehe, kriege ich kein vernünftiges Wort heraus:
Übergeneralisieren: von einem einzelnen Ereignis auf alle anderen schließen			*(wenn Sie das Manuskript haben fallen lassen:)* Das zeigt wieder, daß ich zu den einfachsten Dingen nicht imstande bin.
Minimieren: den Wert eines Erfolges herabsetzen			Mein Manuskript ist angenommen, aber eigentlich sollte ich was besseres bringen können.
Perfektionismus: überhöhte und nicht einlösbare Anforderungen an sich selbst und/oder andere stellen			Jeder sollte sich stets und immer an die Regeln des sozialen Miteinanders halten und dabei keine Fehler machen.
Schwarz-Weiß-Denken: es muß *genau* so kommen, wie man es wünscht. Es gibt keinen Mittelweg.			Um zufrieden mit mir selbst zu sein, muß mir immer alles gelingen. Sonst bin ich ein Versager.
Übertreiben: „aus einer Mücke einen Elephanten machen"			Mein Freund sagte, ich hätte unsicher gewirkt. Das ist das Schlimmste, was mir je passiert ist.

3. Bitte tragen Sie jetzt in die folgende leere Tabelle diejenigen negativen Selbstverbalisierungsformen ein, die Sie von sich selbst kennen und die Sie als erste verändern möchten. Möglicherweise haben Sie mehr als drei Strategien als veränderungswürdig angekreuzt. In die-

sem Falle sollten Sie drei für Sie besonders wichtige auswählen und die übrigen für einen nächsten Schritt zurücklassen.

In die zweite Spalte tragen Sie bitte möglichst genau ein, in welchen Selbstverbalisierungen sich die jeweilige Strategie bei Ihnen zeigt. Die dritte Spalte ist für positive Gegenverbalisierungen vorgesehen. Die Formulierung dieser Gegenverbalisierungen sollten Sie möglichst sorgfältig vornehmen, da sie das Handwerkszeug für Veränderungen bilden werden. Wie eine solche Gegeninstruktion aussehen kann, sehen Sie an folgendem Beispiel:

Strategie	Ihre eigene negative Selbstverbalisation	Ihre eigene positive Gegenverbalisierung
Perfektionismus	Ich *muß* es perfekt machen. Oder: Wenn ich es diesesmal schon nicht perfekt gemacht habe, muß ich es wenigstens beim nächstenmal schaffen.	Ich werde mich bemühen, es so gut zu machen wie ich kann. Ich werde meine Erfahrung nutzen und versuchen, es beim nächsten Mal besser zu machen.

Beginnen Sie jetzt mit der Arbeit an Ihren eigenen Selbstverbalisierungen.

Strategie	Ihre eigene negative Selbstverbalisation	Ihre eigene positive Gegenverbalisierung

Entspannungstraining II: Gesicht, Nacken, Schultern

Bevor Sie mit diesem zweiten Teil der Entspannungsübungen beginnen, sollten Sie die Entspannung der Arme wiederholt geübt haben.

Beginnen Sie das heutige Training mit der Entspannung der Arme und fahren dann mit diesem neuen Teil fort.

Konzentrieren Sie sich jetzt auf Ihre Stirn (1). Ziehen Sie die Augenbrauen fest nach oben und lassen Sie auf der Stirn Querfalten entstehen (2). Halten Sie die Spannung und beobachten Sie die Empfindungen an der Stirn.

Und nun entspannen Sie wieder (3). Lassen Sie die Stirn glatt und gelöst wie eine leere Fläche werden (4). Spüren Sie, wie die Entspannung der Stirn auf die gesamte Kopfdecke übergeht (7).

Wiederholen Sie die Anspannung der Stirn: die Augenbrauen hochziehen (1)

und wieder entspannen (2).

Jetzt ziehen Sie die Augenbrauen zusammen, so daß senkrechte Falten auf Ihrer Stirn entstehen (1) und achten Sie auf die Spannung (2).

Und wieder entspannen (3). Achten Sie auf die Gefühle beim Übergang von Anspannung zu Entspannung (5). Lassen Sie ihre Stirn immer gelöster und entspannter werden (7).

Versuchen Sie jetzt, auf der Stirn gleichzeitig Längs- und Querfalten zu bilden (2). Die Stirn ist jetzt ganz verspannt (2) –

und entspannen Sie wieder (2). Lassen Sie die Stirnmuskeln ganz locker werden (2), immer lockerer (2), bis sich die Stirn wieder wie eine glatte lockere Fläche anfühlt (8).

Nun schließen Sie fest Ihre Augen und achten Sie auf die Spannung in der Augenpartie (1) –

und wieder entspannen (3).

Halten Sie Ihre Augen jetzt leicht geschlossen (3) und achten Sie nur auf das angenehme Gefühl der Entspannung (2). Lassen Sie die Augenlider schwer werden (3) und achten Sie darauf, daß die Stirnmuskeln ganz gelöst und entspannt sind (6).

Schließen Sie die Augen noch einmal fest (1)

und achten Sie auf die Anspannung (1)

und entspannen Sie wieder (8).

Als nächstes ziehen Sie Ihre Nase *kraus, so daß Sie die Spannung an der Nase deutlich spüren (1) –*

und wieder entspannen (3). Lassen Sie die Nasenflügel ganz entspannt werden, und lassen Sie auch die Augenlider wieder schwer werden (3). Achten Sie auf die Stirn, die ganz gelöst und glatt ist (5).

Spannen Sie jetzt Ihre Kiefermuskeln *an: Beißen Sie die Backenzähne fest aufeinander und achten Sie auf die Spannung in der ganzen Kieferpartie (2).*

Und entspannen Sie wieder (3). Lassen Sie Ihre Lippen und alle Gesichtsmuskeln ganz locker werden (3). Versuchen Sie, Ihre Gesichtsmuskeln immer noch weiter zu entspannen (6). Achten Sie auf die Stirn (2), die Augenlider (2) und die Nasenflügel (4); achten Sie auf das Gefühl der Ruhe, das sich ausbreitet, wenn Sie Ihr Gesicht immer mehr entspannen (9).

Drücken Sie nun die Zunge *gegen den Gaumen, ganz fest und achten Sie auf die Spannung (1),*

und wieder entspannen (2). Lassen Sie die Zunge ganz entspannt fallen (6).

Wiederholen Sie noch einmal: die Zunge gegen den Gaumen pressen (1) und auf die Anspannung achten (2),

und die Zunge wieder entspannt und locker fallen lassen (5).

Nun pressen Sie die Lippen fest aufeinander (2) – die Spannung festhalten (2),

und wieder entspannen (3). Achten Sie auf den Unterschied zwischen Spannung und Entspannung (6).

Noch einmal: pressen Sie die Lippen zusammen (2)

und entspannen (8).

Jetzt spannen Sie das gesamte Gesicht an (2): die Stirn (1), die Kopfdecke (1), die Augenpartie (1), die Nase (1), die Lippen (1), Wangen (1), den Unterkiefer (1) und das Kinn (2),

und jetzt wieder entspannen (4). Achten Sie darauf, daß der Unterkiefer ganz locker wird (3), daß die Wangen entspannt sind (3), daß die Stirn glatt und gelöst wird (3), daß die Augenlider schwer werden (3), und achten Sie auf das Gefühl der Ruhe, das sich ausbreitet, wenn Sie Ihre Gesichtsmuskeln immer weiter entspannen (8).

Jetzt spannen Sie die Nackenmuskeln: Lassen Sie den Kopf nach vorne fallen, so daß das Kinn gegen die Brust drückt (2). Achten Sie auf die Spannung an Hals und Nacken (2), und heben Sie den Kopf wieder. Spüren Sie die eintretende Entspannung in den Nackenmuskeln (4).

Nun ziehen Sie die Schultern in die Höhe (3). Achten Sie auf die Spannung, die dabei entsteht (2) –

und entspannen Sie wieder (1). Spüren Sie das angenehme Gefühl der Entspannung (7).

Spannen Sie die Schultern noch einmal an (2), achten Sie auf die Empfindung der Anspannung (1), der ganze obere Rücken ist angespannt (2)

und wieder locker lassen, entspannen (1). Lassen Sie die Muskeln ganz locker werden (2). Selbst wenn Sie glauben, ganz entspannt zu sein: versuchen Sie, noch ein bißchen weiter zu gehen (8). Entspannen Sie auch Nacken (1), Hals (1), Unterkiefer (1) und das gesamte Gesicht (2).

Lassen Sie die Entspannung übergehen auf Arme und Hände (2), bis in die Fingerspitzen (2), achten Sie dabei auf jeden einzelnen Finger (2): Daumen (1), Zeigefinger (1), Mittelfinger (1), Ringfinger (1) und die kleinen Finger (2). Versuchen Sie, sich immer tiefer zu entspannen (8).

Für das weitere Training der Entspannung möchte ich Ihnen an dieser Stelle einen Tip geben: Wenn Sie die Übungen häufiger erfolgreich durchgeführt haben und Ihnen die einzelnen Anweisungen schon einigermaßen vertraut sind, können Sie damit beginnen, diese Anweisungen durch Stichworte zu ersetzen, etwa *„rechte Hand fest – Hand und Finger ganz locker"* usw. Diese Kurzanweisungen sind auch sehr hilfreich, wenn Sie Entspannung erreichen wollen und dabei nicht allein und ungestört sind.

Systematische Desensibilisierung

Die systematische Desensibilisierung ist das wohl bekannteste Verfahren der Verhaltenstherapie; es geht zurück auf den Psychiater *Joseph Wolpe*.

Wolpe hatte in einer Reihe experimenteller Versuche mit Tieren einen Effekt gefunden den er „reziproke Hemmung" (reciprocal inhibition) nannte:

„Wenn es gelingt, eine mit Angst unvereinbare Reaktion bei Anwesenheit eines angsterzeugenden Stimulus auftreten zu lassen, so daß es zu einer vollständigen oder teilweisen Unterdrückung der Angstreaktionen kommt, wird die Verbindung zwischen dem Stimulus und der Angstreaktion abgeschwächt." (*Wolpe* 1958, S. 71; dtsch. zit. nach *Fliegel* u.a. 1989, S. 153)

Wolpe begann nun, dieses Prinzip in der therapeutischen Arbeit mit Menschen einzusetzen. Auf der Suche nach Verhaltensweisen, die mit Angst unvereinbar sind, begann er zunächst mit Durchsetzungsverhalten. Da sich Durchsetzungsverhalten nicht bei allen angsterzeugenden Reizen anwenden läßt, benutzte er schließlich die – Ihnen inzwischen bekannte – progressive Muskelentspannung von *Jacobson*.

Da es bei *Wolpes* Klienten häufig nicht möglich war, angsterzeugende Situationen tatsächlich aufzusuchen und dort die Entspannung einzuführen, wies er sie an, sich diese Situationen bildlich vorzustellen. Dabei enthielten diese Vorstellungsbilder immer stärker angsterzeugende Elemente; gleichzeitig entspannten sich die Klienten. Diese Arbeit mit Vorstellungsbildern erwies sich als sehr effektiv; *Wolpe* gab ihr die Bezeichnung „Systematische Desensibilisierung".

Die Praxis der systematischen Desensibilisierung erwies sich zahlreichen Untersuchungen als sehr effektiv (vgl. dazu *Fliegel* u.a. 1989), das theoretische Erklärungsmodell stieß jedoch auf heftige Kritik. Diese im einzelnen darzustellen ist hier nicht der Ort, ich möchte lediglich darauf hinweisen, daß heute in der Verhaltenstherapie die Rolle des Klienten als sehr viel aktiver betrachtet wird als dies in *Wolpes* Ansatz der Fall war.

Bei der systematischen Desensibilisierung sind drei Schritte wichtig:

– das Erlernen und gründliche Einüben einer Entspannungsmethode,

– eine Sammlung der angstauslösenden Situationsbestandteile und deren Anordnung in einer Rangreihe nach dem Ausmaß der Angst, die sie auslösen,

– die aufeinanderfolgende Vorstellung dieser angsterzeugenden Situationsmerkmale bei gleichzeitiger Entspannung.

Die betreffende Person versetzt sich also in einen tiefen Entspannungszustand und stellt sich dann in hierarchisch geordneter Reihenfolge die angstauslösenden Situationen vor. Sie beginnt mit einer nur wenig angstbesetzten Vorstellung und geht nur dann zur nächstschwierigeren weiter, wenn es ihr gelingt, ihre Entspannung beizubehalten. Läßt die Entspannung nach, wird die Vorstellung unterbrochen und sofort mit den entsprechenden Übungen die Entspannung wiederhergestellt.

Dies alles erfolgt natürlich nicht innerhalb einer kurzen Zeit und in einer einzigen Sitzung, sondern zeitlich verteilt. In den Pausen zwischen den einzelnen Trainingsphasen kann versucht werden, bereits spannungsfrei vorgestellte Situationen in der Wirklichkeit aufzusuchen und mit Hilfe der Entspannungstechniken angstfrei zu erleben.

Diese kurze Beschreibung reicht für das Verständnis der folgenden Beispiele aus. Wenn Sie sich näher für das Verfahren der systematischen Desensibilisierung interessieren, empfehle ich Ihnen das entsprechende Kapitel in *Fliegel* u.a. (1989).

Ein Fallbeispiel

Um anschaulich zu machen, wie eine systematische Desensibilisierung vor sich geht, möchte ich Ihnen hier ein Beispiel vorstellen. Es handelt sich um einen Ausschnitt aus einer psychotherapeutischen Behandlung von mit negativen Selbstinstruktionen verbundener sozialer Angst, in der Desensibilisierung als eine unter mehreren Interventionen eingesetzt wurde (aus *Rechtien* 1988, S. 161–166).

Der Klient hatte zunächst die progressive Entspannung erlernt und eine Hierarchie angsterzeugender Vorstellungen aufgestellt. Er sitzt jetzt in einem besonders bequemen Entspannungsstuhl. Der Therapeut wird mit den Anweisungen beginnen, sobald ihm der Klient durch ein Zeichen mit dem Finger signalisiert, daß er Entspannung erreicht hat (T = Therapeut, K = Klient). In den Anweisungen formuliert der Therapeut zunächst die vom Klienten benannten Vorstellungen, beim Auftreten von Spannung und Angst – das ebenfalls vom Klienten signalisiert wird – führt er Entspannung ein. Anschließend formuliert er die positive Gegeninstruktion, die vom Klienten wiederholt wird.

T Also schließen Sie jetzt die Augen ... und entspannen Sie sich ... ...
... und dann, wenn die Entspannung da ist, mit dem Finger das zeichen geben ...

(lange Pause)

K gibt das Zeichen

T (ruhig und langsam) Ich bin allein ...... ich will einen Brief an Karin schreiben ...... ich sitze am Schreibtisch ...... das Blatt Papier liegt vor mir ...... (mit zunehmender Spannung) ich will anfangen zu schreiben ...... jetzt muß ich schön und sauber schreiben ...... meine Hand verkrampft sich immer mehr ...... die Finger krampfen sich in den Kuli ...... ich kann ihn kaum halten ...... der ganze Arm ist schon verkrampft ...... meine Schrift verändert sich ...

K gibt das Zeichen

Pause

T (wieder langsam und ruhig, leise) Ganz ruhig ... ganz entspannt ... tief ausatmen ... alle Muskeln sind entspannt ... ganz ruhig ... ganz entspannt .... (mit freudiger Stimme) Karin freut sich, wenn ich ihr schreibe.

K (forsch) Karin freut sich, wenn ich ihr schreibe.

Sie werden bemerkt haben, wie in den Anweisungen des Therapeuten zunehmend stärker angstbesetzte Vorstellungen enthalten waren. Zu Beginn einer Desensibilisierung werden Angstgefühle relativ früh auftreten, mit zunehmender Übung aber auf einer immer höheren Stufe der Hierarchie.

Wie eine solche Hierarchie aussehen kann, möchte ich an einem weiteren Fallbeispiel verdeutlichen (nach *Fliegel* u.a. 1989, S. 156, S. 159).

Herr K. hat Angst, sich gegenüber anderen zu blamieren. Diese Angst hängt mit folgenden Bedingungen zusammen:

– mit dem Bekanntheitsgrad des Gegenübers: je bekannter, desto stärker;

– mit der Anzahl der Anwesenden: je mehr, desto stärker;

– mit dem Überraschungsgrad der Situation: je unerwarteter, desto stärker;

- mit dem Geschlecht des Gegenübers: bei Frauen stärker;
- mit Stellung und Auftreten des Gegenübers: stärker bei selbstsicheren und intelligenten Partnern und bei Vorgesetzten;
- mit der Attraktivität bei weiblichen Gegenüber: je attraktiver, desto stärker.

Mit Herrn K. wurde vereinbart, zunächst die Angstgefühle gegenüber höhergestellten und selbstsicheren Personen zu bearbeiten. Nach dem Erlernen der Entspannung wurde folgende Hierarchie aufgestellt:

- Sie sehen sich Ihren Einstellungsvertrag an, der von Ihrem Chef unterschrieben ist.
- Sie denken beim Aufstehen daran, daß Sie heute zur Hauptstelle Ihrer Firma gehen müssen (in welcher sich der Chef befindet).
- Sie stellen die Unterlagen für den Gang zur Hauptstelle zusammen.
- Sie verlassen die Haustür, um zur Hauptstelle zu gehen.
- Sie biegen um die Ecke der ...-Straße und sehen das Gebäude der Hauptstelle.
- Sie stehen vor der Glastür und wollen hineingehen.
- Sie stehen vor der Tür des Einsatzleiters.
- Sie sprechen mit dem Einsatzleiter; der Chef kommt dazu.
- Der Chef sagt zu Ihnen: „Kommen Sie bitte einmal mit, wir müssen etwas besprechen".

Nach dieser Einführung und den Beispielen werden Sie gerüstet sein, eine entsprechende Hierarchie für Ihr eigenes Erleben in Publikumssituationen aufzustellen.

Ihre persönliche Hierarchie streßerzeugender Situationen

Wenn Sie zum konstruktiven Umgang mit Ihrer Erregung in Publikumssituationen das Verfahren der systematischen Desensibilisierung einsetzen wollen, dann ist es jetzt an der Zeit, eine Hierarchie streßerzeugender Situationsbedingungen für Sie ganz persönlich aufzustellen.

Anhand der vorgestellten Beispiele sollte Ihnen das nicht allzuschwerfallen. Möglicherweise ist es allerdings notwendig, sich zunächst für eine ganz bestimmte unter mehreren Publikumssituationen zu entscheiden.

Diese Situationen stellen Sie sich nun so konkret wie möglich vor, evtl. hilft Ihnen die Erinnerung an eine zurückliegende Situation, in welcher Sie Angst, Streß oder Lampenfieber verspürt haben. Versuchen Sie, eine Liste der Situationen zusammenzustellen, die für Sie streßbesetzt sind. Diese Liste sollte zunächst noch ungeordnet sein – so wie Ihnen die einzelnen Dinge einfallen –, und etwa zehn verschieden stark streßerzeugende Punkte umfassen.

Stellen Sie sich dann die einzelnen Situationen so konkret wie irgend möglich vor und versuchen Sie, diese nach der Stärke der ausgelösten Angst bzw. des Lampenfiebers zu bewerten. Zum Beispiel können Sie sie mit einer Punktebewertung versehen – die stärkste etwa mit 100, die schwächste mit zehn oder ähnlich. Wie Sie dabei vorgehen, ist nicht wichtig, wichtig ist allein, daß Sie die von Ihnen gefundenen Situationen anschließend nach dem Ausmaß der mit ihnen verbundenen Belastung ordnen können.

Wir werden diese Hierarchie später noch einmal überprüfen und dann zum Training benutzen; Voraussetzung dafür ist allerdings, daß Sie die progressive Muskelentspannung gut beherrschen.

Vielleicht sind Sie nach dem Aufstellen Ihrer Hierarchie versucht, diese möglichst sofort zur Desensibilisierung zu nutzen. Ich empfehle Ihnen jedoch, dies erst zu tun, wenn Sie auch die Entspannung von Atem und Bauch erlernt *und gut eingeübt* haben.

Entspannungstraining III: Atmung, Bauch, Rücken, Beine

Konzentrieren Sie sich jetzt auf Ihren Atem. *Beachten Sie zunächst, wie die Luft ein- und ausströmt (11).*

Halten Sie nun nach den Einatmen die Luft für kurze Zeit an (3), achten Sie dabei auf die Spannung in Ihrer Brust (2)

und lassen Sie die Luft wieder ausströmen (2). Achten Sie darauf, wie sich beim Ausatmen die Brust angenehm entspannt (6).

Wiederholen Sie das Einatmen (2) und achten Sie wieder auf die Spannung (3)

und genießen Sie die Entspannung beim langsamen Ausatmen (8).

Verfolgen Sie jetzt nur das langsame Ein- und Ausströmen Ihres Atems (4).

Sprechen Sie innerlich mit, wie Sie ein- und ausatmen (5).

Achten Sie auf das Gefühl der Ruhe, das sich dabei im ganzen Körper ausbreitet (13).

Nun richten Sie Ihre Aufmerksamkeit auf die Bauchpartie *(1). Spannen Sie Ihre Bauchmuskeln an und beobachten Sie die Anspannung (2).*

Und wieder locker lassen (3). Lassen Sie Ihre Bauchmuskeln ganz locker werden (7). Achten Sie dabei auf den Übergang von der Anspannung zur Entspannung (11).

Achten Sie nun auf Ihren Rücken *(1). Beugen Sie Ihren Rücken nach vorn (1) und achten Sie auf die Spannung entlang der Wirbelsäule (1).*

Und nun lassen Sie sich wieder ganz locker zurückfallen (4). Entspannen Sie Ihren ganzen Rücken (3) und lassen Sie die Entspannung der Rückenmuskeln nach vorn ausstrahlen (1), zur Brust- und Bauchmuskulatur (2), in die Schultern (1), in die Arme und Hände (3) und das Gesicht (7).

Achten Sie jetzt wieder nur auf Ein- und Ausströmen Ihres Atems (4), sprechen Sie innerlich mit, wie Sie ein- und ausatmen (5), und lassen Sie sich immer tiefer in die Entspannung fallen (8).

Nun spannen Sie Ihren ganz Körper *an (2): die Arme (2), die Schultern (2), das Gesicht (3), die Brust und den Bauch (3)*

und wieder locker lassen (4). Versuchen Sie, sich immer noch weiter zu entspannen (6). Achten Sie nur auf das Ein und Aus des Atems (12).

Jetzt richten Sie Ihre Aufmerksamkeit auf die Beine. Pressen Sie die Fersen fest gegen den Boden. Die Zehenspitzen sind gegen Ihr Gesicht gerichtet (2). Spannen Sie Ihre Unterschenkel, die Oberschenkel und die Sitzmuskeln fest an (1). Halten Sie die Spannung (1)

und lassen Sie wieder locker (2). Achten Sie wieder auf den Unterschied zwischen der Anspannung zur Entspannung, die sich allmählich ausbreitet (7). Lassen Sie Ihre Muskeln noch lockerer werden (2), versuchen Sie, sich dabei immer tiefer zu entspannen (8).

Jetzt pressen Sie die Fersen wieder fest gegen den Boden, richten aber diesmal die Zehenspitzen nach unten (1); achten Sie auf die Spannung in den Unterschenkeln, den Oberschenkeln und den Sitzmuskeln (1).

Und jetzt entspannen Sie wieder (3). Lassen Sie die Muskeln in den Beinen ganz locker werden (3), Achten Sie darauf, daß die Entspannung bis in die Füße hineinreicht (2) – bis in die Zehenspitzen (2). Lassen Sie die Beine immer entspannter und schwerer werden (10).

Jetzt lassen Sie die Entspannung von den Füßen hinaufströmen (1), durch die Beine zum Rücken (2), in die Brust (1), die Bauchgegend (1), die Schultern (1), die Arme und Hände (2) bis in die Fingerspitzen (2), in den Nacken (1) und in das Gesicht (3). Lassen Sie

Ihren ganzen Körper locker und entspannt werden (3), die Stirn eine glatte leere Fläche (2), die Augenlider sind schwer (2) und der Unterkiefer ist ganz locker (3). Sie spüren jetzt, wie Ihr Körper mit seinem ganzen Gesicht auf dem Stuhl ruht (5).

Achten Sie noch einmal auf Ihre Atmung (3); versuchen Sie gar nicht, sie zu beeinflussen (2), sondern nur innerlich mitzusprechen, wie Sie ein- (2) und ausatmen (3). Registrieren Sie nur dieses Ein- und Ausströmen Ihres Atems (9). Entspannen Sie sich dabei noch tiefer (2), denken Sie an gar nichts anderes als nur an das angenehme Gefühl der Entspannung (16).

Und nun spannen Sie ihren Körper langsam wieder an (2), spannen Sie die Hände (2), winkeln Sie die Arme an (2), strecken Sie die Arme (2), räkeln und strecken Sie sich (2). Öffnen Sie allmählich die Augen (5) und setzen sich wieder locker auf Ihrem Stuhl zurecht.

Eine Übung zur Selbstwahrnehmung

Die folgende Übung (entnommen aus *Rechtien* 1988, S. 125) kann, vor allem, wenn sie wiederholt durchgeführt wird, Ihre Wahrnehmung beginnender Anspannung schärfen und daher dabei helfen, frühzeitig konstruktive Maßnahmen wie positive Selbstinstruktion und/oder Entspannung einzusetzen. Sie können sie – mit entsprechenden Modifikationen – in vielen alltäglichen Situationen durchführen, z.B. im Zug, in der Mittagspause zu Hause oder am Schreibtisch, und mit etwas Übung sogar in Gesprächspausen.

Sie sitzen auf einem Stuhl, in einem Sessel o.ä. Falls Sie etwas in der Hand halten, legen Sie es zur Seite. Konzentrieren Sie sich für einen Augenblick auf das, was in Ihrer Umgebung vorhanden ist und was vor sich geht. Was sehen Sie? Was hören Sie? Riechen Sie etwas? ... Nun richten Sie Ihre Aufmerksamkeit auf das, was in Ihnen ist, weg von der Umgebung (wenn Sie allein sind oder die Übung mit anderen gemeinsam durchführen: schließen Sie die Au-

gen). Achten Sie auf Ihre Gedanken, Gefühle, Wünsche, Phantasien ...

Vielleicht beginnen Sie mit dem, was diese Aufforderung in Ihnen auslöst – Unwillen? Unlust? Interesse? Neugier? Ärger? Spannung? ... Wie weit wollen Sie sich (trotzdem) darauf einlassen?

Und nun: Was fühlen Sie von Ihrem Körper (Fußsohlen? Zehen? Beine? Arme? Brust? Schultern? Rücken? Bauch? Nacken? Gesicht?)? Was spüren Sie deutlich, was weniger deutlich? ... Wie ist das mit der Temperatur, ist Ihnen warm? Oder kalt? Ist das angenehm? ... Wo berühren Sie mit Ihrem Körper den Sitz und welche Empfindungen löst das aus (Druck, Temperatur)? Möchten Sie etwas an Ihrer Haltung verändern?

Vielleicht richtet sich Ihre Aufmerksamkeit zwischendurch unwillkürlich immer mal wieder nach außen. Lassen Sie dies ruhig zu, nehmen Sie einfach zur Kenntnis: was ist da? und kehren Sie dann wieder zu Ihrem inneren Erleben zurück. –

Welche Gedanken und Vorstellungen kommen Ihnen, wenn Sie sich auf nichts Bestimmtes konzentrieren? Welche Gefühle und Wünsche sind damit verbunden?

Gehen Sie noch einmal zurück zu Ihrem Körper, was fühlen Sie dort jetzt? Hat sich etwas verändert, ist etwas deutlicher geworden, anderes weniger deutlich? ...

Zum Abschluß richten Sie Ihre Aufmerksamkeit wieder nach außen: wie ist es, umherzublicken, die Umgebung wahrzunehmen?

Schauen Sie jetzt bitte noch einmal kurz zurück auf die Erfahrungen, die Sie gemacht haben. Gab es etwas, was unangenehm war, Spannung erzeugt hat oder Ihnen schwer gefallen ist? Was ist nicht so recht gelungen? An welchen Stellen sind Sie abgeschweift? Was hat Spaß gemacht? Was ging so richtig gut?

Schritte zur systematischen Desensibilisierung

Nachdem Sie nun über das Instrument der progressiven Entspannung verfügen, können Sie daran gehen, dieses zum Abbau von hinderlicher Erregung und überstarkem Lampenfieber einzusetzen. Denken Sie jedoch an die Ausführungen zur positiven Seite von Lampenfieber und Aktivierung: Es soll keineswegs darum gehen, jede Erregung oder Angst zu beseitigen, sondern nur darum, dann etwas gegen diese zu unternehmen, wenn sie zu stark und hinderlich sind.

Überprüfung Ihrer Hierarchie

Zunächst sollten Sie noch einmal die Hierarchie überprüfen, die Sie aufgestellt haben. Möglicherweise hat sich in der Folge des Entspannungstrainings und der Übung zur Selbstwahrnehmung Ihre Einschätzung geändert. Sehen Sie sich die entsprechende Liste noch einmal an und überprüfen Sie,

- ob die Rangfolge der Situationen nach dem Grad der Belastung stimmig ist oder Sie das eine oder andere umstellen müssen;
- ob Sie Zwischenstufen entdeckt haben, die Sie noch einfügen sollten.

Es ist auch sehr sinnvoll, in alltäglichen Publikumssituationen gezielt auf Spannungsgefühle zu achten und diese bei der Hierarchiebildung einzubeziehen.

Beginnen Sie jedenfalls mit Desensibilisierungsübungen erst dann, wenn Ihre Hierarchie stimmig ist.

Desensibilisierung gegen Lampenfieber und Streß

Bei den Desensibilisierungsübungen können Sie sich grundsätzlich an das Vorgehen halten, das Sie aus dem obigen Fallbeispiel kennen. Ein Unterschied wird wahrscheinlich darin bestehen, daß Sie die Instruktionen, die dort vom Therapeuten kommen, sich selbst geben werden.

Allerdings können Sie auch jemanden bitten, diese Aufgabe zu übernehmen.

Ebenso wie bei den Entspannungsübungen suchen Sie sich einen Ort, an welchem Sie ungestört sind. Entspannen Sie sich wie gewohnt – wahrscheinlich gelingt Ihnen dies jetzt bereits mit Kurzformeln, so daß Sie relativ rasch einen guten Entspannungszustand erreichen. Wenn dieser eingetreten ist, stellen Sie sich so konkret und plastisch die Situation auf der untersten Stufe Ihrer Hierarchie vor. Gleichzeitig achten Sie auf Ihre Empfindungen. Beim Auftreten von Spannungsgefühlen brechen Sie die Vorstellung ab und konzentrieren sich auf Entspannung. Haben Sie diese wieder erreicht, beginnen Sie erneut mit der Vorstellung der entsprechenden Situation.

Treten bei der Vorstellung keine Spannungsgefühle auf, können Sie zur nächsten Stufe der Hierarchie übergehen. Tun Sie das jedoch nur dann, wenn Ihnen wirklich das Beibehalten der Entspannung gelingt. Mit einiger Sicherheit müssen Sie die Übung bei der einen oder anderen Stufe mehrmals wiederholen, bis Sie weitergehen können. Das sollte Sie aber keineswegs beunruhigen oder entmutigen. Solche Wiederholungen sollten Sie aber nicht „endlos" hintereinanderreihen, sondern nur ca. drei- bis fünfmal pro „Sitzung" durchführen und dann eine Pause einlegen.

In Ihrer nächsten Sitzung beginnen Sie dann mit einer Stufe der Hierarchie, die Sie bereits spannungsfrei betrachten können, und gehen dann zur Vorstellung der nächstschwierigeren weiter.

Sollte Ihnen einmal auch nach mehreren Versuchen der Übergang zur nächsten Stufe nicht gelingen und sich immer wieder Spannungen einstellen, dann ist vielleicht der Schritt zu groß; Sie müssen Ihre Hierarchie noch einmal überprüfen und eventuell einen Zwischenschritt einfügen.

3. Die freie Rede

Jeder hält irgendwann seine erste Rede: Sei es die Stegreifrede während einer Silvesterparty, der Vortrag vor Auszubildenden oder der Bericht über die Geschäftsentwicklung während einer Betriebsversammlung.

Je höher Sie auf der „sozialen Leiter" stehen, desto mehr können und müssen Sie mit Worten bewirken. *Cicero, Fichte* und *Churchill* mögen als Beispiele dafür gelten, wie begnadete Redner in ihrem Sinn erfolgreich sein können – und sie lassen das Sprichwort „Reden ist Silber, Schweigen ist Gold" fragwürdig erscheinen.

Der preußische Feldmarschall *Schwerin* (1684–1757) pflegte mit seinen Offizieren die folgende Redeübung zu veranstalten, die man auch heute im Freundeskreis nachahmen könnte: Jeder notierte das Thema eines Kurzvortrages, die Zettel mit den Themen wurden in einen Helm geworfen und dann verlost. Aus dem Stegreif konnte nun jeder einige Minuten über das Thema sprechen, das er gezogen hatte. Schwerin sagte, ein Offizier müßte nicht nur schnell handeln, sondern auch prägnant sprechen und erklären können. Diese Übung schule Geistesgegenwart, Schlagfertigkeit, Ausdrucksvermögen und Konzentration.

Das Reden fällt gar nicht schwer. Man muß nur das richtige Wort zur rechten Zeit an die richtigen Zuhörer richten. Doch das ist leichter gesagt als getan.

Mancher denkt oder sagt: Reden kann ich nicht. Das liegt mir nicht. Dazu braucht man eine besondere Begabung, und die habe ich nun einmal leider nicht. Doch jeder der reden kann, kann auch eine Rede halten. Auch hier gilt: Übung macht den Meister. Die notwendigen Grundlagen wollen wir in den nächsten Abschnitten erarbeiten.

Sprechen ist ein Ausdruck unseres Denkens, Fühlens und Wollens. Mit Hilfe des Sprechens suchen wir Menschen einen Weg aus unserer Vereinzelung heraus zur Gemeinschaft mit anderen Menschen. Jede

Rede wendet sich deshalb, verschieden akzentuiert, an Verstand, Gefühl und Willen eines Gegenübers.

3.1 Die unterschiedlichen Redearten

Alle Reden lassen sich in vier Formen und Strukturen zusammenfassen. So gliedert *Bruno Neckermann* (*Neckermann* 1974, S. 167) die unterschiedlichen Redeformen in:

– informatorische und sachliche Rede oder Bericht,
– ästhetische und Gefühls-Rede,
– beeinflussende, werbende bzw. Meinungsrede,
– Kampf- und Agitationsrede.

Bei der sachlichen Rede und bei Berichten geht es in erster Linie um konkrete Vorgänge, Ereignisse oder Geschehen. Zweck ist es, sachlich und objektiv zu informieren.

Anders ist die Situation bei der ästhetischen und Gefühls-Rede. Sie wird häufig bei Festen, Feiern, Geburtstagen, Gratulationen, Hochzeiten oder bei Beerdigungen gehalten. Ihr Zweck ist es, Gefühle zu aktivieren, Stimmungen einzufangen, Freude oder Anteilnahme zum Ausdruck zu bringen.

Bei der beeinflussenden und werbenden Rede geht es um die Beeinflussung und Überzeugung der Zuhörer. Entweder wird Werbung für eine Partei oder ein Produkt gemacht oder für eine andere Sache geworben. Immer mit dem Ziel, die Zuhörer für dieses Anliegen zu gewinnen. Wir finden diese Redeform sowohl in der Wirtschaft wie in der Politik, bei den Diplomaten und Vertretern der Kirchen und in vielen anderen Bereichen.

Die Kampf- und Agitationsrede ist meistens in der Politik (besonders in Wahlkampfzeiten), bei Versammlungen (z.B. Werksversammlungen mit dem Betriebsrat und der Geschäftsleitung) wie auch in der Wirtschaft anzutreffen. Immer geht es hierbei um Macht: Wer setzt sich durch, wer überzeugt besser? Und häufig sind es nicht die besseren Argumente, die die Zuhörer überzeugen, sondern der bessere (geschicktere) Redner.

Einige elementare Voraussetzungen für eine gute Rede wollen wir in diesem Kapitel behandeln.

Als Beispiel für eine politische Rede ist hier die Rede von J.F. Kennedy in Berlin 1963 wiedergegeben. Auch wenn sich die politische Lage Berlins inzwischen grundlegend gewandelt hat, ist diese Rede unvergessen.

„Meine Berliner und Berlinerinnen!

Ich bin stolz, heute in Ihre Stadt zu kommen als Gast Ihres hervorragenden Regierenden Bürgermeisters, der in allen Teilen der Welt als Symbol für den Kampf und den Widerstandsgeist Westberlins gilt.

Ich bin stolz, auf dieser Reise die Bundesrepublik Deutschland zusammen mit ihrem hervorragenden Herrn Bundeskanzler besucht zu haben, der während so langer Jahre die Politik bestimmt hat nach den Richtlinien der Demokratie, der Freiheit und des Fortschritts.

Ich bin stolz darauf, heute in Ihre Stadt in der Gesellschaft eines amerikanischen Mitbürgers gekommen zu sein, General Clay, der hier tätig war in der Zeit der schwersten Krise, durch die diese Stadt gegangen ist, und der wieder nach Berlin kommen wird, wenn es notwendig werden sollte.

Vor zweitausend Jahren war der stolzeste Satz, den ein Mensch sagen konnte:

‚Ich bin ein Bürger Roms!'

Heute ist der stolzeste Satz, den jemand in der freien Welt sagen kann:

‚Ich bin ein Berliner!'

Wenn es in der Welt Menschen geben sollte, die nicht verstehen, oder die nicht zu verstehen vorgeben, worum es heute in der Auseinandersetzung zwischen der freien Welt und dem Kommunismus geht, dann können wir ihnen nur sagen, sie sollen nach Berlin kommen.

Es gibt Leute, die sagen, dem Kommunismus gehöre die Zukunft.

Sie sollen nach Berlin kommen!

Und es gibt wieder andere in Europa und in anderen Teilen der Welt, die behaupten, man könne mit den Kommunisten zusammenarbeiten.

Auch sie sollen nach Berlin kommen!

Und es gibt auch einige wenige, die sagen, es treffe zwar zu, daß der Kommunismus ein böses und ein schlechtes System sei; aber er gestatte es ihnen, wirtschaftlichen Fortschritt zu erreichen. Aber laßt auch sie nach Berlin kommen!

Ein Leben in der Freiheit ist nicht leicht, und die Demokratie ist nicht vollkommen. Aber wir hatten es nie nötig, eine Mauer aufzubauen, um unsere Leute bei uns zu behalten und sie daran zu hindern, woanders hinzugehen. Ich möchte Ihnen im Namen der Bevölkerung der Vereinigten Staaten, die viele tausend Kilometer von Ihnen entfernt auf der anderen Seite des Atlantiks lebt, sagen, daß meine amerikanischen Mitbürger sehr stolz darauf sind, mit Ihnen zusammen selbst aus der Entfernung die Geschichte der letzten 18 Jahre teilen zu können. Denn ich weiß nicht, daß jemals eine Stadt 18 Jahre lang belagert wurde und dennoch lebt mit ungebrochener Vitalität, mit unerschütterlicher Hoffnung, mit der gleichen Stärke und mit der gleichen Entschlossenheit wie heute West-Berlin.

Die Mauer ist die abscheulichste und die stärkste Demonstration für das Versagen des kommunistischen Systems. Die ganze Welt sieht dieses Eingeständnis des Versagens. Wir sind darüber keineswegs glücklich, denn, wie Ihr Regierender Bürgermeister gesagt hat, die Mauer schlägt nicht nur der Geschichte ins Gesicht, sie schlägt der Menschlichkeit ins Gesicht. Durch die Mauer werden Familien getrennt, der Mann von der Frau, der Bruder von der Schwester; Menschen werden mit Gewalt auseinandergehalten, die zusammenleben wollen.

Was von Berlin gilt, gilt von Deutschland: Ein echter Friede in Europa kann nicht gewährleistet werden, solange jedem vierten Deutschen das Grundrecht einer freien Wahl vorenthalten wird. In 16 Jahren des Friedens und der erprobten Verläßlichkeit hat diese Generation der Deutschen sich das Recht verdient, frei zu sein, einschließlich des Rechts, die Familien und die Nationen in dauerhaftem Frieden wieder vereint zu sehen im guten Willen gegen jedermann.

Sie leben auf einer verteidigten Insel der Freiheit. Aber Ihr Leben ist mit dem des Festlandes verbunden, und deswegen fordere ich Sie zum Schluß auf, den Blick über die Gefahren des Heute hinweg auf die Zukunft des Morgen zu richten: über die Freiheit dieser Stadt Berlin, über die Freiheit Ihres Landes hinweg auf den Vormarsch der Freiheit überall in der Welt, über die Mauer hinweg, auf den Tag des Friedens in Gerechtigkeit. Die Freiheit ist unteilbar, und wenn auch nur einer versklavt ist, dann sind nicht alle frei. Aber wenn der Tag gekommen sein wird, an dem alle die Freiheit haben und Ihre Stadt und Ihr Land wieder vereint sind, wenn Europa geeint ist und Bestandteil eines friedvollen und zu höchsten Hoffnungen berechtigten Erdteils, dann können Sie mit Befriedigung von sich sagen, daß die Berliner und diese Stadt Berlin 20 Jahre lang die Front gehalten haben. Alle freien Menschen, wo immer sie leben mögen, sind Bürger dieser Stadt West-Berlin, und deshalb bin ich als freier Mann stolz darauf, sagen zu können: Ich bin ein Berliner!"

(Reden, die die Welt bewegten, 1986, S. 585)

3.2 Vorbereitung und Aufbau einer Rede

Sie möchten eine Rede halten? Nichts einfacher als das! Oder kommen nun einige Fragen und Gedanken auf? Zum Beispiel der Gedanke, daß jetzt 20 oder 50 Augenpaare auf Sie gerichtet sind?

Bei einer Rede
- stehen Sie eindeutig im Mittelpunkt,
- müssen Sie ständig präsent sein,
- legen Sie die Reihenfolge Ihrer Argumente vorher fest,
- halten Sie einen Monolog,
- kämpfen Sie allein für Ihre Lösung.

So ist es kein Wunder, wenn das Herz vor einer Rede schneller schlägt als gewöhnlich. Wichtig ist nur, dieses Lampenfieber nicht zu Angst und lähmender Befangenheit werden zu lassen.

Die Einleitung besiegt das Lampenfieber

Goethe hat gesagt: „Wenn man das erste Knopfloch verfehlt, kommt man mit dem ganzen Zuknöpfen nicht zurecht. Der Anfang muß gut sein." Das gilt auch für eine Rede.

Kommen die ersten Sätze frei und flüssig, wird das Publikum gespannt zuhören. Wenn Sie das eine schaffen und das andere wahrnehmen, werden Sie soviel Sicherheit gewinnen, daß das Lampenfieber vergeht.

Für den Autor war dies ein Schlüsselerlebnis: Er sah, daß er nicht vor einer anonymen Masse sprache, sondern vor vielen einzelnen Menschen, die ihm interessiert zuhörten. Ganz schnell wurde der Atem ruhiger. Das Lampenfieber vorher wird sich immer wieder einstellen. Die Sicherheit aber, Kontakt zum Publikum zu finden, also nicht allein zu sein, läßt es harmlos erscheinen.

Die Zuhörer sind fast immer wohlwollend. Sie erwarten keine Panne, sondern eine gute Rede.

Was können Sie tun, um das Lampenfieber zu besiegen? Sie haben schon eine Reihe von Anregungen in dem Kapitel über das Lampenfieber gelesen. Hier nun noch einige Anregungen direkt auf die Rede bezogen.

1. Lernen Sie die ersten Sätze Ihrer Rede auswendig. Schreiben Sie diese Sätze zur Sicherheit übersichtlich Wort für Wort auf.
2. Machen Sie nach der Anrede eine Pause und atmen tief durch.
3. Versuchen Sie möglichst bald, Blickkontakt mit den Zuhörern zu gewinnen. Freunde oder Bekannte können Ihnen das sehr erleichtern.
4. Wählen Sie eine Einleitung, mit der Sie die Zuhörer schnell „auf Ihre Seite" ziehen. Diese Einleitung soll

– Aufmerksamkeit, Interesse, Spannung erzeugen,

– ein Sympathiefeld aufbauen,

– zum Thema hinleiten.

Wird dem Zuhörer beim Beginn eine Zielsetzung erkennbar, die ihm erstrebenswert erscheint, erleichtert dieses den methodischen Ablauf und aktiviert den Zuhörerkreis.

Mit gutem Grund wehren sich viele Zuhörer gegen eine unmethodische, verschwommene und unzusammenhängende Darstellungsform. Weil eine Zielsetzung nicht erkennbar ist, weil man den Gedankengang nicht nachvollziehen kann, nicht erkennt, welche Zwischenergebnisse schon erreicht wurden, ist man unzufrieden, enttäuscht, „schaltet ab" oder wird sogar aggressiv.

Wer erfolgreich reden oder vortragen und unnötige Widerstände ausschalten will, muß stufenweise und methodisch vorgehen.

Er sollte sich fragen:

– Wie verhält sich ein Zuhörer,
– und warum verhält er sich so?

Ziel der Einleitung ist:
- die Schaffung einer positiven Grundatmosphäre,
- die Herstellung des persönlichen Kontaktes zwischen Redner und Zuhörerkreis,
- der Aufbau einer hohen Aufnahmebereitschaft zum Thema bei den Zuhörern (Erwartung, Interesse, Aufmerksamkeit),
- einen kurzen Weg zum Thema finden.

• Es gibt keine trockenen Themen, es gibt nur trockene Redner.

Möglichkeiten der Einleitung:

1. Bild oder Vergleich. Ein Vortrag über Währungsfragen beginnt mit einem Ausspruch Dostojewskis: „Geld ist geprägte Freiheit", wobei der Redner ein Fünf-Markstück aus seiner Tasche zieht.

2. An ein aktuelles Ereignis anknüpfen.

3. Gemeinsamkeiten aufzeigen. Graf Luckner in englischer Sprache vor amerikanischen Studenten: „Meine Herren, ich hörte soeben, daß Sie in vierzehn Tagen Ihre Abschlußprüfung haben. Ihnen allen wünsche ich von ganzem Herzen, daß Sie Ihr Examen mit ‚Gut' bestehen. Aber gleichermaßen bitte ich Sie, mir nun Gelegenheit zu geben, mein Aufnahmeexamen in die Herzen von auch Amerikanern, meinen ersten englischen Vortrag wenigstens mit ‚Genügend' zu bestehen."

4. Etwas zeigen oder vorführen.

5. Zitat, Anekdote oder Sprichwort. Kennedy in der Freien Universität Berlin: „Da Bismarck einmal sagte, daß ein Drittel der Studenten an den deutschen Universitäten vor Überarbeitung zusammenbrächen, ein weiteres Drittel an den Folgen ihres lustigen Studentenlebens zu leiden hätten und daß das letzte Drittel Deutschland regiere, weiß ich nicht, welches Drittel der Studenten hier heute versammelt ist."

6. Kompliment an die Zuhörer.

7. Unerwartete Fragen und Feststellungen. „Ist Ihnen bekannt, daß schon 15 000 Mitarbeiter Belegschaftsaktien erworben haben?"

- Gefühle und Verstand ansprechen, klar und treffend formulieren. Einfache Worte verwenden.

So könnte also eine Rede beginnen. Vielleicht kommen Sie auch zu dem Ergebnis, daß die Worte großer Persönlichkeiten Ihnen helfen, schnellen Zugang zu den Zuhörern zu schaffen.

Wie geht es jetzt weiter? Oder besser: Was wollten Sie denn sagen, und vor allem, wie wollten Sie es sagen? Steigen wir ein in den Abschnitt:

Zielsetzung und Stoffsammlung

Wozu wollen Sie eine Rede halten? Ach ja, Sie wollen Ihre Zuhörer informieren. Über das und das und das ... Warum müssen die Zuhörer das wissen? Damit sie ... Ja – was denn? Sie merken, worauf es hinausläuft: die präzise Zielformulierung.

- „Eine Rede ist nur so gut, wie sie vorbereitet wurde!"

Man sollte die verfügbare Vorbereitungszeit deshalb unbedingt voll ausnutzen. Auch wenn Sie glauben, sich in der Thematik ausreichend auszukennen, sollten Sie die Ausarbeitung nicht auf wenige Stunden vor der Darbietung verschieben. Sonst stellen Sie unter Umständen fest, daß sich unter Zeitdruck kein konstruktiver und sinnvoller Gedankenfluß entwickelt. Also: Was will ich zu welchem Zuhörerkreis sagen? Was könnte meine Zuhörer besonders interessieren? Wie will ich die Zuhörer ansprechen? Was will ich konkret als Botschaft rüberbringen?

Jetzt können Sie abschätzen, was und worüber Sie sprechen müssen. Dabei fällt Ihnen ein, daß Sie neulich einen Artikel gelesen haben, der ... Richtig, wenn Sie überlegen und nachschlagen und fragen, finden Sie eine Menge Material. Es hilft Ihnen, das Thema wirklich zu beherrschen und alle wichtigen Aspekte in Ihrer Rede zu berücksichtigen. Nach Stichworten sortiert, bietet die Stoffsammlung vielleicht schon eine Grobgliederung der Rede.

Allerdings: Wer viel weiß, kann viel sagen – und überfordert damit hoffnungslos seine Zuhörer.

- „Das Geheimnis zu langweilen besteht darin, alles zu sagen."
(Voltaire)

Selektieren Sie aus Ihrer Sammlung wenige Kerngedanken. Tatsachen allein sprechen selten für sich (auch wenn wir vernünftigen, sachorientierten Menschen uns das immer einzureden versuchen). Nutzen Sie Ihre Energie, um Ihre Rede lebendig, unterhaltsam, persönlich zu machen.

Verständlich und einprägsam reden

„Die Anzeige der Geschwindigkeitsmesser darf vom Sollwert abweichen in den letzten beiden Dritteln des Anzeigebereiches – jedoch mindestens von der 50 km/h-Anzeige ab, wenn die letzten beiden Drittel des Anzeigenbereiches oberhalb der 50 km/h-Grenze liegen – 0 bis plus 7 von Hundert des Skalenwertes: Bei Geschwindigkeiten von 20 km/h und darüber darf die Anzeigen des Soll-Wert nicht unterschreiten."

Haben Sie den Satz nach einmaligem Lesen verstanden? Wenn nicht, wird Ihnen spontan einfallen, warum das so ist: Der Satz ist viel zu lang.

Nun kann man sich noch einmal die vier „Verständlichmacher" vor Augen führen. Diese vier „Verständlichmacher" sind:

Einfachheit

– Jeder Satz sollte nur einen Gedanken enthalten,
– Wo Fremdwörter nötig sind, werden sie erklärt.

Gliederung und Ordnung
- Gliederung meint den äußeren Aufbau (beim Reden: Übersicht, Schwerpunkte, Pausen),
- Ordnung meint den inhaltlichen „roten Faden",

Kürze und Prägnanz

(Gegensatz: Weitschweifigkeit und Unklarheit)

Zusätzliche Stimulanz
- ist alles, was den „Empfänger" reizt, das Gesagte auch wahrzunehmen und zu behalten.

In Anlehnung an diese „Verständlichmacher" empfehlen wir Ihnen:
1. Beschränken Sie sich im Stoff.
2. Schaffen Sie, wo nötig, wissensmäßige und sprachliche Voraussetzungen. *Erklären* Sie z.B., worüber Sie reden und was die von Ihnen verwendeten Fremdwörter bedeuten.
3. Ordnen Sie die Informationen sinnvoll, und verweisen Sie auf diese Ordnung.
4. Stellen Sie erst den Kern heraus, dann Einzelheiten.
5. Setzen Sie Schwerpunkte. Besonders wichtige Gedanken
   - vorher ankündigen,
   - besonders ausführlich behandeln,
   - mehrere Male ansprechen (Napoleon hat gesagt: „Ich kenne nur ein rhetorisches Mittel: die Wiederholung").
6. Beachten Sie, daß Ihre Gedanken verarbeitet werden müssen. Gehen Sie
   - vom Einfachen zum Komplizierten,
   - vom Bekannten zum Unbekannten,
   - vom Konkreten zum Abstrakten.

7. Sprechen Sie alle Sinne an. Manche Menschen nehmen Ihre Rede vor allen Dingen mit den Ohren auf. Sprechen Sie sie an (Rede und Gegenrede, mindestens rhetorische Fragen). Andere nehmen mit den Augen wahr. *Beschreiben* Sie *anschaulich*. Nutzen Sie Zeichnungen, Graphiken oder *bildhafte* Vergleiche. Eine dritte Gruppe will etwas *begreifen*. Benutzen Sie Modelle, geben Sie exakte, *handfeste* Beschreibungen.

8. Verwenden Sie Gleichnisse, Parabeln, Vergleiche. Sie verdeutlichen unbekannte Gedanken und rufen Stimmungen und Gefühle hervor. Die Zuhörer werden unmerklich zu einer von Ihnen gewünschten Wertung veranlaßt.

Diese Hinweise helfen Ihnen, Ihr Publikum zum Zuhören zu bewegen. Aber Beispiele, Zeichnungen, Gleichnisse verlängern auch Ihre Rede. Demgegenüber steht der Grundsatz: Fasse dich kurz! Diesen Widerspruch können Sie nur auflösen, indem Sie sich auf wenige Hauptgedanken beschränken.

- Lieber einen tüchtigen Nagel fest einschlagen, als ein paar Reißzwecken lose hineinstecken. *(Spurgeon)*

Die Gliederung der Rede und das Manuskript

Ihre Stoffsammlung ist abgeschlossen. Sie beherrschen das Thema. Die wichtigsten Hauptgedanken haben Sie bestimmt. Auch eine Auswahl von Zitaten, Beispielen usw. liegt vor. Jetzt geht es darum, dies alles in eine sinnvolle Ordnung zu bringen.

Drei Gliederungsmöglichkeiten wollen wir Ihnen vorstellen.

- *Erste Gliederungsmöglichkeit*

Die *erste* ist besonders für Stegreifreden geeignet:

1. Einleitung: Warum spreche ich?

2. Hauptteil, mit Antworten auf die Fragen:
   - Wie sind die Zustände jetzt?
   - Was müßte statt dessen sein?
   - Wie können wir das erreichen?
3. Aufforderung zur Tat.

(Siehe Abbildung 3.1)

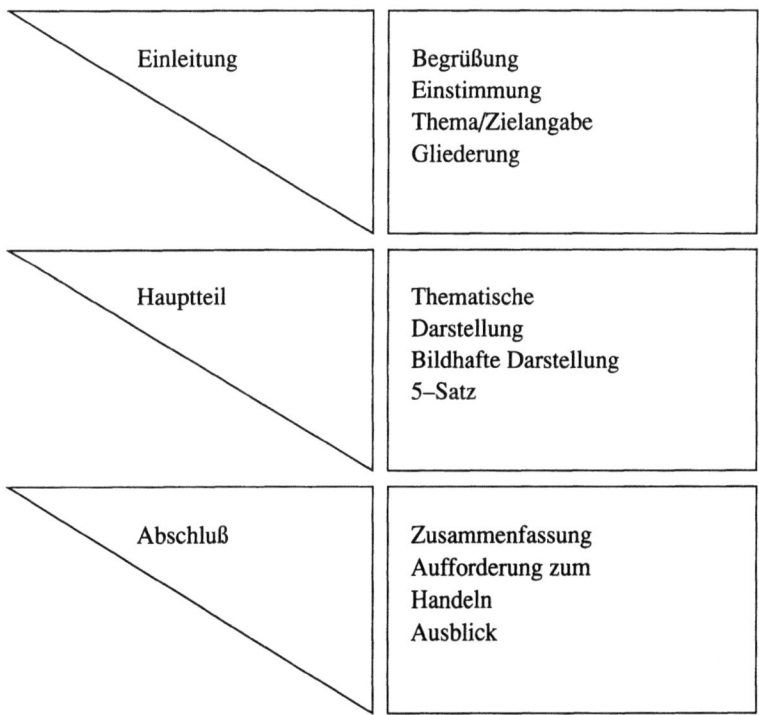

Abbildung 3.1: Der Aufbau einer Rede

Jede dieser drei Darstellungsphasen ist in ihrer Bedeutung gleich. In ihrem zeitlichen Ablauf jedoch sollten sie sich wesentlich unterscheiden. In der Abbildung 3.2 ist erkennbar, daß für die Eröffnung und für den Abschluß jeweils ca. 1/10 der Redezeit aufgewendet werden sollte. Für die thematische Darstellung bleiben somit 8/10 der Zeit verfügbar.

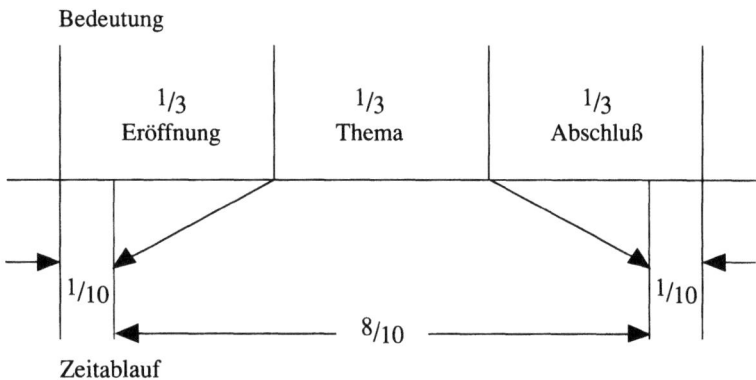

Abbildung 3.2: Zusammenhang von Redeinhalt und Zeitablauf

Für die Eröffnung und den Abschluß bedeutet das:

Je 1/3 der Bedeutung sollte in ca. 1/10 der Redezeit ausgedrückt werden.

Das heißt:

sorgfältige Vorbereitung = jedes Wort muß sitzen!

Dieses Schema erklärt auch den Mißerfolg vieler Redner, die entweder nicht zum Thema oder zu ihrem Abschluß finden.

Wenn nun für die thematische Darstellung 8/10 der Redezeit verfügbar ist, so bedeutet das nicht, daß dieser Zeitraum ausschließlich der Formulierung von Inhalten vorbehalten wäre.

Entscheidend ist, daß jeder inhaltliche Aspekt in der Darstellung dem Zuhörer transparent gemacht wird (Beispiele, bildhaft, erläuternd, Teilergebnisse zusammenfassen).

Aber:
- beim Thema bleiben,
- nicht abschweifen,
- keine Phrasen dreschen.

Wie wichtig eine gute Einleitung ist, wurde schon dargelegt. Genauso wichtig ist der Abschluß einer Rede. So schreibt *Maximilian Weller* (1954):

„Ein starker Schluß kann eine schwache Rede aufwerten!"

„Für den Hörer ist der letzte Eindruck, den er von einer Rede mitnimmt, der haftende und bestimmende."

Möglichkeiten eines Abschlusses:

Hier sollte nun die Zielsetzung und die Aufgaben der dargebotenen Inhalte klar herausgestellt werden, z.b.

„Welche Konsequenzen ergeben sich für uns daraus?" ...

„Welche Folgerungen können wir gemeinsam ziehen?" ...

Beim Abschluß können wir an jeden einzelnen appellieren, sich mit dem Gehörten weiter auseinanderzusetzen. Gelingt es Ihnen, Ihre Zuhörer im emotionalen Bereich positiv einzustellen, so werden diese die Inhalte auch im sachlichen Bereich leichter positiv umsetzen. Wichtig: Die aufgezeigten Ziele müssen für den Zuhörer erstrebenswert und erreichbar erscheinen. Ebenso wichtig ist es, den Abschluß nicht zu verwässern. Der letzte Satz sollte besonders einprägsam formuliert werden.

- *Zweite Gliederungsmöglichkeit*

Die *zweite* ist eine fast „klassische" Fünf-Punkte-Gliederung.
1. Einleitung: Aufmerksamkeit und Interesse wecken.
2. Kerngedanken nennen, über Sachverhalte informieren.
3. Argumente für die eigene Meinung vorbringen.
4. Mögliche Gegenargumente widerlegen.
5. Schluß: kurze Zusammenfassung und Appell zum Handeln.

- *Dritte Gliederungsmöglichkeit*

Die *dritte* stammt von einem griechischen Redner im 13. Jahrhundert v. Chr., ist aber immer noch aktuell und logisch.
1. Einleitung.
2. Darlegung des Problems (Abgrenzung, Begriffserläuterung, Vorschau).
3. Beweise für Ihre Thesen.
4. Widerlegung der gegnerischen Meinung.
5. Vergleiche.
6. Beispiele.
7. Zeugenaussagen („Autoritätsbeweise").
8. Schluß.

Diese Gliederungen sind gewissermaßen die Dramaturgie Ihrer Rede. Sie helfen dabei, Argumente, Thesen, Beweise nicht einfach nur vorzutragen, sondern sie im richtigen Zusammenhang und Augenblick zu den Zuhörern zu bringen.

Jetzt wissen Sie, was Sie mitteilen wollen und in welcher Folge. Entscheidend ist noch, daß Sie es dann auch tatsächlich so machen. Dabei hilft Ihnen ein *Manuskript*. Auch hierfür zeigen wir Ihnen drei Beispiele:

• *Erstes Beispiel: ausgearbeitete Rede*

Sofern Sie keine oder sehr wenig Übung haben, werden Sie Ihre Rede wahrscheinlich sowieso erst einmal wörtlich zu Papier bringen. Dieses Papier als Manuskript birgt die Gefahr, daß Sie Ihre Rede ablesen. (Sie haben bestimmt erlebt, wie es wirkt, wenn eine Rede zur „Vorlesung" wird – und wollen es besser machen.)

Persönlichkeitsentfaltung in der heutigen Zeit

Jedem von uns ist die Aufgabe gestellt, seine eigene Persönlichkeit voll zu entwickeln. Die Mittel dazu haben wir alle von der Natur mitbekommen. Diese Mittel planvoll einzusetzen ist unsere vornehmste Pflicht. Ohne Übertreibung kann man sagen, es gibt in der Welt nichts Erbärmlicheres als jene enttäuschten, unzufriedenen Menschen, die mit dem Leben nicht zurecht, nicht ins reine kommen.

Man findet sie überall, in Hütten wie in Palästen, unter Gebildeten wie unter ungebildeten, in allen Bezirken und Bereichen des Daseins:

Menschen, die den Auftrag, ihre Persönlichkeit zu entfalten, zu entwickeln und zu formen, gänzlich verpfuschen und sich dadurch selber das Leben zu einer Hölle machen.

Für die Persönlichkeitsbildung sind drei Faktoren maßgebend: Erbeinflüsse, Umwelteinflüsse und eigenes Verhalten.

für unsere Erbanlagen sind wir nicht verantwortlich, und an unserer Umwelt können wir nicht viel ändern; aber es ist in unsere Hand gegeben, die eigenen Kräfte, die wir zu der Gestaltung unseres Lebens brauchen, zu wecken und aufzurufen. Kommt dann einer zu der Erkenntnis, er habe persönlich auf der ganzen Linie versagt, dann kommen ihm fast immer willfährige Entschuldigungsgründe zu Hilfe.

Dieser Drang, die Schuld von sich abzuwälzen, äußert sich dann recht primitiv darin, daß man das Schicksal verantwortlich macht.

Andere hätten eben mehr Glück. Daß man selber gescheitert sei, dafür könne man nichts, das sei eben Pech. Nun spielen Glück und Pech im Leben sicherlich auch eine Rolle, und wer nicht mit Schicksalsschlägen rechnet, lebt in einem Wolkenkuckucksheim.

Es gibt jedoch hier auf Erden nichts Erhabenderes als einen Menschen, der auch im Unglück eine eigene Persönlichkeit beweist. Nichts, was diesem Menschen zustößt, ist für seine Lage bestimmend, sondern wie er damit fertig wird ...

- *Zweites Beispiel: Stichwort-Manuskript*

Sie können Stichworte in diesem Text markieren. Damit erhalten Sie ein Stichwort-Manuskript und ersparen sich die Arbeit, noch ein zweites Papier anzufertigen.

Thema: Mein Weg zur Großmannmethode, meine Erfolge mit der Großmannmethode.

Das *Spalten*-Verfahren ist eine etwas abgewandelte Form:

Stichwort Thema	Stichwortsatz Inhalt
Früh, Lehrzeit	Interesse für Arbeitsmethoden.
Weitere Anregungen	Buch von Max Pierre Scharfter „Morgen bist Du mehr – Erfolg im Beruf." Buch von Fritz Packtner „Richtig denken – Richtig arbeiten."
Nächste Stufe	Hier fand ich viele Anregungen. Erste Erfolge im Beruf ... als Student Buch Dr. Gustav Großmann „Sich selbst rationalisieren"
Erfolge	Umsetzen der Regeln auf das Studium. Bessere Planung, schnelleres, gezielteres Vorgehen, bessere Zielplanung.

Es beinhaltet den Vorschlag, auch die Zeiten für einzelne Redeteile

Zeit	Hauptstichwort	Nebenstichwort

einzuplanen. Wollen Sie an bestimmten Stellen visuelle Hilfsmittel einsetzen, können Sie das in einer weiteren Spalte vermerken. Aber Vorsicht, zuviel Spalten verhindern die schnelle Übersicht.

● *Drittes Beispiel: Block-Manuskript*

Das dritte Beispiel könnte man als *Block*-Manuskript bezeichnen. Damit können Sie sich Verbindungen einzelner Stichworte deutlich machen:

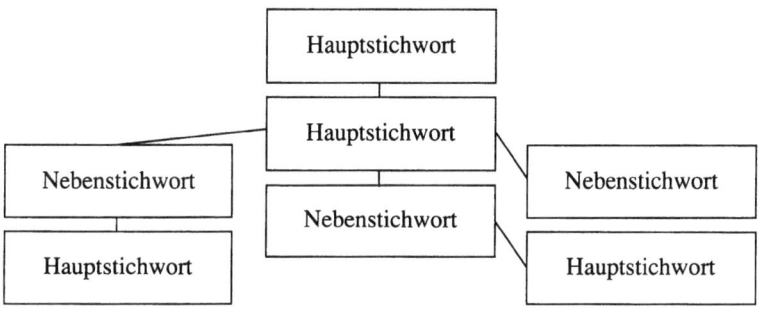

Abbildung 3.3: Beispiel: Block-Manuskript

Allen Manuskripten ist gemeinsam:

1. Sie sollen Ihnen die Sicherheit geben, daß Sie das sagen, was Sie sagen wollen.

2. Sie müssen übersichtlich sein. Im Idealfall sehen Sie mit einem flüchtigen Blick, was Sie als nächstes sagen.

3. Die Stichworte müssen so ausgewählt sein, daß Sie Ihren roten Faden wirklich behalten oder ihn im Zweifelsfall sofort wiederfinden.

- Zusammenfassung

In den letzten Abschnitt haben wir uns mehr mit dem Inhalt einer Rede beschäftigt, der Text steht mehr oder weniger ausformuliert auf Papier.
– Ihnen ist klar, was Sie erreichen wollen.
– Sie haben eine zündende Idee für die Einleitung.
– Alle Argumente können Sie mit einprägsamen Beispielen belegen.
– Ihr Manuskript ist übersichtlich.

Sie können also aufs Podium steigen. Allerdings wäre ein „Testlauf" auch nicht verkehrt – oder? (Wie sich Ihre Rede anhört, wissen Sie nämlich noch nicht.) Bitten Sie einen vertrauten Kreis, einmal zuzuhören (z.b. Familie, Freunde, Kollegen). Wenn das nicht geht, nehmen Sie die Rede mit einem Kassettenrecorder auf. Sie werden sehen, es lohnt sich. Und sei es nur, weil Sie merken, daß Ihre Rede viel länger dauert als geplant.

3.3 Durchführung der Rede

Reden ist mehr als sprechen

Hat es Sie auch schon geärgert, wenn Leute so schnell sprechen, daß Sie kaum etwas verstehen konnten? Von einem Politiker wird gesagt, er könne z.b. das Wort „Bundestagsfraktion" in einer Silbe aussprechen. Das mag eine Kunst sein. Ob es die Wirkung einer Rede erhöht, ist jedoch fraglich.

Was sind nun die Ursachen unzureichender Rhetorik?

Sich mitzuteilen gehört zu den Grundbedürfnissen des Menschen. Da man von der Richtigkeit der Inhalte überzeugt ist, orientiert man sich überwiegend am eigenen Wissen. Die sprachliche Darstellung wird oftmals vernachlässigt. Dazu kommt, daß man seine eigenen Möglichkeiten und Fähigkeiten oft falsch einschätzt oder unterbewertet.

Die Qualifikation der Sprache entscheidet über das, was wahrgenommen werden kann. Um das Sprach- und Darstellungsvermögen zu verbessern, ist es notwendig, sich mit den Mängeln unzureichender Rhetorik zu befassen:

Unkenntnis: fehlende Information zur Thematik, rhetorische Regeln, eigene Fähigkeiten

Hemmungen: Angst vor Mißerfolg, Unvermögen, Blamage

Lampenfieber: Leistungsdruck in Verbindung mit Leistungswillen (Ehrgeiz), normaler Erregungszustand

Unzureichende sprachliche Darstellung: schlechtes Ordnen der Sachverhalte, komplizierter Satzbau (Schachtelsätze); geringer aktiver Wortschatz, fehlende präzise Artikulation

Sprache und Stimme sind Ausdrucksmittel, die den Erfolg oder Mißerfolg eines Redners entscheidend beeinflussen. Dies kann man aber nur durch Sprechen lernen, nicht nur durch Lesen. Die hier aufgeführte Liste mit Fragen soll Ihnen dabei Hilfestellung bieten. Benutzen Sie diese als Prüfpunkte, wenn Sie Ihre Rede vom schon erwähnten Kassettenrecorder hören.

Solche Prüfpunkte sollen auch Fragen zur Körpersprache sein. Diese Prüfung setzt allerdings voraus, daß Sie von Vertrauenspersonen oder von sich selbst, z.B. mit einer Videoaufnahme, eine Rückmeldung erhalten.

Vorher wollen wir noch auf zwei wichtige Situationen eingehen, die während einer Rede eintreten können.

Steckengeblieben – und jetzt?

Jeder, der wenigstens ein paar Reden gehalten hat, kennt die Situation:

- Plötzlich ist der rote Faden weg.
- Ein komplizierter Satz ist plötzlich so unübersichtlich, daß Sie ihn nicht zu Ende bringen.

- Durch irgendeine Störung sind Sie völlig aus dem Konzept geraten. Sie wissen nicht mehr weiter, es geht weder vor noch zurück.

In dieser Situation geht es vor allem darum, Sprachlosigkeit zu vermeiden. Also sprechen Sie auf jeden Fall weiter. Wenn Ihnen gar nichts mehr einfällt, hier eine Technik, wie man sich „retten" kann:

- Sagen Sie den letzten Satz noch einmal – ganz langsam, Wort für Wort. Haben Sie Ihren Faden wieder?
- Wenn nicht, wiederholen Sie den Satz noch einmal – weil er so besonders wichtig ist.
- Sehen Sie keine Chance, den „richtigen" Einsatz wiederzufinden, wiederholen Sie den letzten Satz als Frage mit dem Zusatz: „Diese Frage soll zunächst einmal ungeklärt bleiben. Vorher will ich aber ein anderes Kapitel ... ansprechen." So gehen Sie zum nächsten Stichwort im Manuskript über.

Anmerkungen:

Als Redner stehen Sie gewissermaßen (wenn nicht tatsächlich) auf einer Bühne. Die Zuhörer gehen davon aus, daß sich dort das „abspielt", was Sie vorgesehen hatten.

Niemand weiß, ob Sie einen Satz einmal oder dreimal sagen wollten. Tun Sie also so, als sei es geplant.

Noch etwas mag Ihnen zur Beruhigung dienen und einen klaren Kopf zurückbringen: Ob beim Steckenbleiben das Herz doppelt schnell schlägt oder die Hände feucht werden – die Zuhörer haben keine Chance, das zu erkennen.

Umgang mit Zwischenrufen

Erster Grundsatz: Lassen Sie sich nicht aus der Fassung bringen. Wenn Sie glauben, daß es nur *ein* Zwischenruf ist, der auch nicht ernst gemeint sein kann, überhören Sie ihn einfach.

Wollen Sie antworten, benötigen aber etwas Überlegungszeit,
- wiederholen Sie die Frage,
- erklären Sie, warum die Frage besonders wichtig ist,
- bitten Sie, die Frage näher zu erläutern.

Danach allerdings müssen Sie auch auf die Frage eingehen. Welche Möglichkeiten haben Sie?

1. Sie verschieben die Fragen.
„Darf ich die Frage im Augenblick zurückstellen?"
„Ich notiere die Frage, ich komme in der Diskussion darauf zurück."
2. Sie antworten sofort kurz und sachlich. Mit der Antwort wenden Sie sich an *alle* Zuhörer, nicht nur an den Fragesteller. (Manche Zwischenrufer wollen sich nur profilieren). Lassen Sie sich nicht auf einen Dialog ein – Sie wollen eine Rede halten.
3. Antworten Sie ironisch (eventuell mit einem Zitat). Unterbricht Sie jemand, z.B. mit langen Abhandlungen, sagen Sie: „Ideen haben wir selber. Was wir brauchen, sind praktische Vorschläge."
4. Was ist, wenn jemand Sie richtig wütend macht? Antworten Sie nicht unüberlegt. Feinde kann man sich sehr schnell zu viele machen.

Versuchen Sie, irgendwelche Gemeinsamkeiten zu finden. Wenn auch das nicht geht, müssen Sie „zurückschlagen": Werden Sie ruhig einmal laut und schlagen mit der Faust auf den Tisch – aber bleiben Sie sachlich, damit sich alles wieder einrenken läßt.

Sprache und Stimme

- Sprechen Sie angemessen laut?
- Drücken Sie mit der Sprache Ihr Engagement aus?
- Entspricht die Betonung dem Inhalt?
- Sprechen Sie entspannt?

- Kommt Ihre Persönlichkeit in der Sprache zum Ausdruck?
- Machen Sie vor bzw. nach wichtigen Aussagen eine Pause?
- Sprechen Sie klar und deutlich, ohne Silben zu verschlucken?
- Wie häufig kommen Ihnen „äh" oder andere Redensarten über die Lippen?
- Variieren Sie die Stimme – laut/leise, hoch/tief, eindringlich/locker – dem Text entsprechend?

Handlungen
- Greifen Sie ständig in die Tasche, um zu prüfen, ob die Schlüssel noch da sind?
- rücken Sie immer wieder die Krawatte zurecht?
- Streichen Sie dauernd mit der Hand übers Gesicht?
- Spielen Sie mit einem Gegenstand herum, den Sie überhaupt nicht benötigen?

Solche Handlungen können viel über Ihre emotionale Situation aussagen. Die Frage, *warum* ein Redner so nervös ist, ist für Zuhörer oft interessanter als das angesprochene Thema. Dies gilt besonders, wenn solche Handlungen den sprachlichen Äußerungen widersprechen.

- *Bewegungsabläufe*
  - Machen Sie fahrige, abgehackte Bewegungen, oder strahlen Sie durch abgerundete, gleichmäßige Bewegungen Ruhe aus?
  - Zeugen gezielte, genau dosierte Bewegungen von genauer Analyse und klarem Verstand?
  - Deuten Sie durch eine offene Körperhaltung die Hinwendung zum Zuhörer an?

- *Schlechte Optik*
  - Haltungsfehler
  - falsche Gestik (zuviel oder keine)
  - akustische und optische Reize stimmen nicht überein

• *Blickkontakt*

   – Blicken Sie Ihre Zuhörer an (um ihnen zu zeigen, wie wichtig sie sind, und um ihre Reaktionen auf Ihre Rede zu erkennen)? Schauen Sie etwa gleichhäufig nach links und rechts. Häufig ergibt sich ein Linksdrall, d.h. der Blickkontakt mit den Zuhörern auf der linken Seite wird stärker gehalten als zu den Zuhörern auf der rechten Seite. Diese könnten sich leicht vernachlässigt fühlen. Zudem wissen wir nicht, was sich auf dieser Seite tut.

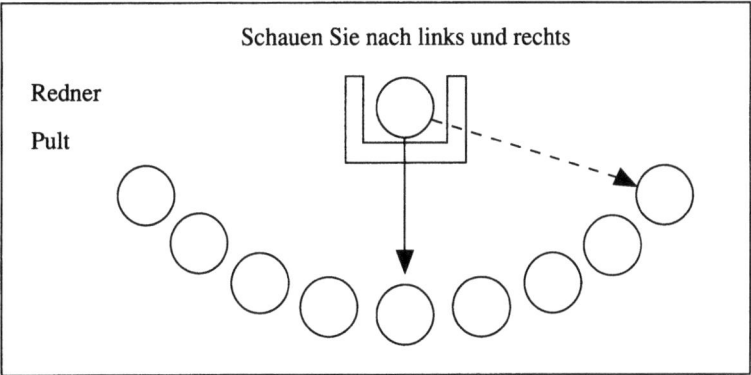

Abbildung 3.4: Augenkontakt

• *Der Mund*

   Ob Sie offen lachen, Ihre Verbissenheit durch zusammengepreßte Lippen zeigen oder Ihre Mundwinkel enttäuscht herabziehen – mit dem Mund können Sie eine große Zahl positiver und negativer Gefühle ausdrücken. Passen diese Gefühlsäußerungen zu dem, was Sie gerade sagen?

• *Die Hand*

   – Signalisieren Sie, Ihrem Text entsprechend, mit geöffneter, nach oben gerichteter Handflächen, daß Sie offen sind und Gemeinsamkeiten suchen?

– Wie wirkt es auf Sie, wenn Sie beide Handflächen senkrecht nach vorn halten und sagen: „Diese Frage sollten wir unbedingt gemeinsam klären."? Spüren Sie den Widerspruch (mit dem Sie Ihre Zuhörer bestimmt verwirren)?

Zusammenfassung

In diesem Abschnitt haben Sie gelernt, daß es keine Katastrophe sein muß, wenn Sie einmal Ihren Faden verlieren. Sie kennen auch Alternativen für den Umgang mit Zwischenrufen.

Mit dem letzten Abschnitt wollten wir Sie sensibilisieren, daß Worte, Stimme, Gestik und Mimik zueinander passen müssen. (Wenn Sie mit feurigen Worten an Ihre Zuhörer appellieren, etwas zu tun, und dabei in den Himmel starren, taucht natürlich die Frage auf, wen Sie eigentlich meinen.)

4. Verlaufsformen unterschiedlicher Gespräche

„Gespräch" kommt von „sprechen können". Erste Voraussetzung für einen Dialog ist die Fähigkeit, Sprache benutzen zu können. Die zweite Voraussetzung ist zuhören können, achtgeben, aufmerksam sein. Hören kommt von: auf etwas achten, merken, bemerken.

So sind beide Gesprächsteilnehmer aktiv am Gesprächsverlauf beteiligt. Beide nehmen durch ihr Verhalten Einfluß, greifen steuernd ein. Wie das geschieht und bewußt geschehen kann, soll näher beleuchtet werden. Wir betrachten Gespräche als persönliche Begegnungen, in denen es nicht nur um die Lösung von Sachfragen geht, sondern gleichrangig um die Beachtung der gegenseitigen Interessen und Gefühle. Unser Bild vom Gesprächspartner umfaßt den Menschen in seiner Ganzheit: mit seinem Körper, seinen Gefühlen und seinem Denken. Jede Gesprächssituation wird mit beeinflußt von den Erfahrungen der Teilnehmer aus ihrer jeweiligen Vergangenheit, den augenblicklichen Interessen und Befindlichkeiten und ihren in die Zukunft gerichteten Erwartungen. Lernen oder Umlernen wird sich deshalb auf alle diese Bereiche beziehen müssen.

Alles menschliche Leben vollzieht sich in der Zeit, genauer fixiert: in der Gegenwart.

Wesentliche Faktoren, aus denen Entwicklungen, Entscheidungen, Handlungen und Denken resultieren, beziehen wir aus der Vergangenheit, d.h.: aus Erfahrungen.

Es muß aber auch die Zukunft einbezogen sein. Sinnvolles Handeln setzt nämlich voraus, daß es auf Zukunft orientiert abläuft. Insofern sind Vergangenheit und Zukunft Orientierungshilfen im Gegenwartsbereich.

Zusammengefaßt läßt sich sagen, daß sich Zeit, Persönlichkeit und Erfahrung nur im Gesamtzusammenhang darstellen und interpretieren lassen. Erfahrungen vollziehen sich folgerichtig in der Form eines Prozesses, der nachfolgend dargestellt wird.

- Verlaufsformen des Erfahrungsprozesses

1. Erlebnis = Situationsrealität mit selbstbegünstigender Wahrnehmung
2. Filterung = Herausheben des Positiven, Verdrängen des Negativen, vergessen des Nebensächlichen
3. Einsicht = Verarbeiten der noch vorhandenen Teile in der Gegenwart
4. Konsequenzen = Aufbau neuer Handlungsstrategien auf Zukunft, Entwicklung neuer Konzepte
5. Rückkoppelung = Überprüfung der neu entwickelten Konzepte im neuen Problemfeld

Selbsterfahrung setzt sich somit aus der Eigen- und der Fremdwahrnehmung zusammen.

Wer ich bin, wie ich mich gebe, was ich leiste – all das wird zum großen Teil von mir selbst erlebt, erkannt und wahrgenommen. Zugleich aber spiegelt der andere meine Leistung, mein Können und Versagen wider. Erfolg oder Mißerfolg wird wesentlich vom anderen mitbestimmt.

Wenn Sie jetzt einmal spontan nachdenken, welches Gespräch aus den letzten drei Tagen, an dem Sie beteiligt waren, kommt Ihnen dann als erstes in den Sinn? Hat es gute oder schlechte Gefühle bei Ihnen hinterlassen? Machen Sie bitte kurz eine Lesepause und überlegen Sie, welche Ereignisse bei dem Gespräch wesentlich waren. Versuchen Sie zu erkennen, womit der erfolgreiche oder nicht erfolgreiche Verlauf zusammenhing. Schreiben Sie es ruhig auf.

Vermutlich können Sie Ihre Stichpunkte gliedern in:

- Einen subjektiven Gesprächsanteil –
  Wie haben Sie sich selbst gesehen, wie sahen Sie Ihren Gesprächspartner?

- Einen objektiven Teil –
  Was war Gegenstand des Gesprächs?
- Die Situation,
  in der das Gespräch stattfand.

4.1 Subjektive Gesprächsanteile

In welcher Rolle haben Sie sich denn gerade eben gesehen? Waren Sie in der Rolle des Mitarbeiters, des Vorgesetzten, Vater oder Mutter, Ehepartner oder ...? Die Rolle bestimmt den Handlungsspielraum. Mit der jeweiligen Rolle sind bei einem selbst und den anderen Verhaltenserwartungen verbunden. Wenn jemand im Gespräch „aus der Rolle fällt", dann bewirkt das beim Gegenüber Verunsicherung. Nun wird unser eigenes Bild, das wir von einer Rolle haben, nicht immer übereinstimmen mit dem, was andere von uns erwarten.

Ein Beispiel: Sagen wir, ein Vorgesetzter beurteilt seine Mitarbeiterin. Sie ist 23 Jahre alt, Kauffrau, Sachbearbeiterin in einem Reisebüro. Er findet sie kontaktarm und uninteressiert. Es stört ihn, daß sie immer pünktlich Feierabend macht. Weil sie stets modisch gekleidet ist und flott aussieht, vermutet er, sie verbringt ihre Freizeit hauptsächlich mit Vergnügungen, insbesondere mit jungen Männern. Viel Ernsthaftigkeit traut er ihr nicht zu, geschweige denn berufliche Zielstrebigkeit. Sie selbst schätzt sich sehr wohl als ernsthaft und zielstrebig ein. Sie besucht das Abendgymnasium, um ihr Abitur nachzuholen, und strebt ein Betriebswirtschaftsstudium an. Sie befürchtet, wenn sie ihrem Vorgesetzten davon erzählt, wird sie ihren Job verlieren. Deshalb hält sie sich lieber zurück, auch gegenüber Kollegen und Kolleginnen.

In einem offenen Gespräch würden die beiden merken, daß sie dem gleichen Tatbestand unterschiedliche, subjektive Bewertungen beimessen. Außerdem sind viele Vermutungen im Spiel.

Je nachdem, ob wir unsere Selbsteinschätzung bestätigen oder revidiert bekommen, werden wir unser Verhalten beibehalten oder ändern.

Wir gehen also mit gewissen Annahmen über uns und andere in das Gespräch. Fühlt sich jemand stark und selbstbewußt und hat er eine realistische Selbsteinschätzung, wird er gelassener abwarten, was auf ihn zukommt. Sein Selbstbild wird durch ein paar Kratzer vielleicht etwas unansehnlicher, aber es wird nicht zerstört. Je geringer jemand seinen Selbstwert einschätzt, desto stärker wird er darauf bedacht sein, sein Selbstbild vor Kritik zu schützen.

Zur Verteidigung unseres Selbstbildes stehen uns verschiedene Abwehrmechanismen zur Verfügung. Die drei wichtigsten wollen wir hier kurz vorstellen:

Verdrängung bedeutet, daß wir Dinge einfach vergessen, weil wir die damit verbundenen Gefühle als zu unangenehm erlebt haben. Zum Beispiel: Es entfällt einem der Name eines Kollegen, mit dem man sich einmal um die gleiche innerbetriebliche Stelle beworben hat und dem man unterlegen ist.

Manchmal taucht Verdrängtes in Versprechern auf, manchmal in Träumen. Das sind Zeichen dafür, daß das „Vergessene" nicht ganz weg ist, sondern nur vom Bewußtsein ins Unbewußte befördert wurde.

Projektion ist ein Mangel, die eigenen Gefühle auszudrücken. Derjenige, der projiziert, sieht in der Außenwelt jene Teile der eigenen Persönlichkeit, mit denen er sich nicht identifizieren will.

„Du bist schuld, wenn es mir schlecht geht." „Du hast mich geärgert" anstatt „Ich ärgere mich, weil ..." Jemand, der seine Firma in Konkurs geführt hat, schiebt die Verantwortung auf „schlechte Zeiten".

Die Projektionen haben den Vorteil, dem Betroffenen vorübergehend Erleichterung zu verschaffen und ihn der Verantwortung für seinen Anteil an der Misere zu entheben. Allerdings macht sich derjenige damit auch handlungsunfähig.

Rationalisierung wird immer dann geübt, wenn die wirklichen Gründe nicht genannt werden „können". Es werden vernunftmäßige Argumente gesucht, damit über die Gefühle nicht gesprochen werden muß. Zum Beispiel: Eine Mitarbeiterin bittet den Vorgesetzten um einen anderen Platz, weil „es hier so zieht". In Wirklichkeit kann sie den Körpergeruch ihrer Kollegin nicht ertragen.

4.2 Das Bild vom anderen

Beim Beurteilungsvorgang im Betrieb ist es eindeutig: der Vorgesetzte macht sich ein Bild vom Mitarbeiter. Wie aber bereits in anderen Zusammenhängen dargestellt, kommt eine Beurteilung des jeweiligen Gesprächspartners in allen Lebenssituationen vor. Mehr oder weniger bewußt sind wir ständig mit gegenseitigen Einschätzungen beschäftigt. Was wir am anderen wahrnehmen und was wir aussparen, ist nicht frei von bisherigen Erfahrungen, Vorurteilen und Absichten.

Je zutreffender unser Bild vom anderen, desto leichter können wir uns auf das Gespräch einstellen. Bei der „Einordnung" unserer Gesprächspartner helfen uns beispielsweise die nachstehenden Punkte.

- *Der erste Eindruck*

Gerade bei der ersten Begegnung ist jeder auf das Sammeln von möglichst viel Informationen angewiesen, um ein „Bild" zu bekommen. So wird alles, was verwertbar erscheint, „gewertet". Angefangen beim Betreten des Raumes, weiter über Körperhaltung, Gestik, die Art zu sprechen, Kleidung, Haartracht, Blick, Mimik und zuletzt das, was jemand sagt. Wir neigen alle dazu, in neuen Situationen auf Bekanntes zurückzugreifen. Damit wollen wir unsere Unsicherheit und Orientierungslosigkeit überwinden. Was wir früher an „ähnlichen" Menschen beobachtet haben, färbt die „Brille", durch die wir den „Neuen" sehen.

- *Vorurteile*

sind in ähnlicher Weise nützlich. Diejenigen Einstellungen, die sehr früh erworben wurden, werden am wenigsten verändert. Gefestigte

Einstellungen erleichtern nämlich das „Zurechtfinden" im Leben. Meistens haben wir solche Einstellungen von Menschen übernommen, denen wir gefühlsmäßig verbunden waren. So bekommen wir einerseits eine gewisse Sicherheit, wir sind nicht allein mit unserer Meinung. Gleichzeitig ist es auch eine Sparmaßnahme. Wir brauchen nicht jede Information nachzuprüfen. Vorurteile sparen Zeit und Aufwand. Bestimmte Informationen sind für den einzelnen gar nicht nachprüfbar. Der Verbraucher muß sich auf die Urteile von Fachleuten verlassen.

Neben den geschilderten „Vorteilen" gibt es Nachteile. Es besteht die Gefahr, die Wirklichkeit zu vereinfachen und vorschnell zu urteilen. Um sich davor zu hüten, gilt es, sich selbst gegenüber kritisch zu bleiben.

- *Gegenseitige Beeinflussung*

Bleiben wir im Betrieb und zeigen an einem Beispiel, was wir meinen:

Der Mitarbeiter betritt zum ersten Mal das Zimmer seines Hauptabteilungsleiters. Es ist luxuriös ausgestattet: Teppichboden, großer Mahagonischreibtisch, effektvolle Lampenanordnung ... Die ohnehin vorhandene Machtposition des Vorgesetzten wird wirkungsvoll unterstrichen. Außerdem weiß der Mitarbeiter noch gar nicht, was der Anlaß des Gespräches ist. Der Hauptabteilungsleiter wollte ihn kennenlernen, weil der Abteilungsleiter ihn als Nachwuchskraft empfohlen hatte. Er will ihm ein Fortbildungs-Seminar anbieten und nimmt das als Anlaß für ein persönliches Gespräch. Er mustert den jungen Mann prüfend, und eigentlich findet er sein Auftreten nicht so überzeugend. Er beginnt das Gespräch: „Ich habe durch Herrn X gehört ..."

Dem Mitarbeiter schießen 1000 Gedanken durch den Kopf, was er wohl gehört haben könnte. Vor dem enormen Schreibtisch kommt er sich plötzlich so klein vor. Und als er wieder hinhört, was der Vorgesetzte sagt, hört er „... zu einem Fortbildungs-Seminar, um Ihre Qualifikation zu erhöhen ..." Er vesteht: ich bin nicht gut genug. Als er sich innerlich gefangen hat, geht er in die Verteidigung: „Wieso sagen Sie mir erst jetzt, daß Sie mit mir nicht zufrieden sind? Bisher habe ich das nicht bemerkt ..."

Der Hauptabteilungsleiter ist nach dem Gespräch nicht der Auffassung, daß dieser Mitarbeiter zu den Führungskräften gezählt werden sollte.

4.3 Gesprächsgegenstand – der objektive Teil

Nur, wenn allen Beteiligten vorher bekannt ist, worauf sie sich bei dem Treffen einlassen, können sie sich vorbereiten. Sie können sich ein Ziel setzen, das sie erreichen möchten. Jeder kann sich über den Weg zur Zielerreichung Gedanken machen und darüber, was der andere wohl erwartet. Alle können sich sachkundig machen.

Eine gute Vorbereitung steigert die Effektivität und sichert die Einbringung der eigenen Interessen.

So werden ermüdende Monologe vermieden. Sind beide Partner aktiv, verläuft das Gespräch für beide Seiten anregender.

Folgende Punkte gilt es zu beobachten:

- Die menschliche Fähigkeit, Informationen aufzunehmen, ist begrenzt. Bei Überforderung wird abgeschaltet oder es kommt zu Fehlschlüssen oder es findet eine willkürliche Informationsauswahl statt.
- Die Fähigkeit, Informationen zu behalten, ist ebenfalls begrenzt. Am besten behalten wird, was am Anfang und am Schluß gesagt wird.
- Um Verständnis und Behalten zu gewährleisten, ist das sprachliche und inhaltliche Niveau auf den Wissensstand der Beteiligten abzustellen.
- Ein folgerichtiger Aufbau, der sich wie ein roter Faden durch das Gespräch zieht, macht das Gespräch leichter nachvollziehbar.

- Die sinnvolle Gliederung von Information fördert das Verstehen.
- Schwerpunkte setzen, um Wesentliches von Unwesentlichem zu trennen.
- Zwischenzusammenfassungen erhöhen den Behaltensgrad.
- Verstehen und lernen werden erleichtert, wenn mehrere Informationskanäle angesprochen werden. Beim Hören werden ca. 20 % der Informationen behalten, beim Sehen und Hören ca. 50 %.

4.4 Die Situation

● *Räumliche Bedingungen*

Wie räumliche Ausstattung irritieren kann, hat unser letztes Beispiel gezeigt. Der äußere Rahmen ist durchaus von Belang. Die Wahl des Raumes richtet sich nach dem Anlaß. Eine behagliche Atmosphäre fördert das Gesprächsklima. Äußere Störungen wie Telefon, andere Lärmquellen oder Besucher sollten vermieden werden. Sonst kommt es leicht zu der unerfreulichen Situation: „... wo waren wir doch stehengeblieben, Herr, hm, Meier?"

Die Sitzordnung hat eine Bedeutung. Sitzen sich zwei Menschen wie Kampfhähne gegenüber, nur durch den Schutzwall „Schreibtisch" getrennt, oder gehen sie in eine „Konferenzecke", wo sie bei einer Tasse Kaffee miteinander reden und sich nicht frontal gegenübersitzen müssen?

Der Ort, an dem das Gespräch stattfindet, kann für beide neutral oder für einen „Heimat" sein. Nicht von ungefähr fanden in der Politik Abrüstungsgespräche auf pakt-neutralem Boden statt (Schweiz, Finnland).

Oder: In einem romantischen Restaurant lassen sich private Gespräche entspannter und gefühlsbetonter führen als in einem Schnellimbiß.

● *Zeitliche Faktoren*

Für betriebliche und private Gespräche gilt:
- rechtzeitige Terminvereinbarungen/Verabredungen,
- pünktliches Anfangen und Aufhören ersparen Enttäuschungen. Das mag für private Gespräche etwas formal klingen. Aber jemand warten lassen, heißt immer: seine Zeit geringschätzen.

Eine zeitliche Obergrenze hilft, das Gespräch konzentriert zu führen und es nicht uferlos werden zu lassen.

● *Soziale Faktoren*

Es sollte für alle Beteiligten vorher feststehen, wer am Gespräch teilnimmt.

Sieht sich jemand unverhofft anderen Personen gegenüber, steht es erst einmal 1:0 für die anderen.

4.5 Partnerbezogenes Gespräch

Wir meinen hier Gespräche, die im engeren sozialen Umfeld stattfinden. Partner sind Eltern, Kinder, Ehe- und Lebenspartner, Freunde, Bekannte oder ähnlich nahestehende Personen. In diesem Kreis ergeben sich hin und wieder Situationen, in denen ein Partner über seine Erlebnisse und Gefühle reden möchte, aber dazu eine Ermutigung braucht (vgl. *Leins, Brigitta*: Gespräche führen – zuhören).

Da kommt das Kind verstört aus der Schule, die Freundin hat Probleme mit dem Chef, der Mann hat Schwierigkeiten mit seinen Kollegen. Wenn es um Ärger, Wut, Enttäuschung, Verzweiflung, Trauer oder ähnliche Gefühle geht, fällt es vielen schwer, darüber zu sprechen: Findet dann der Partner die richtigen Worte und vermittelt: bei mir kannst du dich aussprechen, dann kann das sehr hilfreich sein. Über solche „hilfreichen" Gespräche wollen wir jetzt nachdenken.

Was bewirkt ein „hilfreiches" Gespräch?

Ein hilfreich geführtes Gespräch wirkt für die Person, die voller Gefühle und Eindrücke ist, erst einmal entlastend. Es ist wie ein Ventil, mit dem Dampf abgelassen wird. Vorsichtig reguliert, können angestaute Gefühle frei werden. Doch nicht nur das. Beim Reden mit einem anderen können die eigenen Gefühle deutlicher gespürt werden. Es kommt zu größerer Klarheit für den Betroffenen.

Die Kraft, die er vorher auf die Unterdrückung seiner Gedanken und Gefühle verwendet hat, kann er nun zur Bewältigung der belastenden Situation einsetzen. Damit es dazu kommt, bedarf es beim Zuhörenden einer akzeptierenden, einer annehmenden Haltung. Solche Haltung versetzt den Sprechenden in die Lage, seine Gefühle selbst anzunehmen. Sein Blickfeld kann sich erweitern.

Bleibt jemandem dieser Weg häufig versperrt, kann es zu einer regelrechten Überflutung durch die eigenen Gefühle kommen. Nicht selten führt dies zu depressiven Stimmungen.

Einige schlucken ihre Wut herunter und richten so ihre Aggression gegen sich selbst – manchmal mit dem Resultat körperlicher Erkrankungen wie Magen- und Darmstörungen, Bluthochdruck und ähnlichem. Wieder andere stauen das „Unsagbare" in sich an, um dann bei nächster Gelegenheit zu „explodieren". Die Akkumulation verschiedener Ereignisse bewirkt, daß die Übermacht der Gefühle dann nur noch schwer zu kontrollieren ist.

Jemandem seine Sorgen anvertrauen heißt, sich dem anderen öffnen und etwas von sich preisgeben. Wir sprechen von „Vertrauen schenken". Derjenige, der seine Aufmerksamkeit und Zuwendung schenkt, bekommt Vertrauen geschenkt. Es handelt sich also nicht um eine einseitige Angelegenheit. Es sind solche offen geführten Gespräche, an denen eine Beziehung wächst; weil beide Partner sich näherkommen, kann eine enge zwischenmenschliche Vertrauensbasis entstehen.

Welche Einstellungen blockieren diese Gesprächsform?

Es gibt viele Menschen, die eine Bereitschaft für derartige Gespräche in sich spüren, aber nicht recht wissen, wie sie sie dem anderen signalisieren sollen. Im folgenden geht es um Verhaltensweisen und Einstellungen, die manch gutgemeintes Gespräch scheitern lassen.

● *... sich selbst unentbehrlich machen*

Manchen Menschen geht es erst gut, wenn sie anderen helfen können. Dann haben sie das Gefühl, ein sinnvolles Leben zu führen. Dagegen ist im Prinzip auch nichts zu sagen. Wenn sie aber ihre Hilfe regelrecht aufdrängen, dann führt das für den Partner eher zu Lebensuntüchtigkeit als zur Fähigkeit, eigene Probleme meistern zu können. Ein Beispiel: Eine Mutter versucht ihr Kind ständig vor gefahrenvollen Situationen zu bewahren. Aus diesem Grund bekommt das Kind kein Fahrrad, denn es könnte damit verunglücken. Natürlich ist das eine reale Gefahr.

Aber die Über-Fürsorge der Mutter hindert das Kind daran, ganz entscheidende Lebenserfahrungen zu machen. Mit solchem Verhalten erhält sich die Mutter ihre Machtposition. Dem Kind aber wird die Möglichkeit genommen, schwierige Situationen im Straßenverkehr zu meistern und daran Selbstvertrauen zu entwickeln. Findet das Kind nicht einen Ausweg, indem es beispielsweise Radfahren auf dem Fahrrad von Freunden lernt, bleibt es in diesem Punkt „klein" und „unbeholfen". Für Gespräche bedeutet das, aufzupassen: Wie weit braucht der andere mich wirklich? Wie weit will er meine Hilfe? Wo ist die Fähigkeit des anderen, allein einen Ausweg zu finden? Mit Ratschlägen zurückhaltend sein.

● *... sich an der Schwäche des anderen stärken*

„Man muß immer nach unten schauen." Das ist ein Spruch, der von Leuten zu hören ist, die sich selbst Mut machen. Wenn die Schwäche des anderen jedoch dazu verführt, sich selbst „groß" und „überlegen" zu fühlen, stimmt es mit der Hilfsbereitschaft nicht. Es geht dann darum, sich selbst aufzuwerten. Zu erkennen ist eine solche Einstellung an Sätzen wie:

„... mach dir nichts draus, das kriegen wir schon hin" oder „das mußt du so oder so machen", „... ist ja halb so schlimm".

- *... über den Problemen des anderen die eigenen übersehen*

Es gibt Menschen, die können es schwer ertragen, daß andere leiden. Es fällt ihnen leichter, das Problem des anderen zu lösen, um dann einen scheinbaren Harmoniezustand herbeizuführen. Ihr übergroßes Harmoniebedürfnis verleitet sie dazu, selbst aktiv den Leidenszustand eines anderen zu beseitigen.

Beispiel: Gisela kommt weinend zur großen Schwester gelaufen, weil Karin ihr die Puppe weggenommen hat. Reagiert die Schwester so, daß sie selbst die Puppe von Karin zurückfordert, verhindert sie zweierlei:

Erstens, daß Gisela ihren Zorn und vielleicht ihre Gefühle der Demütigung so äußern kann, daß sie selbst einen Weg findet, die Puppe wiederzubekommen, und zweitens, daß Gisela lernt, ein Problem für sich selbst zu lösen.

Treten solche Situationen wiederholt auf, wird Gisela sich schwertun, ihre eigenen Interessen selbständig zu vertreten. Die große Schwester aber wird ihr Gefühl behalten, gebraucht zu werden. Für beide wäre es hilfreich, könnte die große Schwester klären, was hinter ihrem Harmoniebedürfnis verborgen ist. Möglicherweise kann sie dann ihrer kleinen Schwester eher das Recht auf eigene Gefühlsäußerungen, auch leidvoll, zugestehen.

Welche Einstellung fördert das partnerbezogene Gespräch?

- *Hilfe zur Selbsthilfe*

Ziel eines solchen Gesprächs sollte immer die Hilfe zur Selbsthilfe sein. Also den anderen in die Lage versetzen, sein Problem selbst in die Hand zu nehmen. Das schließt nicht aus, daß wir unsere eigene Meinung sagen oder Lösungsvorschläge einbringen – nur muß dem anderen die Freiheit gelassen werden, sie anzunehmen oder abzulehnen. Er muß die Entscheidung treffen, welche Lösung für ihn am besten ist. Voraussetzung ist, ihm zuzutrauen, daß er für sich die richtige Entscheidung treffen kann und spürt, wann für ihn der Zeitpunkt zum Handeln „reif" ist.

- *Die Bereitschaft, auf den anderen einzugehen*

Sie zeigt sich in erster Linie darin, das eigene Mitteilungsbedürfnis zurückzustellen und zuzuhören. Das durchzuhalten, erweist sich immer dann als schwierig, wenn bei der Schilderung des Problems Erinnerungen an eigene Erlebnisse auftauchen.

Beispiel:

Zwei Erwachsene:

Sohn: „Ich weiß überhaupt nicht mehr, wie ich die Arbeit in den Griff kriegen soll!"

Vater: „Ja, ja, das kenne ich. Wenn ich im Frühjahr den Garten bestellen muß, bin ich auch von morgens bis abends beschäftigt. Manchmal weiß ich nicht, wo ich zuerst anfangen soll."

Sohn: „Weißt du, bei uns im Betrieb ist momentan so ein Arbeitsanfall, und Überstunden dürfen wir nicht machen ..."

Vater: „Uns hat früher auch keiner die Überstunden bezahlt."

Beide reden aneinander vorbei. Keiner hört dem anderen wirklich zu.

- *Die Bereitschaft, die Empfindungen des anderen zu verstehen*

Das hängt auch wieder mit Zuhören zusammen. Manchmal schleicht jemand lange um den „heißen Brei" herum. Er ergeht sich in Allgemeinplätzen oder verhält sich auffällig, ohne sein konkretes Problem anzusprechen. Das ist für den Partner anstrengend. Gefordert ist dann mehr ein Hinhören, Hinfühlen auf das, was seinen Partner bedrückt.

Zusammenfassung

- Ein hilfreiches Gespräch kommt zustande, wenn der Zuhörende eine annehmende Haltung einnimmt und die Sorgen des anderen zuläßt, ohne sie zu seinen eigenen zu machen.

- Gesprächsfördernde Faktoren sind:
  - Hilfe zur Selbsthilfe gewähren
  - eigene Bedürfnisse vorübergehend zurückstellen
  - Verstehen wollen
  - keine Bewertung vornehmen
  - Geduld aufbringen, Zeit nehmen

- Gesprächshemmende Faktoren sind:
  - Mißtrauen
  - Lösungen abnehmen
  - sein eigenes Selbstbild verschönern
  - die eigene Machtposition stärken
  - Vermeidung, sich mit eigenen Beweggründen zu befassen

4.6 Die Akzeptanz des anderen

Wenn Sie nun ein Gespräch führen wollen, weil Sie merken, den anderen bedrückt etwas, dann kommt es darauf an, das Problem zu erkennen. Das ist oftmals schwer, weil es, wie gesagt, von Gefühlen überlagert sein kann.

Probleme einzugestehen ist deshalb schwer, weil wir Angst haben, von anderen abgewertet zu werden oder auf deren Ärger oder Wut zu treffen. Als Zuhörer helfen wir beim Abbau solcher Barrieren, indem wir „Annahme/Akzeptanz" signalisieren. So in dem Sinne: „Du bist o.k., auch wenn du ein Problem hast." Es gibt einige Redewendungen, mit denen Sie Ihre Bereitschaft zum wertfreien Zuhören ausdrücken können.

Beispiele:

„Möchten Sie darüber sprechen?"

„Kann ich Ihnen bei diesem Problem helfen?"

„Ich würde gerne hören, was Sie meinen."

„Würde es Ihnen helfen, wenn Sie darüber sprechen?"

(aus *Gordon* 1986, S. 63)

Wortlose Annahme

Will ein Zuhörer zeigen, daß er aufmerksam und nicht abgelenkt ist, kann er dies durch zugewandte Körperhaltung (leicht vorgebeugt), Augenkontakt, Nicken oder kurze Bemerkungen wie „Ja", „Ich hör dir zu", „Ich verstehe" oder ähnliches mitteilen. Ungeduldiges Bleistiftspitzen wird trotz verbaler Beteuerungen keine volle Aufmerksamkeit und Annahme signalisieren.

Hier kann schweigsames Zuhören eine wirkungsvolle Botschaft aufrichtiger Anteilnahme sein.

Beispiel:

Mann: „Ich mußte heute zum Chef rein."

Frau: „Aha?"

Mann: „Ja; Du, ich wußte zunächst gar nicht, was das sollte."

Frau: „Hm"

Mann: „Dann lief die Unterredung darauf hinaus, daß ich mir überlegen soll, wie ich die Mannschaft für den neuen Großauftrag aus Holland einsetzen, d.h. umorganisieren will. Als ob das nicht seine Aufgabe wäre."

Frau: „Hmhm"

Mann: „Ich kann mich ärgern, daß der das auf mich abschiebt."

Frau: „Ja."

Mann: „Naja, ich meine, es ist schon seine Sache. Aber andererseits, daß er mir die Verantwortung dafür gibt, ist ja bei Licht besehen auch ein Zeichen der Anerkennung."

Frau: „Hmhm."

Mann: „Vielleicht sollte ich das wirklich von der Seite sehen, daß er mir etwas zutraut."

Der Mann macht erst einmal seinen Ärger Luft und kann anschließend seinem „Ärgernis" eine positive Seite abgewinnen. Tagsüber hat er das offenbar nicht gekonnt, denn er kommt noch verstimmt nach Hause. Das bloße Zuhören der Frau hat zur Veränderung seiner Sichtweise beigetragen.

Aber natürlich kann man solch ein Verhalten nicht endlos praktizieren. Menschen wollen auch verbal Anteilnahme. Doch da kommt es entscheidend auf das „Wie" an.

Aktives Zuhören

Was wir eben besprochen haben, konnte auch als „passives Zuhören" bezeichnet werden. Dabei liegt das allein beim Sender, wieviel er von seinem Problem mitteilt.

Beim „aktiven Zuhören" versucht der Empfänger, die Botschaft zu entschlüsseln. Vor allem versucht er, der „geheimen Botschaft" auf die Spur zu kommen. Dazu gibt es zwei Methoden.

- *Wiederholung der inhaltlichen Botschaft*

  Sie können Ihr „Zuhören" dem Sender dadurch bekunden, daß Sie ihm eine Rückmeldung geben. Sie wiederholen mit Ihren eigenen Worten, was inhaltlich bei Ihnen angekommen ist. Sie können dadurch feststellen, ob Sie Ihren Partner richtig verstanden haben. Gleichzeitig erhält der Partner die Möglichkeit, seine Gedanken und eventuell auch seine Gefühle zu verdeutlichen und für sich selbst zu praktizieren.

Beispiel:

Horst: „Der Hauswirt hat schon wieder die Miete erhöht, aber denkst Du, der läßt mal was am Haus machen?"

Peter: „Euer Hauswirt erhöht wiederholt die Miete, aber renovieren läßt er nicht?"

Horst: „Ja, genau. Ich weiß gar nicht, ob das eigentlich zulässig ist."

Peter: „Du hast Dich noch nicht informiert, ob die Mieterhöhung gerechtfertigt ist?"

Horst: „Weißt Du, ich ärgere mich nur immer darüber."

Peter: „Du ärgerst Dich, aber Du weißt nicht, was Du machen sollst?"

Horst: „Doch, ich wüßte schon, ich könnte ja zum Mieterschutzbund gehen und mir Rat holen."

Peter hat lediglich den Inhalt der Aussage „gespiegelt" und das geäußerte Gefühl des „Sich-Ärgerns". Das hat Horst auf einen Lösungsweg gebracht.

- *Formulierung gefühlsmäßiger Erlebnisinhalte*

Das ist eine Methode, die nicht so leicht zu praktizieren ist. Sie erfordert viel Einfühlungsvermögen, das aber durchaus lernbar ist. Das Schwierige hieran ist, die häufig kompliziert gesendeten Botschaften zu entschlüsseln. Wenn Sie damit beginnen, fangen Sie vorsichtig an. Es hat ja Gründe, welche auch immer, wieso jemand „geheime" Botschaften sendet. Wenn das Geheime plötzlich öffentlich gemacht wird, kann das Abwehrreaktionen hervorrufen. Wird das Vordringen in den Gefühlsbereich als zu massiv erlebt, macht das Angst.

4.7 Konfliktgespräch

Die Angst vor Konflikten führt uns manchmal seltsame Wege. Weil der Austausch über gegenseitige Wünsche ausbleibt, stellen wir Vermutungen darüber an, wie der andere uns gern hätte. Wie können nun Konflikte im Gespräch partnerschaftlich geregelt werden?

Stellen wir noch eine Frage nach: Was soll damit erreicht werden?

1. Die Beziehung zwischen den Gesprächspartnern soll nach der Konfliktregelung besser sein als vorher.

2. Gegensätzliche Standpunkte sollen dargelegt und geklärt werden.

3. Die Lösung soll für beide Seiten akzeptabel sein.

Um diese Ziele zu erreichen, können folgende Schritte unternommen werden:

1. Am Beginn eines Konfliktgespräches sollten die Interessen und Bedürfnisse beider Konfliktpartner ausgesprochen werden.

2. Jeder sollte dem anderen wirklich zuhören und nicht nur darüber nachdenken, wie er seine Wünsche am besten „durchdrücken" kann.
3. Immer im Blickfeld behalten: es ist eine gemeinsame Aufgabe, die Konflikte zu lösen.
4. Es geht um das gegenseitige Verstehen der Interessen, Bedürfnisse oder Störungen. Manchmal verbergen sich hinter den zuerst genannten Bedürfnissen andere, tiefer liegende. Es braucht Zeit, um sie aufzudecken und zu verstehen.
5. Wenn klar ist, worum es beiden geht, kann nach Lösungen gesucht werden. Meistens gibt es mehrere Lösungen, die der einzelne sich gar nicht vorstellen konnte.
6. Wie sieht die beste annehmbare Lösung aus? Können alle Beteiligten damit leben? Wenn nicht, was müßte sich ändern?

Konflikte regeln heißt folgende Fragen beantworten:

Wo genau liegen die Probleme?
Höre ich dem anderen zu?
Sind wir gemeinsam bei der Sache?
Verstehe ich wirklich, worum es geht?
Welche Lösungsmöglichkeiten gibt es?
Wie sieht die beste annehmbare Lösung aus?
Wie wird sie durchgesetzt?
War die Konfliktlösung richtig?

4.8 Beurteilungsgespräch

Mitarbeiter, Kollegen, Vorgesetzte verfolgen Ziele, eigene oder die der Organisation, in der sie arbeiten. Um Ziele durchsetzen zu können, braucht jeder Informationen. Im beruflichen Alltag finden deshalb aus den unterschiedlichsten Anlässen Gespräche statt. Jedes berufliche Engagement beginnt mit einem Gespräch bei der Einstellung und endet mit einem Kündigungsgespräch. Dazwischen gibt es z.b. Gespräche zur Motivation, zur Anerkennung, zur Kritik, zur Problemlösung, zur Aufgabenverteilung, zur Förderung ...

An dem Beispiel des Beurteilungsgesprächs wollen wir zeigen, was zu dem schon besprochenen noch zusätzlich zu berücksichtigen ist.

Beurteilungsgespräche dienen dem Unternehmen und dem Mitarbeiter gleichermaßen dazu:

– die Mitarbeiter entsprechend ihrem Können und ihren Fähigkeiten einzusetzen,
– die ständige Weiterentwicklung der Fähigkeit des Mitarbeiters zu fördern, um dadurch Leistungssteigerung, persönliche Befriedigung und Sicherheit in seiner Tätigkeit zu erreichen,
– geeignete Mitarbeiter zu erkennen, die sich für die Übernahme höherwertiger Aufgaben qualifizieren können,
– die Mitarbeiter über die Art ihrer Aufgabenerfüllung zu informieren, damit sie ihren persönlichen Standort bestimmen können,
– sachliche Maßstäbe für eine leistungsorientierte Gehaltsfindung zu schaffen.

Fällt die Beurteilung zu gut aus, erscheint der Vorgesetzte unglaubwürdig: Der Mitarbeiter fühlt sich geschmeichelt, fühlt sich als „Star". Langfristig droht Frustration wegen Überforderung.

Bei richtiger Beurteilung fühlt sich der Mitarbeiter bestätigt und ermutigt, so weiterzumachen. Er gewinnt Sicherheit und Selbstvertrauen.

Bei zu schlechter Beurteilung besteht die Gefahr der Unterforderung und Demotivation infolge von Frustration.

- *Eröffnung*

Der Beurteilte geht in das Gespräch mit einer gewissen Hilflosigkeit und dem Gefühl des Ausgeliefertseins. Mit Skepsis hört er in der Eröffnung, was der Vorgesetzte über ihn denkt und wie er ihn beurteilt.

Nur in seltenen Fällen wird das Bild, das er von sich selbst hat, das gleiche sein, das der Vorgesetzte von ihm hat.

Nicht alle Beurteilten äußern frei, ob der Beurteiler sie ihrer Meinung nach richtig oder falsch sieht. Oft lassen sie das Beurteilungsgespräch stumm und schüchtern über sich ergehen wie eine Art Naturereignis. Die meisten Beurteilten empfinden, daß sie mit der Beurteilung gewissermaßen „eingefärbt" werden. Sich von der „Farbe" reinzuwaschen, erscheint ihnen aufgrund ihrer Erfahrungen schwer vorstellbar.

Für den Beurteilenden kommt es also darauf an, diese Barrieren abzubauen und keine neue zu errichten. Vorab sollte er sich deshalb klarmachen, daß jeder Mitarbeiter ein Recht auf eine Beurteilung durch seinen Vorgesetzten hat.

Eine derartige Rückmeldung über sein Arbeitsverhalten, seine fachliche Befähigung, sein Verhalten bei der Zusammenarbeit, unter Umständen sein Führungsverhalten, braucht jeder Mitarbeiter. Er braucht sie zur Orientierung und um seine Bedürfnisse nach Sicherheit, Kontakt und Anerkennung zu decken.

Wie bei anderen Gesprächen ist hier die Atmosphäre von Bedeutung. In einer Streßatmosphäre wird der Mitarbeiter seine Energie darauf verwenden, einen schnellen Abgang zu finden. Er wird „dichtmachen", um nicht „Vorwürfe" über sich ergehen zu lassen. Um Mitarbeiter veränderungsbereit zu halten oder zu „machen", hat es sich bewährt, die Eröffnung des Gesprächs positiv oder neutral zu gestalten. Das soll nicht heißen, erst einmal billiges Lob zu verteilen, um dann mit „ja, aber ..." die dicken Brocken nachzuschieben.

Grundsätzlich wird der Mitarbeiter, der zum Beurteilungsgespräch kommt, sowiewo schon unter Spannung stehen. Sie sollte nicht erhöht, sondern reduziert werden.

Wie kann Spannung abgebaut werden?

Selbst wenn die Beurteilung schlecht ausgefallen ist, wird der Mitarbeiter einige Aufgaben gut machen. Ansonsten ist er falsch an diesem

Platz. Das, womit der Vorgesetzte zufrieden ist, kann angesprochen werden.

Das Gespräch kann auch mit einer kurzen Information über die neuesten Zahlen, Produkte oder andere firmeninterne Ereignisse eingeleitet werden. Auch Urlaub kann Thema sein. Irgend etwas ganz Normales sollte am Anfang stehen.

- *Beurteilung*

Ein guter Vorgesetzter wird sich nicht nur einmal im Jahr oder in einem anders festgelegten Beurteilungszeitraum mit den Leistungen und Entwicklungsmöglichkeiten seiner Mitarbeiter befassen. Für ihn wird es ein kontinuierlicher Prozeß sein. Dann erhält das Beurteilungsgespräch den Charakter einer Zusammenfassung der Ergebnisse mehrerer Einzelbeobachtungen und Einzelgespräche.

Das Verhalten des Mitarbeiters wird so weit beurteilt, wie es für die Aufgabenerfüllung von Bedeutung ist. Die Leistungen werden mit den Anforderungen verglichen. Soll/Ist-Abweichungen sind möglichst mit Beispielen zu belegen. Je klarer die Anforderungen formuliert werden, desto leichter können die Abweichungen und Übereinstimmungen erkannt werden. Anschließend wird vom Mitarbeiter eine Stellungnahme erbeten. Damit bekommt er Gelegenheit, seine Einwände vorzubringen oder Gründe für sein Verhalten darzulegen.

In der Regel wird die Beurteilung aus Anerkennung und Kritik bestehen. In den Punkten, in denen der Vorgesetzte nicht zufrieden ist, entzieht er dem Mitarbeiter – zumindest zeitweise – Vertrauen, Achtung und Sympathie. Wie scharf die Kritik ausfällt und wie berechtigt sie sein mag, der Beurteilende muß dafür sorgen, daß das Vertrauensverhältnis insgesamt erhalten bleibt. Das geschieht am besten dadurch, daß Vorgesetzter und Mitarbeiter gemeinsam nach Wegen suchen, festgestellte Mängel und Schwächen zu beheben.

Der Mitarbeiter sollte in diesem Gespräch auch äußern, wie er sich selbst sieht, seine Entwicklungsmöglichkeiten und Fortbildungswünsche. Vor Beendigung des Gesprächs ist das zukünftige Verhalten zu vereinbaren. Wenn nötig, werden von seiten des Vorgesetzten Kontrollen angekündigt oder mit dem Mitarbeiter vereinbart.

• *Gesprächsabschluß*

Der Schluß des Gespräches bleibt besonders gut im Gedächtnis, weil er nicht durch nachfolgende Eindrücke überlagert wird. Es kommt deshalb darauf an, daß eine gute Zusammenarbeit möglich bleibt oder wird. Wie nötig die Kritik gewesen sein mag, der Mitarbeiter sollte nicht als Verlierer vom Platz gehen. Der Vorgesetzte bringt deshalb zum Schluß sein Vertrauen und seine Zuversicht für die künftige Zusammenarbeit zum Ausdruck.

• *Zusammenfassung*

- Konkrete Zielsetzungen in einem Gespräch machen über die Gesprächsmethode hinaus weitere Überlegungen notwendig.
- Beurteilungen, die keine Verurteilungen sind, nützen Mitarbeiter und Unternehmen gleichermaßen. Sie sind eine Standortbestimmung des Mitarbeiters.
- Es kommt auf die zutreffende Beurteilung an. Zu schlechte oder zu gute Beurteilungen haben den gleichen Effekt: Frustration.
- Das Beurteilungsgespräch kann grob in drei Teile gegliedert werden: Eröffnung, Beurteilungsvorgang, Abschluß. Alle drei sind gleich wichtig.
- Eine gute Vorbereitung beider Beteiligten ist Voraussetzung für ein fundiertes Gespräch.

5. Kommunikation als grundlegendes soziales Geschehen

5.1 Bedeutung der Kommunikation

„Kommunikation ist das Blut, das in den Adern der Gesellschaft fließt." *(Helmut Schelsky)*

Es gibt kaum ein anderes Phänomen, das in den Beziehungen zwischen Menschen so allgegenwärtig und so wenig wegzudenken ist wie dasjenige, welches wir *Kommunikation* nennen. Nicht nur ist eine Gesellschaft ohne Kommunikation nicht vorstellbar, auch Institutionen, Gruppen, Paarbeziehungen beruhen so wesentlich auf ihr, daß *Kommunikation* zum Bestandteil ihrer Definition gehört.

Aber die Bedeutung von Kommunikation liegt noch tiefer. Für die Entwicklung zum Menschen – sowohl in phylogenetischer als auch in ontogenetischer Hinsicht[1] – ist Kommunikation die *conditio sine qua non*[2]. Die Entwicklung der menschlichen Persönlichkeit ist weitgehend abhängig vom Netz der sozialen Beziehungen, in dem das Individuum vom Augenblick seiner Geburt an steht. Seine Fähigkeiten und Begabungen, Erlebens- und Verhaltensweisen, Normen und Wertbeziehungen, die sein Selbst ausmachen, entstehen in den Interaktions- und Kommunikationsprozessen der Sozialisation. Kommunikation ist daher das Blut nicht nur in den Adern der Gesellschaft, sondern in diesem Sinne auch das in denen des Individuums.

„Eine besondere Bedeutung haben ... die unmittelbar zwischenpersönlichen, ‚face-to-face'-Interaktionen, hat die Kommunikation ... Wie in keiner anderen Interaktionsbeziehung werden in ihr sprachliche und nichtsprachliche, begrifflich gefaßte und präkonzeptuale, sachliche und emotionale Inhalte gleichzeitig und in gegenseitiger Beeinflussung ausgetauscht." *(Rechtien 1973, S. 5)*

---

1 Phylogenese: stammesgeschichtliche Entwicklung; Ontogenese: Entwicklung des Einzelwesens
2 unerläßliche Bedingung

Aus dieser einzigartigen Bedeutung der unvermittelten Kommunikation ergibt sich auch ihre Relevanz für den Bereich des zwischenmenschlichen Austausches, nämlich für die Rhetorik, findet diese doch überwiegend in solch unmittelbaren zwischenmenschlichen Situationen Anwendung.

Wir werden in diesem Kapitel daher die Bedeutung von Kommunikationsprozessen, ihre Bestandteile und Funktionen behandeln, dabei auf die Bedingungen für erfolgreiche Kommunikation und die Quellen für Störungen in ihr eingehen und schließlich Methoden kennenlernen, diese Kommunikation auch unter schwierigen Bedingungen effektiv zu erhalten und auftretende Kommunikationsprobleme zu mindern und zu beseitigen.

5.2 Interaktion und Kommunikation

„Wo immer zwei oder mehrere Individuen sich zueinander verhalten, sei es im Gespräch, in Verhandlungen, in Spiel oder Streit, in Liebe oder Haß, sei es um einer Sache oder um ihrer selbst willen, sprechen wir von sozialen Interaktionen oder von zwischenmenschlicher Kommunikation. Doch auch die Beziehungen zwischen sozialen Gebilden, wie Gruppen, Organisationen, Institutionen, Nationen werden, zumindest insofern sie als beobachtbare und/oder meßbare Wechselwirkung definiert werden, als Interaktion bezeichnet, der Kommunikationsanalyse unterworfen. Schließlich wird der Umgang mit Apparaten und Maschinen als Interaktion aufgefaßt; selbst Maschinen untereinander stehen nach jüngstem Sprachgebrauch in Kommunikation." (*Graumann* 1972, S. 1109)

Mit dieser Aufzählung von Situationen, Vorgängen oder Beziehungen, die mit den Begriffen Kommunikation oder Interaktion bezeichnet werden, beginnt *Graumann* (1972) seinen Beitrag über Interaktion und Kommunikation im Handbuch der Psychologie. Sie zeigt, daß diese Begriffe in sehr unterschiedlichen wissenschaftlichen Disziplinen Anwendung finden, und sie zeigt weiter, daß eine gemeinsame, interdisziplinäre Definition so weit sein müßte, daß sie sehr unscharf und nur wenig brauchbar wäre. Das betrifft nicht nur die an Kommunikation oder Interaktion Beteiligten, sondern auch die Prozesse, die zwischen ihnen ablaufen.

Wenn wir daher genauer über Kommunikation sprechen wollen, ist es notwendig, daß wir uns über eine präzisere Begriffsbestimmung verständigen. Beim Thema dieses Buches liegt es nahe, diese Begriffsbestimmung auf dem Boden der Psychologie, genauer einer ihrer Teildisziplinen, nämlich der Sozialpsychologie, vorzunehmen.

Mit der Wahl unseres Ausgangspunktes haben wir den möglichen Bedeutungshorizont von „Interaktion" und „Kommunikation" bereits deutlich eingeschränkt. Eine eindeutige Begriffsbestimmung haben wir damit allerdings noch nicht ohne weiteres erreicht. Wenn Sie sich nämlich in der psychologischen Fachliteratur zur Kommunikation umsehen (oder auch in der Literatur benachbarter Disziplinen wie der Soziologie), dann werden Sie bald feststellen, daß die Definition dessen, was dort unter Interaktion bzw. Kommunikation verstanden wird, ebenfalls keineswegs einheitlich ist, sondern sich oft von Autor zu Autor unterscheidet. Außerdem ist die Abgrenzung beider Termini keineswegs einheitlich: häufig werden beide weitgehend als deckungsgleich betrachtet, an anderer Stelle werden Sie eine Abgrenzung finden, gelegentlich wird der eine als Oberbegriff benutzt, der den anderen miteinschließt, aber über ihn hinausgeht ... Sie sehen, daß es sehr wichtig ist, sich immer wieder genau zu vergewissern, was ein Diskussionspartner oder ein Autor eigentlich meint, wenn er von Kommunikation spricht.

Für eine ausführliche Diskussion über das Für und Wider der verschiedenen Definitionen ist dies nicht der geeignete Ort. Wenn Sie sich darüber weiter informieren wollen, dann empfehle ich Ihnen als Einstieg den bereits erwähnten Artikel von *Graumann* (1972). Für uns reichen die Begriffsbestimmungen, die ich Ihnen im folgenden vorstellen und erläutern werde.

- Mit der Bezeichnung *soziale Interaktion* werde ich in diesem Kapitel alle Beziehungen verstehen, in denen Menschen miteinander in Kontakt treten und aufeinander einwirken.

Das heißt: das Verhalten von zwei oder mehr Personen, die in Interaktion treten (interagieren), läßt sich nicht unabhängig voneinander beschreiben, sondern ist aufeinander bezogen und beeinflußt sich gegenseitig. Das umfaßt also sowohl solche Beziehungen, in denen sich die Interaktionspartner *unmittelbar* begegnen (Face-to-face-Interaktion) – wie zum Beispiel im persönlichen Gespräch, als auch solche, die *mittelbaren* Kontakt (brieflich, telephonisch usw.) ermöglichen.

Bei der Begriffsbestimmung von *Kommunikation* halte ich mich – ebenso wie *Graumann* in dem erwähnten Handbuchbeitrag – an die Überlegungen, die *Paul Watzlawick, Janet Beavin* und *Don D. Jackson* (1969) angestellt haben und die zu einer Definition geführt haben, die sich für die Analyse unmittelbarer zwischenmenschlicher Kommunikation bewährt hat. Allerdings mag Ihnen diese Definition – wenn sie Ihnen noch nicht begegnet ist – unter Umständen ziemlich verblüffend erscheinen. *Watzlawick, Beavin* und *Jackson* gehen nämlich davon aus, daß in einer solchen unmittelbaren zwischenmenschlichen Beziehung jedes beobachtbare – sprachliche (verbale) und nichtsprachliche (nonverbale) – Verhalten auf das Gegenüber einwirkt und im jeweiligen Kontext eine spezifische *Bedeutung* gewinnt. Sie setzen daher die Begriffe (zwischenmenschliches) *Verhalten* und *Kommunikation* gleich!

Ich kann mir durchaus vorstellen, daß es dem einen oder anderen unter Ihnen schwer fällt, sich dieser Argumentation anzuschließen. Häufig sind ja mit dem Begriff Kommunikation auch Konzepte wie „Absicht, etwas mitzuteilen" und „Wort" oder „Symbol" verbunden. Nähme man aber die Absicht zu kommunizieren (im Sinne vorsätzlicher, willentlicher, bewußter Kommunikation) mit in die Definition auf, dann würde ein großer Teil dessen, was Informationen zwischen Menschen überträgt, außer Betracht bleiben. Ähnlich würde sich die Aufnahme von Zeichen- oder Symbolbegriffen auswirken.

Als Begriffsbestimmung legen wir daher fest:
- Kommunikation ist alles Verhalten in unmittelbaren zwischenmenschlichen Situationen.

Es gibt eine Reihe kritischer Argumente gegen eine solche umfassende Definition von Kommunikation, aber es gibt auch eine Reihe guter Gründe, diese Definition wenigstens versuchsweise für unsere Analyse in Betracht zu ziehen, denn sie ist geeignet, die Aufmerksamkeit gerade auf solche Bestandteile des Kommunikationsprozesses zu ziehen, die so selbstverständlich sind, daß sie oft aus dem Blickfeld geraten.

Die einfachste und übersichtlichste Kommunikationssituation ist diejenige, in welcher *zwei* Menschen miteinander in Kontakt treten, die sogenannte dyadische Kommunikation. Auf diese ‚Zwei-Personen-Kommunikation' bezieht sich auch das wohl bekannteste Kommunikationsmodell. Es stammt von *Claude E. Shannon* und *Warren Weaver* (1949) und enthält als Bestandteile

– die Quelle der Information (information source),
– den Sender (transmitter),
– das Signal (signal),
– den Empfänger (receiver),
– das Ziel der Kommunikation (destination), sowie
– eine Störungsquelle (noise source).

In diesem Modell entspricht die Unterscheidung zwischen Quelle und Sender etwa der zwischen dem Bewußtsein, welches Kommunikationsinhalte erzeugt und für die Übermittlung auswählt, und dem Organ(system), welches die Botschaft in Form von Signalen aussendet (z.B. dem Sprechapparat). Entsprechend ist der Empfänger das jeweilige Wahrnehmungsorgan und Ziel das die Botschaft deutende Bewußtsein des Gegenübers.

Häufig werden die an einem solchen Prozeß Beteiligten als *Kommunikator* und *Rezipient* bezeichnet. Nach dem Modell von *Shannon/*

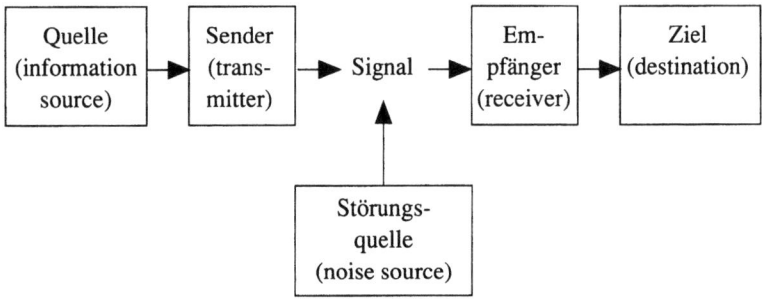

Abbildung 5.1: Kommunikationsmodell nach *Shannon* und *Weaver* (1949)

Weaver enthält die Position des Kommunikators dann die Funktionen von Quelle und Sender, die des Rezipienten die Funktionen vom Empfänger und Ziel. Die Kommunikation zwischen ihnen findet mit Hilfe von *Signalen* verbaler oder nichtverbaler Art statt, die durch Störungen (Nebengeräusche, ablenkende andere Signale usw.) verzerrt oder in ihrer Verständlichkeit beeinflußt sein können.

Die Tatsache, daß wir innerhalb eines Kommunikationsprozesses immer sowohl Ausgangs- und Zielpunkt, Quelle/Sender und Empfänger/Ziel sind, wird von diesem Modell nicht berücksichtigt. Das Modell von *Osgood* (1963) greift diese Einsicht auf und versucht darüber hinaus, die intrapersonalen Vorgänge zwischen Quelle und Sender bzw. Empfänger und Ziel zu erfassen. Das, was nämlich nach Eingang der informationstragenden Reize, also beispielsweise von Schallwellen gesprochener Sprache im Rezeptororgan, geschieht, ist ein komplizierter Prozeß der Umsetzung in und Weiterleitung von sensorischen Impulsen, die anschließend interpretiert werden. Diesen Prozeß nennen *Osgood/Sebeok* (1965) Dekodierung. Entsprechend verläuft zwischen Quelle und Sender ein Enkodierungsprozeß, in welchem das „Anliegen" oder die „Absicht" der Quelle in sensorische Impulse kodiert und schließlich in Bewegungen des entsprechenden Organsystems umgesetzt wird. Die kommunizierenden Individuen werden dabei als Kommunikationseinheiten aufgefaßt.

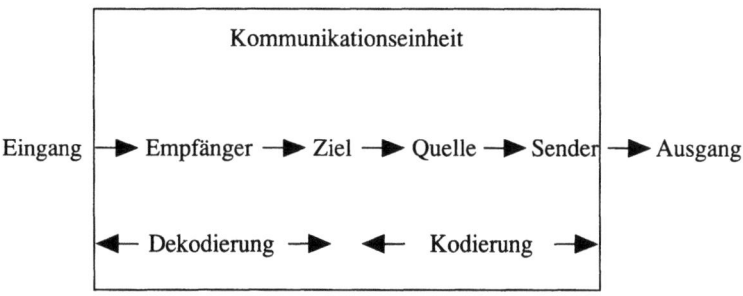

Abbildung 5.2: Kommunikationsmodell nach *Osgood* und *Sebeok* (1965)

Die Tatsache, daß ein Kommunikationsprozeß nur bei Beteiligung mindestens zweier Personen („Kommunikationseinheiten") stattfinden kann, ist in diesem Modell nicht explizit enthalten. Ich möchte Ihnen daher noch ein weiteres Modell vorstellen, das diese Einschränkung überwindet. Darüber hinaus berücksichtigt das Modell von *McCroskey* (1968) noch einige weitere intrapersonale Vorgänge, die an der Kommunikation beteiligt und für unser Thema von Interesse sind, nämlich Meinungsbildung und Verhaltensselektion.

Selbst an diesem noch relativ einfachen Modell sehen Sie, daß kommunikativer Austausch immer in mehreren Stufen erfolgt. Das, was mitgeteilt werden soll, wird verschlüsselt, ein Signal wird ausgesandt, es wird rezipiert (aufgenommen) und entschlüsselt. Jede dieser Stufen im Kommunikationsprozeß bedeutet auch die Möglichkeit einer Störung: die Verschlüsselung kann ganz oder teilweise mißlingen, das Signal kann während der Übermittlung ganz oder teilweise verändert oder gestört werden (z.B. durch Nebengeräusche; wenn Sie gelegentlich in eine Diskothek gehen, dann kennen Sie diese Art von Kommunikationsstörung!), die Aufnahme kann fehlerhaft sein (Hörfehler), und die anschließende Umsetzung (Interpretation) des Signals in der Dekodierung kann anderes erbringen als der Kommunikator beabsichtigte.

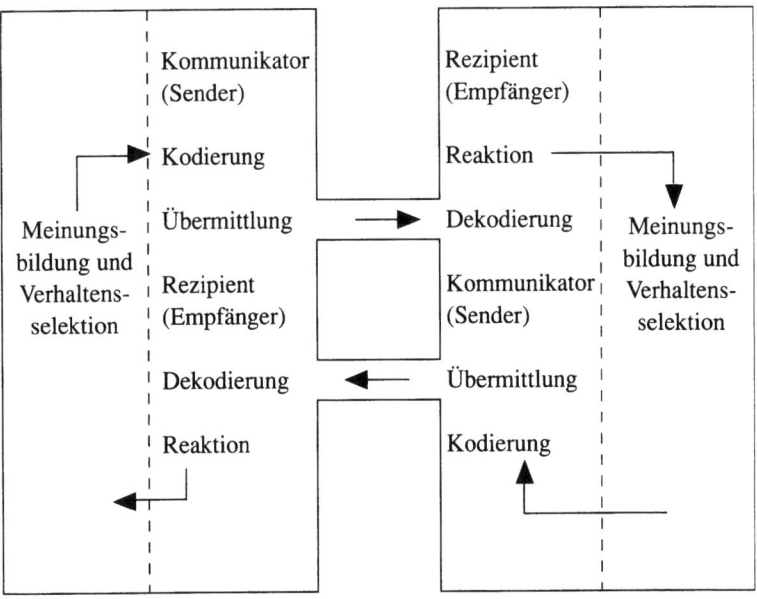

Abbildung 5.3: Kommunikationsmodell nach *McCroskey* (1968)

In Rede- und Gesprächssituationen sollten Sie sich also immer dessen bewußt sein, daß Kommunikation keineswegs nur die direkte und eindeutige Übertragung von Botschaften ist, sondern immer auch die Deutung (Interpretation) des Wahrgenommenen beinhaltet. Diese alltägliche Interpretationsaufgabe lösen wir in der Regel ohne großen Aufwand, ohne größere Probleme und meist, ohne daß es uns so recht bewußt wird. Sie werden aber ebenso wie ich auch die Erfahrung gemacht haben, daß solche Deutungen mit Unsicherheit verbunden sein und auch völlig mißlingen können. In den weiteren Überlegungen zum Kommunikationsprozeß und seinen Bestandteilen werden Sie weitere mögliche Fehlerquellen und Wege zur Vermeidung bzw. Beseitigung der daraus entstehenden Mißverständnisse kennenlernen.

5.3 Verbale/nonverbale, sprachliche/ nichtsprachliche Kommunikation

Es ist naheliegend, die Begriffspaare – verbal/nichtverbal und sprachlich/nichtsprachlich – gleichbedeutend zu verwenden, und im alltäglichen Sprachgebrauch wird dies häufig auch so gehandhabt. In der Kommunikationstheorie allerdings haben sie nicht die gleiche Bedeutung, obwohl sie sich teilweise überschneiden. Dies läßt sich am besten in Abbildung 5.4 (S. 142) verdeutlichen:

Verbale Kommunikation umfaßt – wie Sie sehen – solche Mitteilungen, die *sprachlichen Charakter* haben *und mit Hilfe der Stimme* übermittelt werden, während nonverbale Kommunikation sowohl *nichtsprachliche* als auch einen Teil der *sprachlichen* Mitteilungen umfaßt (vgl. auch *Graumann* 1972, S. 1195).

Möglicherweise halten Sie dies nun für ein besonders gut gelungenes Beispiel von Wortklauberei – und wenn man bedenkt, daß diese Unterscheidung selbst in der fachwissenschaftlichen Literatur nicht einheitlich und eindeutig gehandhabt wird (z.b. bei *Argyle* 1979, S. 17), dann haben Sie mit Ihrer Skepsis bis zu einem gewissen Grad sogar recht. Andererseits gibt es – wie wir noch sehen werden – einen guten Grund, der stimmlich vermittelten sprachlichen Kommunikation eine Sonderstellung einzuräumen und sie als verbale der nonverbalen Kommunikation gegenüberzustellen.

Verbale Kommunikation

Um uns anderen mitzuteilen, um sie an unseren Gedanken, Gefühlen, Vorstellungen und Phantasien teilhaben zu lassen, steht uns eine Vielzahl von Kommunikationsmethoden zur Verfügung, deren Benutzung eine soziale Gemeinschaft im typisch menschlichen Sinne erst ermöglichen. Unter diesen Verständigungsmöglichkeiten kommt der Sprache vielleicht nicht die wichtigste, aber doch eine besondere Bedeutung zu,

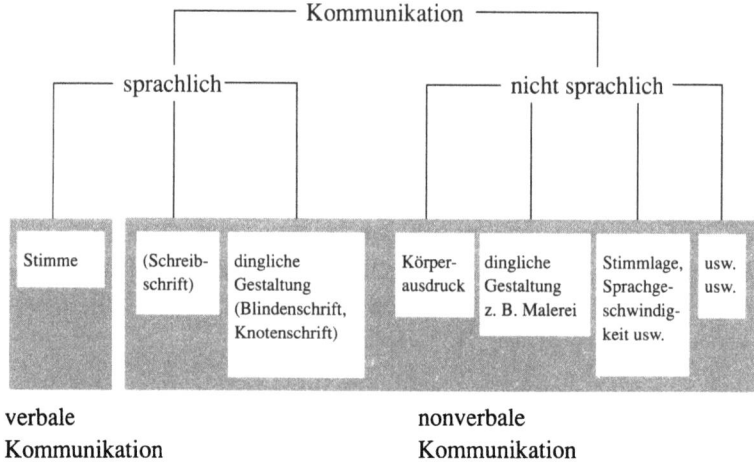

Abbildung 5.4: Modalitäten der Kommunikation (aus *Rechtien* 1988, S. 23)

denn sie ermöglicht eine Vielfalt und Differenziertheit der Kommunikation, die wir mit keinem anderen Lebewesen unseres Planeten teilen – zumindest nach dem gegenwärtigen Stand unseres Wissens. Überdies ermöglicht sie nicht nur den Ausdruck konkreter Sachverhalte, sondern ebenso den Austausch abstrakter Inhalte, die weit von sinnlicher Erfahrung entfernt sind.

Zwar ist auch unter Tieren durchaus auch eine Verständigung möglich, doch:
„Eine Henne kann durch Glucken ihre Küken herbeirufen ... *die menschliche Sprache aber ist sehr viel mehr als eine komplizierte Form des Gluckens.*" (Cherry 1967, S. 14)

So liegt denn die Besonderheit der sprachlichen Kommunikation nicht etwa darin, daß sie das wichtigste Verständigungsmittel wäre – das ist, wie wir noch sehen werden, unter manchen Aspekten durchaus nicht der Fall. Sie liegt vielmehr in den besonderen Möglichkeiten, die sie bietet.

Übrigens spricht vieles dafür, daß Sprache – wenngleich im Austausch zwischen Individuen entstanden – nicht nur interindividuellen Mitteilungscharakter besitzt. Nach *Mead* (1934) werden Menschen nämlich erst durch die vollständige Ausbildung des sprachlichen Symbolsystems in die Lage versetzt, Vergangenes und Zukünftiges unabhängig von äußeren Reizen zu einem in der Gegenwart des Denkens Identischen zusammenzufügen.

„Die Mittel des sprachlichen Ausdrucks sind demnach nicht nur Instrumente zur Kommunikation sprachfrei vorgefertigter Denkinhalte und Vorstellungen, sondern sie konstituieren vielmehr erst Denkprozesse, indem sie diffuse und ungegliederte psychische Prozesse ordnen und strukturieren. Sprachlich vermittelte Kategorisierungsprozesse wirken sich also nicht nur auf die kommunikativen Fähigkeiten aus, sondern auch auf die Entwicklung nichtverbaler Intelligenzleistungen." (*Rechtien* 1973, S. 94).

Doch kehren wir zu der für unsere Thematik zentralen Funktion der Sprache zurück, nämlich zur Kommunikation und zur Frage danach, was denn das Besondere an der sprachlichen (und damit auch verbalen) Kommunikationsmodalität ist, wodurch sie sich von den nichtsprachlichen Ausdrucksmöglichkeiten unterscheidet.

Wenn ich Sie bitte, diese Frage einmal versuchsweise, spontan und mit wenigen Worten zu beantworten, werden Sie höchstwahrscheinlich etwas ähnliches wie *„Na, es sind eben Worte und Begriffe ..."* sagen. Und genau dieser Gebrauch von Worten und Begriffen macht die Sprache zu einem so ungeheuer leistungsfähigen *Werkzeug zur Übermittlung von Information*. Grundsätzlich gibt es nämlich zwei verschiedene Möglichkeiten, wie Objekte oder Sachverhalte kommunikativ dargestellt werden können: entweder durch eine Analogie (wie z.B. eine Zeichnung) oder durch einen Namen, einen Begriff. Die Worte der Sprache sind solche Namen, die – anders als Analogien – ihre Bedeutung durch Konvention der Sprachbenutzer erhalten. Nur so ist es nämlich möglich, daß ein und derselbe Gegenstand im Englischen *mop*, im Spanischen *rodilla* und im Deutschen *Scheuerlappen* heißt!

Watzlawick/Beavin/Jackson (1969) bezeichnen die Informationsübertragung mit Hilfe vereinbarter Zeichen wie Worten und Buchstaben in Anlehnung an die elektronische Datenübertragung als *digitale Kommunikation*. Die Benutzung von frei vereinbarten Zeichen ermöglicht die Kommunikation auch über Sachverhalte, die abstrakt und unanschaulich sind und daher nicht oder nur sehr begrenzt durch Analogien darstellbar sind. Mit der digitalen Datenübermittlung teilt sie deren Eindeutigkeit und Komplexität, außerdem ermöglicht sie logische Strukturen wie *Wenn-dann-, Entweder-oder-Beziehungen*.

Wenn die Möglichkeit digitaler Kommunikation auf der Verwendung von Zeichen und Zeichenstrukturen mit für Kommunikator und Rezipient gemeinsamen Bedeutungen beruht, so beruht genau darauf auch die Möglichkeit von Kommunikationsfehlern. Einmal abgesehen davon, daß Menschen ohne eine gemeinsame Sprache sich allein mit Worten nicht verständigen können, kann auch zwischen den Angehörigen einer Sprachgemeinschaft der Fall eintreten, daß die mit Begriffen verbundenen Bedeutungen so unterschiedlich ist, daß die Dekodierung (Sie erinnern sich an das Kommunikationsmodell von *McCroskey* in der Abbildung 5.3) zu Ergebnissen führt, die vom Sprecher nicht intendiert sind.

Aus der digitalen Beschaffenheit der Sprache ergibt sich die spezifische Aufgabe, die ihr im Rahmen der zwischenmenschlichen Kommunikation zukommt und die sich von derjenigen der nichtsprachlichen Kommunikation unterscheidet. Diese *Funktionen* der Kommunikationsmodalitäten werden wir weiter unten noch ausführlich behandeln.

Für den Augenblick halten wir fest:

- Im verbalen Teil einer Rede benutzen wir Sprache, d.h. Zeichen, die ihre Bedeutung nicht an sich tragen, sondern durch Konvention der Kommunikationspartner erhalten haben. Wir nennen dies die *digitale Kommunikationsmodalität*.

Mißverständnisse durch Kodierungs- und Dekodierungsfehler können entstehen, wenn sich die mit den Begriffen, Redewendungen usw. verbundenen Bedeutungen bei Kommunikator und Rezipient nicht hinreichend decken.

Nichtsprachliche Kommunikation

Während die Besonderheit der sprachlichen Kommunikation also darin besteht, daß sie vereinbarte Zeichen zur Verständigung benutzt, beruht die nichtsprachliche Kommunikation auf einer anderen Modalität, nämlich auf dem Austausch von Analogien.

Das Wesen einer Analogie ist offensichtlich: sie hat eine grundsätzliche Ähnlichkeitsbeziehung zu dem Sachverhalt, den sie bezeichnet. Diese Ähnlichkeitsbeziehung muß nicht notwendigerweise in einer optischen Entsprechung wie etwa in einer Zeichnung bestehen – oder einer Lautmalerei im akkustischen Wahrnehmungskanal, sie kann z.b. auch in einer mimischen oder gestischen Aktion liegen, die universell als Ausdruck einer bestimmten Gemütsbewegung erkannt wird. Bloßes Hören einer fremden Sprache (= digitale Kommunikation) führt nicht zum Verstehen, während oft weitreichende Informationen aus Gesten und Gebärden (= analoge Kommunikation) abgeleitet werden können. Zeichensprachen und Ausdrucksgebärden sind oft auch dann verständlich, wenn der jeweilige Kommunikator einer fremden Kultur angehört.

„Analoge Kommunikation hat ihre Wurzeln offensichtlich in viel archaischeren Entwicklungsperioden und besitzt daher eine weitaus allgemeinere Gültigkeit als die viel jüngere und abstraktere digitale Kommunikationsweise." (*Watzlawick/Beavin/Jackson* 1969, S. 63)

Der Unterschied zwischen diesen Kommunikationsweisen wird an folgendem Beispiel deutlich:

digital: dos casas

analog:

Für die nonverbale, nichtsprachliche Kommunikation stehen uns eine ganze Reihe verschiedener Kommunikationskanäle[3] zur Verfügung. Einige davon sind in der Abbildung 5.4 erwähnt.

Ich halte den Bereich der nonverbalen und besonders der nichtsprachlichen (analogen) Kommunikation für ein interessantes und wichtiges Gebiet – auch und besonders, wenn es um Gesprächsführung und Rhetorik geht – und empfehle Ihnen das bereits erwähnte Buch von *Argyle* über Körpersprache und Kommunikation (1979).

Ebenso wie die digitale hat auch die analoge Kommunikation durch ihre besondere Qualität eine ganz spezifische Funktion. Wie im vorhergehenden Abschnitt bereits angekündigt, werden wir diese Funktionen der Kommunikationsmodalitäten noch ausführlich besprechen.

Schlußfolgerungen

An dieser Stelle möchte ich auf zwei Punkte zurückkommen, die ich an früheren Stellen dieses Kapitels besprochen habe, nämlich auf das Kommunikationsmodell von *McCroskey* und auf unsere Definition von Kommunikation.

Wenn alles Verhalten in unmittelbaren zwischenmenschlichen (,face-to-face-')Situationen als Kommunikation zu verstehen ist, dann folgt: *Alles,* was eine Person in einer solchen Situation tut, ist Kommunikation. Es gibt jedoch noch eine weitere Folgerung, deren Bedeutung für das Verständnis kommunikativer Prozesse kaum überschätzt werden kann. *Watzlawick/Beavin/Jackson* formulieren das folgendermaßen:

„Verhalten hat vor allem eine Eigenschaft, die so grundlegend ist, daß sie oft übersehen wird: Verhalten hat kein Gegenteil, oder um dieselbe Tatsache noch simpler auszudrücken: Man kann sich nicht

---

3 Kommunikationskanal: Übermittlungsweg für Botschaften, z.B. akustischer, optischer, taktiler Kanal auf der Seite des Empfängers, Gestik, Stimme usw. auf Seiten des Senders.

nicht verhalten. Wenn man also akzeptiert, daß alles Verhalten in einer zwischenmenschlichen Situation Mitteilungscharakter hat, d.h. Kommunikation ist, so folgt daraus, daß man, wie immer man es auch versuchen mag, nicht *nicht* kommunizieren kann. Handeln oder Nichthandeln, Worte oder Schweigen haben alle Mitteilungscharakter ... Es muß betont werden, daß Nichtbeachtung oder Schweigen des anderen dem eben Gesagten nicht widerspricht. Der Mann im überfüllten Wartesaal, der vor sich auf den Boden starrt oder mit geschlossenen Augen dasitzt, teilt den anderen mit, daß er weder sprechen noch angesprochen werden will ..." (1969, S. 51)

Daraus, daß jedes Verhalten in unmittelbaren zwischenmenschlichen Situationen Mitteilungscharakter hat, also zumindest analoge Kommunikation ist, ergibt sich zwingend:

● Man kann nicht *nicht* kommunizieren.

Obgleich die pragmatische Kommunikationstheorie von *Watzlawick* u.a. vor allem im Hinblick auf gestörte Kommunikationsabläufe entwickelt wurde, sind ihre Erkenntnisse auch für alltägliche, „normale" Kommunikation von Bedeutung. Wir sollten uns also darüber im klaren sein, daß wir uns in Gesprächssituationen der Kommunikation nicht etwa dadurch entziehen können, daß wir nichts sagen[4]. Unser

---

4 Auch das folgende Beispiel von *Watzlawick* u.a. entstammt der klinischen Betrachtungsweise, macht jedoch die Bedeutung dieser Schlußfolgerungen deutlich und soll deswegen hier wiedergegeben werden:
„Die Unmöglichkeit, nicht zu kommunizieren, ist eine Tatsache von mehr als nur theoretischem Interesse. Sie ist z.B. ein wesentlicher Teil des schizophrenen Dilemmas. Wenn schizophrenes Verhalten unabhängig von ätiologischen Überlegungen beobachtet wird, so hat es den Anschein, als versuche der Patient, *nicht zu kommunizieren*. Da aber selbst Unsinn, Schweigen, Absonderung, Regungslosigkeit (Haltungsschweigen) oder irgendeine andere Form der Verneinung oder Vermeidung von Kommunikation selbst eine Kommunikation ist, steht der Schizophrene vor der fast unmöglichen Aufgabe, jede Mitteilung zu vermeiden und gleichzeitig zu verneinen, daß sein Verneinen selbst eine Mitteilung ist." (S. 52)
Die einzige Möglichkeit für eine zwischenmenschliche Situation *ohne Kommunikation* scheint darin zu bestehen, daß die Anwesenden taub, blind und aller weiteren Sinne, die ihnen irgendeinen Hinweis auf die anderen geben könnten, beraubt sind. Ob diese Situation dann allerdings noch als zwischenmenschliche Situation bezeichnet werden kann, kann jedoch bezweifelt werden.

Gegenüber nimmt auch dieses wahr – ebenso wie unseren Gesichtsausdruck, unsere Körperhaltung, die Richtung unseres Blickes usw. – und interpretiert dies, ob ihm dieses bewußt ist oder nicht und ob er es will oder nicht. Gleiches gilt für das Publikum bei öffentlichen Reden, dessen analoge Mitteilungen der Redner als Interesse, Widerspruch usw. decodiert. Und auch, wenn ein Teil der Zuhörer friedlich eingeschlafen ist, ist das ein kommunikativer Akt!

Mit den vorher eingeführten Begriffen ausgedrückt, sind wir zugleich Kommunikator und Rezipient: Auch wenn wir selbst sprechen, nehmen wir unser Gegenüber wahr und interpretieren sein Verhalten – wenn wir zuhören, verhalten wir uns doch zugleich und kommunizieren durch unsere Körperhaltung, Mimik, Gestik usw. Diese Gleichzeitigkeit kann leicht auf das Kommunikationsmodell von *McCroskey* übertragen werden: Kodierung und Dekodierung sowie die Übertragungsprozesse zwischen den Kommunikationspartnern laufen nicht nacheinander, sondern ständig gleichzeitig ab.

An dieser Gleichzeitigkeit sind die Kommunikationsmodalitäten in unterschiedlicher Weise beteiligt. Während wie gesagt analoge Kommunikation in Face-to-face-Situationen immer vorhanden ist, kann digitale Kommunikation, also gesprochene Sprache, durchaus auch fehlen. Anders ausgedrückt: analoge Kommunikation geht nicht unbedingt mit digitaler Kommunikation einher, aber:

- Digitale Kommunikation (in Face-to-face-Situationen) ist *immer* von analoger Kommunikation begleitet.

Das heißt:

- Das Zusammenwirken der Kommunikationsmodalitäten macht auch den Monolog einer Rede zu einem Dialog zwischen Sprecher und Zuhörer!

An früherer Stelle dieses Abschnitts habe ich die Begriffspaare *verbal/nichtverbal* und *sprachlich/nichtsprachlich* unterschieden und dabei in Aussicht gestellt, den Sinn dieser Unterscheidung noch deutlicher werden zu lassen. Diese Verdeutlichung ist jetzt – nach der Diskussion der Kommunikationsmodalitäten – möglich. Bitte schauen Sie sich dazu noch einmal die Abbildung 5.4 an. Die *sprachlich-stimmliche,* verbale Kommunikation – und nicht etwa die gesamte *sprachliche Kommunikation* – hat nämlich einen Aspekt, den man gar nicht hoch genug einschätzen kann: sie ist durch Stimmlage, Sprechgeschwindigkeit, Betonung, aber auch Mimik usw. *immer* von *nichtsprachlicher* Kommunikation (als einem Teil der nichtverbalen Kommunikationsweise) begleitet. Es ist diese Eigenart, die es sinnvoll macht, die verbale von der sprachlichen Kommunikation zu unterscheiden und ihr eine Sonderstellung einzuräumen.

Diese Gleichzeitigkeit von verbaler und nichtsprachlicher Kommunikation gewinnt eine zusätzliche Bedeutung dadurch, daß beide unterschiedliche Aufgaben und Funktionen besitzen und daß diese Funktionen nicht unabhängig voneinander sind, sondern sich gegenseitig beeinflussen. Diese Funktionen und ihre Abhängigkeit voneinander werden wir im folgenden Abschnitt behandeln.

5.4 Beziehung zwischen Sender und Empfänger

Von all den weiteren Aspekten, die die pragmatische Kommunikationstheorie zu den zwischenmenschlichen Austauschprozessen beitragen kann, möchte ich an dieser Stelle noch einen herausgreifen, und das ist die Unterscheidung verschiedener *Ebenen* der Kommunikation. Diese Ebenen betreffen den funktionalen Aspekt des Kommunikationsprozesses. Wenn man nämlich einmal eine Mitteilung darauf hin betrachtet, was sie eigentlich enthält, so stellt sich ihr Inhalt zunächst einmal als *Information* dar. Gleichzeitig enthält sie nämlich auch einen weiteren Aspekt, der sehr viel weniger augenfällig, aber ebenso wichtig ist – *nämlich einen Hinweis darauf, wie der Kommunikator sie vom Rezipienten verstanden haben möchte.* Der Inhalt dieser Kommunikationsebene definiert in gewisser Weise die Beziehung zwischen Sender und Empfänger.

Wie *Watzlawick/Beavin/Jackson* (1969) zeigen, dient die sprachliche (digitale) Kommunikation zwar nicht ausschließlich, aber doch in erster Linie der Übermittlung von sachlichen Inhalten. Die nichtsprachliche (analoge) Kommunikation ist dagegen zur Übermittlung von Sachinformation nur sehr begrenzt geeignet: versuchen Sie einmal, die Botschaft „Ich bearbeite gerade ein Kapitel aus dem Rhetorik-Buch des Gabler-Verlages" nichtsprachlich auszudrücken. In der Tat dient sie auch anderen Zwecken: Sie bestimmt die Art der Beziehung zwischen den Kommunikationspartnern. Wie das gemeint ist, macht das folgende Beispiel deutlich:

> „Wenn Frau *A* auf Frau *B*s Halskette deutet und fragt: ‚Sind das echte Perlen?', so ist der Inhalt ihrer Frage ein Ersuchen um Information über ein Objekt. Gleichzeitig definiert sie aber auch ... ihre Beziehung zu Frau *B*. Die Art, wie sie fragt (der Ton ihrer Stimme, ihr Gesichtsausdruck, der Kontext usw.), wird entweder wohlwollende Freundlichkeit, Neid, Bewunderung oder irgendeine andere Einstellung zu Frau *B* ausdrücken. *B* kann ihrerseits nun diese Beziehungsdefinition akzeptieren, ablehnen oder eine andere Definition geben, sie kann aber unter keinen Umständen – nicht einmal durch Schweigen – nicht auf *A*s Kommunikation antworten. Für unsere Überlegungen wichtig ist die Tatsache, daß dieser Aspekt der Interaktion zwischen den beiden nichts mit der Echtheit von Perlen zu tun hat (oder überhaupt mit Perlen), sondern mit den gegenseitigen Definitionen ihrer Beziehung, mögen sie sich auch weiter über Perlen unterhalten." (*Watzlawick/Beavin/Jackson* 1969, S. 54)

Sie alle kennen diesen Aspekt der Kommunikation: es gibt eine Reihe verschiedener Möglichkeiten, auf die Frage, ob Sie den Müll runterbringen wollen, mit „Ja" zu antworten, und manche davon können eine ganze Abhandlung darüber ersetzen, wie Sie das finden, daß Sie gerade jetzt darum gefragt werden.

> „Die nichtsprachliche Kommunikation dient in erster Linie dem Ausdruck von Gefühlen: Zuneigung, Ärger, Langeweile ... Sind diese Gefühle auf den Kommunikationspartner gerichtet – oder

werden sie von ihm als auf ihn gerichtet erlebt, dann definieren sie die Beziehung des Kommunikators zum Rezipienten: Ich mag dich, ich bin wütend auf dich, du langweilst mich ..." (*Rechtien* 1988, S. 25)

Wie das Beispiel zeigt, hängt die Dekodierung und Interpretation der sprachlichen Kommunikationsinhalte mit dieser Beziehungsdefinition zusammen. Für das Verhältnis der Kommunikationsebenen heißt das:

- Verbale Kommunikation findet stets gleichzeitig mit nichtsprachlicher Kommunikation statt. Die nichtsprachliche Kommunikation bestimmt mit darüber, wie ein sprachlich vermittelter Kommunikationsinhalt verstanden wird. Sie kann gleichen Aussagen unterschiedliche Bedeutung verleihen.

Diese Funktion der Kommunikation hängt natürlich mit den besonderen Eigenschaften der Kommunikationsmodalitäten zusamen, die auf jeweiligen Ebenen überwiegend benutzt werden. Die digitale Kommunikation dient in erster Linie der Vermittlung von Informationen. Sie hat eine komplexe und vielseitige logische Syntax[5], aber eine auf dem Gebiet der Beziehungen eingeschränkte Semantik[6]. Demgegenüber ist das eigentliche Feld der analogen Kommunikation das der Beziehungen. Sie besitzt hier das nötige semantische Potential, dafür mangelt es jedoch an der syntaktischen Eindeutigkeit (vgl. *Watzlawick/Beavin/Jackson* 1969, S. 68).

---

5 Die Syntax beschreibt die Beziehung der Zeichen, etwa der Worte, zueinander, wie sie im Falle der Sprache durch die Grammatik bestimmt wird. Gegenstand der Syntax ist also die formale Struktur der Kommunikation.
6 In der Semantik geht es um die Beziehung zwischen dem Zeichen (Begriff, Wort usw.) und dem Bezeichneten (Gegenstand, Sachverhalt). Es handelt sich hier also um die inhaltliche Bedeutung der Kommunikation.

5.5 Kommunikationsprozesse optimieren

Ungeachtet der Komplexität von Kommunikationsprozessen bewältigen wir diese – wie der Alltag zeigt – im großen und ganzen erfolgreich. Jedenfalls gelingt es uns in der Regel, uns irgendwie mit unserem Gegenüber zu verständigen. Unser Alltag zeigt uns aber auch das Gegenteil, daß nämlich Kommunikationsvorgänge häufig nicht ganz so verlaufen, wie wir es eigentlich wollten. Viele der uns begegnenden Konflikte, Mißverständnisse und unangemessenen Reaktionen sind nämlich nicht auf aggressive Einstellungen oder entgegengesetzte Interessenlagen der Kommunikationspartner zurückzuführen, sondern auf *Störungen der Kommunikation*. Die für unseren Zusammenhang bedeutsamsten Störungsquellen sind bereits angeklungen, ich möchte noch einmal auf sie eingehen. In den nächsten Abschnitten werde ich dann einige Methoden behandeln, die zur Vermeidung oder, wenn es dafür bereits zu spät ist, zur Behebung von Kommunikationsproblemen hilfreich sein können. Sie können darüber hinaus aber auch dazu dienen, ungestört ablaufende Kommunikation noch effektiver und befriedigender zu gestalten.

Von der Vielzahl der möglichen und kommunikationstheoretisch zu erhellenden Störungsquellen in unmittelbar zwischenmenschlichen Situationen wie der einer Rede oder eines Gesprächs halte ich die folgenden für besonders relevant:

Störungen durch

- fehlerhafte Enkodierung: die semantischen Bedeutungen der gewählten Worte entsprechen nicht dem, was der Sprecher mitteilen wollte; dazu gehören auch Fehler in der Syntax, die zu Un- oder Mißverständnissen führen können. Ebenfalls hierhin gehören Fehler, die dadurch entstehen, daß ein Sprecher die Stimmung oder Einstellung seiner Zuhörer falsch einschätzt und zu Ausdrucksweisen greift, die zu unerwünschten Reaktionen führen;
- Fehler in der Signalemission: z.B. Versprecher, zu leise, falsche oder undeutliche Aussprache, aber auch mißverständliche Betonun-

gen von Worten, Sätzen oder Satzteilen, die Gewichtungen oder Bedeutungen verändern;
- Signalveränderungen während der Übermittlung: in Rede- oder Gesprächssituationen werden solche wohl nur durch Nebengeräusche oder Durcheinanderreden hervorgerufen;
- fehlerhafte Signalaufnahme: Hörfehler;
- fehlerhafte Dekodierung: die Entschlüsselung (Interpretation) durch den Rezipienten erbringt etwas anderes, als der Kommunikator ausdrücken wollte. Hierhin gehört auch der Fall, daß ein Rezipient ein unzutreffendes Bild des Gegenübers hat, z.B. von dessen Einstellung oder Absicht, und dadurch in seiner Interpretation beeinflußt wird;
- uneindeutige oder widersprüchliche Botschaften auf verschiedenen Kommunikationskanälen: z.b. im verbalen und nichtsprachlichen Teil einer Kommunikation.

Während sich die ersten fünf Fehlerquellen unmittelbar aus dem *McCroskeyschen* Kommunikationsmodell ableiten lassen, läßt sich die letzte mit Hilfe der Ausführungen zu den Modalitäten und den Funktionen der Kommunikation aufdecken und erläutern. Mißverständnisse und Konflikte aufgrund uneindeutiger und widersprüchlicher Botschaften gehören meines Erachtens zu den häufigsten, schwerwiegendsten, am schwersten zu erkennenden und aufzulösenden Ursachen für Störungen zwischenmenschlicher Kommunikation. Ich möchte daher hierzu noch einige Erläuterungen geben.

Wie wir gesehen haben, bestimmt der analoge Anteil zwischenmenschlicher Kommunikation mit darüber, wie eine Botschaft verstanden wird, d.h. er beeinflußt die Dekodierung dadurch, daß er die Definition der Beziehung zum anderen vornimmt: als übereinstimmend, freundlich, divergierend, interessiert, aggressiv, neidisch, überlegen ... Diese Definition, die etwa Ihr Gegenüber in einem Gespräch vornimmt, ist ein *Beziehungsvorschlag,* den Sie akzeptieren oder verwerfen können: auf freundliches Entgegenkommen können Sie ebenfalls freundlich, aber auch zurückhaltend, kühl oder gar unfreundlich reagieren – was wiederum den Charakter einer Beziehungsdefinition hat, den Ihr Gegenüber annehmen oder verwerfen kann, indem er weiterhin freundlich ist, ebenfalls zurückhaltend wird usw. Wichtig dabei ist, daß dieser Austausch von Beziehungsdefinitionen jede zwischenmenschliche Situation ständig begleitet – ob uns das bewußt ist oder nicht, und daß wir dies *nicht vermeiden können*. Zur Erinnerung: Man kann nicht *nicht* kommunizieren, und: Jede Kommunikation hat einen Beziehungsaspekt.

Rein schematisch lassen sich vier Varianten des Verhältnisses von Inhalts- und Beziehungsaspekt in einer Kommunikation ableiten:

1. Die Verständigung gelingt sowohl auf der Inhalts- als auch auf der Beziehungsebene: der Idealfall störungsfreier Kommunikation.

2. Auf der Inhaltsebene besteht Uneinigkeit oder Mißverstehen, auf der Beziehungsebene jedoch Übereinstimmung. Was weiter geschieht, hängt wesentlich von der gemeinsamen Beziehungsdefinition ab. Ist diese positiv, besteht eine gute Basis, auch auf der Ebene der Inhalte Klärung zu schaffen: ‚Unabhängig davon, wer von uns recht hat oder die besseren Argumente, das wird unsere gegenseitige Wertschätzung nicht mindern.'

3. Während auf der Ebene der Inhalte Verständigung erzielt wurde, besteht Uneinigkeit auf der Beziehungsebene. Das bedeutet vor allem, daß dann, wenn das vorhandene inhaltliche Einverständnis wegfällt, die Beziehung gefährdet ist. Viele Koalitionen zerbrechen genau dann, wenn das gemeinsame Problem gelöst ist – übrigens auch viele Ehen!

Ein treffendes Beispiel, in welchem die Übereinstimmung in Inhalten geradezu dazu benutzt wird, eine Auseinandersetzung auf der Beziehungsebene zu beginnen, stammt wiederum von *Watzlawick* et al. (S. 83): Wenn ein Physiker einem anderen gegenüber die Aussage macht: „Uran hat 92 Elektronen!", dann liegt auf der Inhaltsebene keine Unstimmigkeit vor, denn die Richtigkeit des Sachverhaltes ist beiden bekannt und unbestritten. Gerade wegen dieser

Unstrittigkeit wird der Empfänger die Mitteilung aber als Affront im Bereich der Beziehung erleben, denn sie übermittelt ja keine Information, sondern impliziert, der andere traue ihm nicht einmal die grundlegendsten beruflichen Kenntnisse zu.

4. Der ungünstigste Fall ist wohl derjenige, wenn sich die Beteiligten sowohl auf der Inhalts- als auch auf der Beziehungsebene uneins sind oder mißverstehen. Wenn sich z.b. zwei Diskussionspartner in einer Sache uneins sind und sich jeder darüber hinaus als denjenigen definiert, der dem anderen an Sachkenntnis überlegen ist, dann ist eine schlechte Ausgangslage für Verständigung gegeben.

Von besonderem Interesse sind solche Fälle, in denen digitaler Teil (der Inhaltsaspekt) und analoger Teil (der Beziehungsaspekt) das gleiche Thema betreffen. Nehmen wir das Beispiel einer Sitzung, in welcher ein Vorgesetzter äußert, daß er für kritische Stellungnahmen zu seinem Vorschlag offen und dankbar wäre.

Auf der Inhaltsebene ist die Botschaft klar und könnte zu einer lebhaften Diskussion mit Argumenten zum Für und Wider des Vorgeschlagenen führen – wenn es nur diesen Inhaltsaspekt gäbe. In der Praxis – vermutlich kennen Sie das in der einen oder anderen Form – sieht es oft ziemlich anders aus, und in vielen Fällen wohl deshalb, weil auf der Beziehungsebene etwas anderes übermittelt wird.

So impliziert der digitale Inhalt etwa folgende Beziehungsdefinition: ‚Ich bin zwar der Chef, aber ich halte Euch, meine Mitarbeiter, für kompetent und werde Eure Argumente schätzen, ohne daß dies zu Verstimmungen führt'. Wenn nun zugleich durch Mimik oder Stimme die analoge Botschaft ankommt: ‚Eigentlich habe ich etwas Besseres zu tun, als mir das anzuhören. Was Ihr sagt, ist doch nur Wichtigtuerei, und meine Entscheidung steht sowieso schon fest', dürfte in den meisten Fällen der Austausch bald beendet sein.

Dabei müssen wir bedenken, daß es nur darauf ankommt, was die Dekodierung erbringt. Es kann durchaus sein, daß der Chef meint, was er sagt, und seine augenscheinliche Ungeduld nichts ist als ein Zeichen drückender Schuhe. Diese Art von Uneindeutigkeit liegt in der Struktur der analogen Kommunikationsmodalität[7].

Nun ergeben sich aus der Analyse möglicher Ursachen von Mißverständnissen und Kommunikationsstörungen auch Hinweise auf Wege, solchen Schwierigkeiten vorzubeugen oder sie zu beseitigen.

Rückmeldung in der Kommunikation: Feedback

- „Erst wenn ich die Antwort höre, weiß ich, was ich wirklich gesagt habe."

Diese Äußerung wird dem im folgenden erwähnten *N. Wiener* zugeschrieben. Selbst wenn er sie nicht getan haben sollte, ist sie doch wenigstens gut erfunden.

Der Begriff *Feedback* oder Rückkoppelung entstammt der Kybernetik[8] und bedeutet im allgemeinsten Sinne, daß das, was von einem System an Wirkungen auf seine Umwelt ausgeübt wird, auch Rückwirkungen auf das System selbst hat. Im zwischenmenschlichen Kontext besteht Feedback in der Rückmeldung darüber, wie das Verhalten, d.h. in unserer Terminologie die Kommunikation, vom Rezipienten wahrgenommen und interpretiert wurde und welche Wirkungen es bei diesem hat.

---

7 „Was bedeutet es, wenn jemand während eines Verhörs erbleicht und zu zittern, schwitzen und stottern beginnt? Es kann sowohl der endgültige Beweis seiner Schuld sein als auch die durchaus begreifliche Reaktion eines Unschuldigen, der sich plötzlich eines Verbrechens verdächtigt sieht und ahnt, daß seine Angst als Schuldbeweis ausgelegt werden könnte." (*Watzlawick/Beavin/Jackson* 1969, S. 97)
8 Theorie der Steuerungs- und Regelungsprozesse in informationsverarbeitenden (belebten oder unbelebten) Systemen, wobei von deren physikalischen, physiologischen, soziologischen oder psychologischen Besonderheiten abstrahiert wird. Der Begriff *Kybernetik* in seiner heutigen Bedeutung wurde in den vierziger Jahren von dem amerikanischen Mathematiker Norbert *Wiener* (vgl. *Wiener* 1968) geprägt; er geht zurück auf das griechische *kybernetike – techne = Steuermannskunst*.

Als sozialpsychologisches Konzept steht Feedback in engem Zusammenhang mit der Entwicklung des gruppendynamischen Laboratoriums, wo frühzeitig die kommunikationsregulierende Funktion von Rückmeldungen erkannt wurde (vgl. *Rechtien* 1989). Dabei wurde auch deutlich, daß in der Wirkung von explizit gegebenem Feedback und den impliziten Rückmeldungen, die durch Analogiekommunikationen nichtintentional zustande kommen, wichtige Unterschiede bestehen. Besonders wichtig ist dabei die Eindeutigkeit ausdrücklich gegebenen, sprachlich vermittelten Feedbacks.

- Unter Feedback verstehen wir also eine explizite Rückmeldung vom Rezipienten an den Kommunikator, die diesem Aufschluß über die Aufnahme und Interpretation sowie die Wirkung von Kommunikationsvorgängen gibt.

Es ist offensichtlich, daß gelungenes Feedback eine gute Methode zur Überprüfung von Kodierungs-, Übermittlungs- und Dekodierungsvorgängen und somit zur Aufdeckung etwaiger Kommunikationsstörungen sein kann. Mit seiner Hilfe können wir überprüfen, ob das Ergebnis einer Mitteilung dem entspricht, was wir beabsichtigten, bzw. wenn nicht, woran dies liegen kann.

Angenommen, jemand erlebt häufiger die Situation, daß andere Menschen desinteressiert und gelangweilt erscheinen, wenn er (oder sie) anfängt zu reden. Diese analoge Mitteilung ‚Du langweilst mich' kann sehr verschieden interpretiert werden: sie kann auf das Aussehen bezogen werden, sie kann bedeuten, daß die anderen von den Kenntnissen des Sprechers nichts halten, man könnte auch daraus schließen, ‚die anderen mögen mich einfach nicht'. Daß es tatsächlich daran liegt, daß sich der Betroffene einfach ständig wiederholt, wird er vielleicht nie erfahren, wenn ihm nicht ein ausdrückliches und eindeutiges Feedback gegeben wird.

Rückmeldungen über Kommunikationsvorgänge erhalten wir in unserem Alltag in der Regel nicht direkt und ausdrücklich, sondern wir entnehmen sie den Analogiekommunikationen. Solches Feedback ist oft durchaus hinreichend zur Regulation der Kommunikationsprozesse, kann in schwierigen Situationen aber auch zu Mißverständnissen führen. Reaktionen werden falsch interpretiert: der andere ist nicht ärgerlich, sondern engagiert; wir beziehen sie auf uns, obwohl sie durch andere Ereignisse hervorgerufen werden, oder wir erkennen nicht, auf welche unserer Verhaltensweisen eine ablehnende Reaktion zurückgeht.

In erfolgreich arbeitenden Teams findet man daher eine relativ hohe Rate an expliziten Rückmeldungen – entweder durch eindeutige Analogiekommunikation wie zustimmendes Nicken oder auch durch ausdrücklich digitales Feedback.

Nun ist – wie Sie sich sicher denken können – Feedback nicht immer und nicht in jeder Form angebracht. Die Erfahrung mit Kommunikationstrainings hat eine ganze Reihe von Regeln erbracht, die konstruktive Rückmeldungen ermöglichen. Die wichtigsten davon finden Sie im folgenden erläutert[9].

1. *Feedback soll möglichst erbeten sein.* Aufgezwungene, unerwünschte Rückmeldungen erzeugen oft neue Probleme auf der Beziehungsebene. Bitten Sie selbst hin und wieder um Feedback, z.B. „Ich würde gern wissen, wie das, was ich gesagt habe, bei Ihnen angekommen ist." Wenn Sie selbst ein Feedback geben möchten – stellen Sie möglichst sicher, daß es willkommen ist. Allerdings kann auch ein unerbetenes Feddback klärend wirken: „Ich muß sagen, daß mich die häufigen Unterbrechungen ziemlich stören."

2. *Feedback soll etwas beschreiben, nicht den anderen bewerten oder interpretieren.* Statt „Es interessiert dich doch gar nicht, was wir anderen dazu denken" vielleicht „Du sprichst sehr viel über das, was du denkst, und ich komme gar nicht so recht dazu, meine Meinung zu erläutern."

---

9 Eine umfangreiche Aufstellung von Regeln für den Umgang mit Feedback finden Sie z.B. bei *Schrader/Gottschall/Runge* 1984, S. 145–151.

3. *Feedback soll konkret sein und nicht verallgemeinern.* Nicht „Du bist ein ziemlich dominanter Typ.", sondern „Du hast mich jetzt zum dritten Mal unterbrochen."

4. *Feedback soll sich auf etwas beziehen, was veränderbar ist.* Es ist z.b. sinnvoll, einen Redner zu bitten, lauter zu sprechen, nicht aber, sein Lispeln zu unterlassen.

5. *Feedback soll gegenseitiges Verstehen sicherstellen.* „Ich habe das so und so verstanden. Meinten Sie das?"

6. *Feedback soll auch positiv verlaufende Kommunikation hervorheben.* „Ich finde, das ist eine klare und hilfreiche Analyse der Sachlage."

7. *Feedback soll dazu dienen, die Kommunikation zu verbessern. Wer es benutzt, um sich selbst in ein gutes Licht zu rücken oder andere zu verletzen, betreibt Mißbrauch und diskreditiert das Instrument der Rückmeldung.*

Der angemessene Einsatz von Feedback erfordert vor allen Dingen in kritischen Kommunikationssituationen viel Gefühl für die Gesamtsituation und viel Rücksichtnahme auf die Situation der Beteiligten. Es stellt insofern hohe Anforderungen an die Kommunikationspartner und braucht daher Übung und Erfahrung und sollte, wenn beides noch nicht vorhanden ist, zunächst nur in recht unkomplizierten Situationen benutzt werden.

Kommunikation über Kommunikation: Metakommunikation

Für eine effektive Gesprächsführung und das produktive Arbeiten in Teams ist die Fähigkeit zur Metakommunikation eine wichtige Hilfe. Wie die Überschrift zu diesem Abschnitt bereits zum Ausdruck bringt, betreibt man in dem Augenblick Metakommunikation, in dem man über die gegenwärtige Kommunikation spricht. Das kann das augenblickliche Gespräch, ein Diskussionsverlauf, aber auch das Zusammenspiel zwischen Redner und Zuhörer sein.

Im weitesten Sinne ist Metakommunikation unvermeidbarer Bestandteil jeder verbalen Kommunikation, da sie stets von nichtsprachlichen Mitteilungen begleitet ist – Sie wissen dies aus dem Abschnitt über die Funktionen der Kommunikation. Im engeren Sinne läßt sich feststellen – und so möchte ich den Begriff im weiteren verwenden:

- Metakommunikation besteht in expliziten und intentionalen Äußerungen über bestimmte Aspekte eines abgelaufenen Kommunikationsprozesses oder über situationsübergreifende Kommunikationsstile.

Wie diese Thematisierung des Kommunikationsgeschehens aussehen kann, zeigt folgendes Beispiel:

> In einer Besprechung hat sich zwischen A und B eine Auseinandersetzung über einen Teilaspekt des Sitzungsthemas entwickelt, die schon über einige Zeit andauert. Die übrigen Sitzungsteilnehmer beteiligen sich gar nicht oder nur sehr einsilbig. A bemerkt dies nach einer Weile und leitet eine Metakommunikation ein:
> A: „Die Diskussion ist ziemlich einseitig geworden. Ich sehe, daß nur wir beide uns hierzu äußern. Die anderen schweigen, und mir ist nicht ganz klar, was das bedeutet. Hören Sie interessiert zu oder langweilen Sie sich?"
> Ein(e) weitere(r) Teilnehmer(in):
> „Ich finde das Gespräch im Moment nicht besonders fruchtbar. Für mich ist diese Frage wenig interessant, und ich finde, wir sollten sie hier nicht weiter ausbreiten."

Metakommunikation über Kommunikationsstile könnte beispielsweise folgendermaßen beginnen:

> „Mir ist aufgefallen, daß unsere Besprechungen oft ziemlich gereizt ablaufen. Ich möchte gern wissen, ob die anderen das auch so sehen, und wenn ja, dann versuchen, herauszufinden, woran das liegen kann und was wir daran ändern können."

Möglicherweise führt eine solche Kommunikation über Kommunikation dann zu der Erkenntnis, daß Besprechungen häufig unter Zeitdruck stattfinden, den man durch veränderte Terminwahl vermindern kann (natürlich gibt es eine Vielzahl anderer möglicher Ursachen für die Gereiztheit).

Bis zu einem gewissen Grad gehen Feedback und Metakommunikation ineinander über, dann nämlich, wenn über Dekodierungs- bzw. Enkodierungsprobleme gesprochen wird.

Die wichtigsten Funktionen von Metakommunikation sind im Vermeiden, Entdecken und Beheben von Störungen in aktuellen Kommunikationsabläufen oder überdauernden zwischenmenschlichen Beziehungen – dazu gehören auch Arbeitsbeziehungen! – sowie im Bewußtmachen und Verstärken positiver Kommunikationsweisen zu sehen.

Fehlende oder zu seltene Metakommunikation kann die Ursache dafür sein, daß

- Sackgassen im Gespräch lange Zeit unentdeckt bleiben;
- bestimmte Interessen nur deswegen durchgesetzt werden, weil andere Gesprächsteilnehmer durch den Gesprächsverlauf dazu gebracht wurden, ihre abweichenden Interessen nicht zu artikulieren;
- durch Beziehungsdifferenzen Schwierigkeiten auf der Inhaltsebene entstehen – und umgekehrt Differenzen inhaltlicher Art zu Beziehungsproblemen führen;
- sich ungünstige, dysfunktionale Kommunikationsweisen weiter verfestigen.

In der Folge kann sich die Kommunikation dann noch weiter verschlechtern, weil sie von vornherein auf Mißverständnissen und falschen Einschätzungen beruht (vgl. *Mandel* u.a. 1971).

Ebenso wie Feedback setzt ein erfolgversprechender Einsatz von Metakommunikation voraus, daß bestimmte Regeln eingehalten werden. Insbesondere ist wichtig, daß

- eine *Zeitbegrenzung* für die Metakommunikation vereinbart und eingehalten wird, etwa 10 Minuten;

- vereinbart und unbedingt auch eingehalten wird, daß nicht mehr über die Inhalte, sondern nur *über den Ablauf* der Kommunikation gesprochen wird;
- vereinbart wird, daß *keine Schuldzuweisungen* vorgenommen werden;
- diese Regeln eingehalten werden, eventuell durch die Bestellung eines Gesprächsleiters für die Zeit der Metakommunikation.

Die Metakommunikation selbst besteht aus zwei Phasen:

1. Einer *Verlaufsanalyse,* in welcher es ausschließlich darum geht, wie die Kommunikation vonstatten ging und welche Art von positiven und störenden Elementen vorhanden waren. In ihr sollte *jeder* Teilnehmer die Fragen beantworten:
   - Womit war ich zufrieden?
   - Womit war ich unzufrieden?
   - Welche äußeren Bedingungen störten mich?

2. Einer Phase, in welcher *Vereinbarungen* für die Zukunft getroffen werden:
   - Was möchten wir beim nächsten Mal wieder tun?
   - Was möchten wir beim nächsten Mal als Kommunikatoren anders machen?
   - Was möchten wir beim nächsten Mal als Zuhörer machen?
   - Gegebenenfalls: worauf soll ein Diskussions- oder Gesprächsleiter in Zukunft besonders achten?

Unterstützung in der Kommunikation: Die partnerzentrierte Haltung

Es gibt Menschen, die in fast allen Arten von Kommunikationssituationen das zu haben scheinen, was man ‚eine glückliche Hand' nennt. Fragt man Freunde, Kollegen oder Mitarbeiter solch erfolgreicher

Kommunikatoren, worauf dieser Erfolg wohl zurückgehe, bekommt man regelmäßig zu hören, daß es auch an der Fähigkeit liege, gut zuzuhören. Das ist nach dem, was wir inzwischen an Erkenntnissen über Kommunikationsprozesse, ihre Funktion und ihre Bedingungen zusammengetragen haben, nicht überrraschend. Kommunikation ist nur dann erfolgreich, wenn die Botschaft auch so, wie es beabsichtigt war, angekommen ist, und daran ist nicht nur die Fähigkeit zur guten Übermittlung, sondern auch die zur guten Aufnahme beteiligt: Ein guter Kommunikator ist immer auch ein guter Rezipient.

Diese Fähigkeit, die beiden Positionen in der Kommunikation gleichzeitig erfolgreich einzunehmen, geht über eine bloße Gesprächstechnik hinaus. Sie ist zum großen Teil abhängig von einer bestimmten Einstellung zum Gegenüber, die man als *partnerzentrierte Haltung* bezeichnet.

- Partnerzentrierte Haltung, so wie ich sie hier verstehe[10], besteht darin, so genau und zutreffend wie möglich zu verstehen, *was* ein Kommunikationspartner sagt, und *aus welcher inneren oder äußeren Situation* heraus er es sagt. Sie bringt daher neben dem ‚guten Zuhören' auch das Bemühen mit sich, es dem Gegenüber leichtzumachen, sich auszudrücken.

Innerhalb der partnerzentrierten Haltung lassen sich nun drei Stufen unterscheiden:

- passiv aufmerksames Zuhören,
- aktives Zuhören und
- partnerzentrierte Haltung.

---

10 Ich mache diese Einschränkung, da *partnerzentrierte Haltung* auch Bestandteil psychologischer Intervention in der Psychotherapie, speziell der Gesprächspsychotherapie, ist (vgl. z.B. *Rogers* 1951) und dort in ihrem Anspruch über das hinausgeht, was ich hier beschreibe. Auch hilfreiches Verhalten in nichttherapeutischen Alltagssituationen beinhaltet partnerzentrierte Einstellung (vgl. *Rechtien* 1988).

- *Passiv aufmerksames Zuhören*

Unter aufmerksam, jedoch passivem Zuhören verstehen wir die Tatsache, daß der Zuhörer seine Aufmerksamkeit so ungeteilt wie möglich auf den Sprecher richtet, auf das, was er (verbal und nichtverbal) mitteilt, und darauf, wie er dieses mitteilt. Diese Aufmerksamkeit bringt er zum Ausdruck, indem er Blickkontakt aufnimmt, sein Interesse durch seine Körperhaltung (‚zugewandt sein' im Wortsinn!) und zustimmende oder zweifelnde Mimik, Gestik, Lautäußerungen wie „hmhm", „aha" deutlich macht. Auf diese Art und Weise signalisiert er dem Sprecher, daß er dem, was gesagt wird, zuhört und Interesse daran hat.

Wahrscheinlich ist Ihnen aufgefallen, daß das, was ich hier beschreibe, zumindest teilweise mit dem identisch ist, was wir unter Feedback verstehen. In der Tat ist gutes Zuhören eine wichtige Voraussetzung für gelingendes Feedback.

Sie können sich vorstellen, daß solchermaßen signalisierte Aufmerksamkeit kommunikationsfördernd sein kann, indem sie das Formulieren von Mitteilungen fördert. Allerdings kommt sie auch schnell an ihre Grenzen: durch sie kann nämlich nicht sichergestellt werden, daß die Botschaft den Prozeß der Enkodierung, Übermittlung und Dekodierung unbeschadet überstanden hat. Auch Zusicherungen wie „ich habe verstanden" können dies nicht leisten, denn sie geben keine Sicherheit darüber, ob der Empfänger wirklich das verstanden hat, was der Kommunikator sagen wollte, oder ob er das nur glaubt.

- *Aktives Zuhören*

Einen wichtigen Schritt weiter geht das sogenannte aktive Zuhören. Dabei bemüht sich der Rezipient darum, aktiv zu überprüfen, ob und wieweit er die Botschaft nicht nur gehört, sondern auch so verstanden hat, wie sie gemeint war. Dies kann dadurch geschehen, daß an geeigneter Stelle das Verstandene vom Rezipienten wiedergegeben wird. Wichtig dabei ist, daß das Gesagte nicht einfach mit den gleichen Worten wiederholt wird, da dies allenfalls gutes Gehör und gutes Gedächtnis nachweist. Erst die zutreffende Wiedergabe mit eigenen Worten läßt auf wirkliches Verstehen schließen. Aus diesem Grunde bezeichnet man das aktive Zuhören auch als *Paraphrasieren*.

- Unter aktivem Zuhören oder Paraphrasieren verstehen wir die Wiedergabe dessen, was die Dekodierung einer Mitteilung bei uns ergeben hat, und zwar mit unseren eigenen Worten.

Paraphrasieren kann etwa folgendermaßen aussehen:

A: „Ich bin gegen eine vorzeitige Neuwahl des Vorstandes. Erstens kommt mir das etwas zu plötzlich, und außerdem sehe ich den Sinn darin nicht."

B: „Sie denken, daß eine so wichtige Entscheidung mehr Zeit braucht, und außerdem sehen Sie keine überzeugenden Argumente. Deswegen wollen Sie einer Neuwahl zum gegenwärtigen Zeitpunkt nicht zustimmen. Habe ich das so richtig verstanden?"

Wichtig an einer Paraphrasierung ist weniger, daß diese exakt stimmt, sondern vielmehr, daß sie Gelegenheit zur Berichtigung oder Vervollständigung gibt. Oft werden durch diese Art des Zuhörens Mißverständnisse erst aufgedeckt, die anderenfalls gar nicht entdeckt worden und so zu ernsthaften Fehlerquellen geworden wären.

Die Technik des aktiven Zuhörens ist in erster Linie geeignet, das *sachliche* Verständnis einer Botschaft zu überprüfen. Der aktive Zuhörer soll sich daher in seiner Paraphrase jeder Art von Stellungnahme, Wertung, Schlußfolgerung enthalten. Solche Reaktionen gehören in die eigentliche Antwort, die dann erfolgt, wenn gesichert ist, daß richtig verstanden wurde.

Auch hier fällt Ihnen vermutlich wieder die Verwandtschaft dieses Vorgehens zum Feedback auf.

Beim aktiven Zuhören geht es vor allem um den sachlichen Inhalt, also die Inhaltsebene der Kommunikation. Aus dem Wissen um das Zusammenspiel der Kommunikationsmodalitäten können Sie aber leicht ableiten, daß dies nicht ohne Auswirkungen auf die Beziehungsebene der Kommunikationspartner bleiben wird. Echtes Bemühen um Verstehen beinhaltet eine sehr deutliche, positive Beziehungsdefinition, nämlich: „Ich bin sehr an dem interessiert, was du sagst und meinst.", und ist somit geeignet, auch auf dieser Ebene gute Voraussetzungen für erfolgreichen Austausch zu schaffen. Wichtig ist allerdings, daß dieses Bemühen auch als solches wahrgenommen wird; es kann daher gar nicht deutlich genug betont werden, daß sich der aktive Zuhörer bei seinen Paraphrasen wirklich aller Wertungen und Auswertungen enthält und diese erst dann vorbringt, wenn inhaltliches Verstehen gesichert ist.

Selbstverständlich ist es nicht sinnvoll, auf jede Äußerung auch gleich eine Paraphrase folgen zu lassen – das würde Kommunikation nicht optimieren, sondern langatmig und öde machen. Sinnvoll ist dies dann, wenn sachliches Verstehen in allen Details ganz besonders wichtig ist oder Mißverständnisse besonders folgenreich sein könnten und deshalb von Anfang an verhindert werden sollen. Dies gilt sowohl für Einzelgespräche mit heiklem Inhalt als auch für Besprechungen, Konferenzen und Gruppendiskussionen. Wie *Comelli* (1985) betont, ist die Beherrschung des aktiven Zuhörens speziell für Konferenzleiter, Moderatoren usw. wichtig. Der Moderator kann so z.B. Gedanken auffangen, die sonst verlorengehen würden, Mißverständnissen vorbeugen oder auch einem Redner, der eine gute Idee nicht sofort mit der notwendigen Klarheit äußern kann, gleichsam seine eigene Beredsamkeit verleihen. Schließlich könnte es eine gute Angewohnheit von Vortragenden sein, aus dem Publikum an sie gestellte Zwischenfragen zunächst zu paraphrasieren und sie erst dann zu beantworten.

Allerdings würde dies erschweren, einer unangenehmen Frage dadurch zu entgehen, daß man auf etwas antwortet, was gar nicht zur Debatte steht – eine Unsitte, die in manchen Rundfunk-Interviews grassiert.

- *Verbalisieren*

Die dritte und zugleich schwierigste Stufe der partnerzentrierten Haltung, die ich hier besprechen möchte, ist die des Verbalisierens. Während aktives Zuhören sich auf den ausdrücklich ausgesprochenen Inhalt einer Mitteilung richtet, geht es beim Verbalisieren gerade um das, was ‚zwischen den Zeilen' oder nicht mit letzter Deutlichkeit ausgedrückt wurde. Der Zuhörer richtet seine Aufmerksamkeit nicht nur auf die offen darliegenden Inhalte einer Botschaft, sondern auch auf das, was nur angedeutet wurde oder nur mitschwingt. Er versucht dieses ebenfalls zu erfassen und zu verstehen und das so Verstandene in Worte zu fassen, um seine Dekodierung zu überprüfen.

- In der partnerzentrierten Verbalisierung bemüht sich der Zuhörer, neben dem offenen Inhalt einer Botschaft auch das zu erfassen und zu verstehen, was sein Gegenüber nur indirekt und implizit zum Ausdruck bringt, und dieses dann so in Worte zu fassen, daß der andere dies als positives Beziehungsangebot annehmen kann.

Das, was zwischen den Zeilen mitschwingt, sind zum einen natürlich unausgesprochene Gefühle, die der Sprecher entweder deshalb nicht explizit macht, weil sie vermeintlich nicht zur Sache gehören – der Ärger über eine verpaßte Gelegenheit, die Enttäuschung über eine ausgebliebene Beförderung, die Unsicherheit über eine Reaktion der anderen ... – oder weil sie ihm selbst nicht ganz klar und deutlich sind. Für den Zuhörer können solche impliziten Emotionen Unsicherheit darüber bedeuten, wodurch sie hervorgerufen wurden und wem oder welchem Sachverhalt sie gelten. Die Verbalisierung bietet hier die Möglichkeit zu klären, inwieweit sie den Kommunikationsprozeß beeinflussen, durch ihn hervorgerufen werden oder auch einem der Beteiligten gelten.

Zum anderen können ‚zwischen den Zeilen' auch Bewertungen, Urteile usw. angesiedelt sein, die das Gespräch, Entscheidungen oder auch die Beziehungsebene beeinflussen, gegen die aber, bleiben sie unausgesprochen, kaum etwas unternommen werden kann.

Neben dieser Überprüfungsfunktion hat natürlich auch die Verbalisierung einen Anteil auf der Beziehungsebene. Verdeckt Kommuniziertes hat oft auch einen Appellcharakter. Wenn jemand etwas, was ihn an sich bewegt und was er schon aussagen möchte, nur verdeckt mitteilt, dann hat er in der Regel gute Gründe dafür. Diese liegen nicht selten in den Erfahrungen, die der Betreffende mit offener und verdeckter Kommunikation gemacht hat. So kann verdeckte Kommunikation zunächst einmal den Versuch darstellen, herauszufinden, wie offen mit dem jeweiligen Gegenüber kommuniziert werden kann. Eine gelungene Verbalisierung kann es in einer solchen Situation möglich machen, auch heikle Themen anzusprechen, die andernfalls verborgen geblieben wären.

Das folgende Beispiel von *Comelli* (1985, S. 214) macht die in einer partnerzentrierten Verbalisierung liegenden Möglichkeiten deutlich – im Kontrast zu einer nicht partnerzentrierten Verhaltensweise.

„*Vorgesetzter*: ‚Also Herr Brandt, wir haben in nächster Zeit einiges mit Ihnen vor. Wir möchten Sie nämlich drei Monate nach England schicken, damit Sie Ihre Sprachkenntnisse ein wenig aufpolieren können, und dann werden Sie Niederlassungsleiter in unserem internationalen Speditionsbüro in Hamburg. Na, was sagen Sie dazu?'

Herr Brandt: ‚Ja, eh … ich freue mich natürlich über das Vertrauen … das muß ich erst mal meiner Frau sagen. Außerdem – liegen in Hamburg nicht die Schuljahre anders als hier bei uns?'

Vorgesetzter: ‚Ich wußte doch, daß Sie sich freuen würden! Nun sagen Sie Ihrer Frau mal gleich Bescheid und bereiten Sie alles vor. Sie sind doch unser Mann!'"

Was wir in diesem Beispiel finden, ist alles andere als eine partnerzentrierte Haltung. Der Vorgesetzte reagiert nur auf einen (den kleineren) Teil der Botschaft, nämlich auf den Satz „ich freue mich natürlich über das Vertrauen". Dabei liegt schon hier möglicherweise ein Hinweis vor, daß diese Freude nicht ganz ungeteilt ist, nämlich in dem

Wort ‚natürlich' – der Satz, in dem es vorkommt, wird ja von einem Zögern („Ja, eh ...) eingeleitet. Den Rest der Botschaft interpretiert der Vorgesetzte ganz nach seinen eigenen Vorstellungen („... sagen Sie Ihrer Frau mal gleich Bescheid") bzw. ignoriert ihn („... liegen in Hamburg die Schuljahre nicht anders als bei uns?").

Ein partnerzentriert vorgehender Vorgesetzter wäre an der wirklichen und vollständigen Reaktion von Herrn Brandt auf das Angebot interessiert gewesen und hätte mittels einer Verbalisierung auf dessen Antwort dem Gespräch mit Sicherheit eine ganz andere Wendung gegeben:

„Herr Brandt, ich sehe, Sie sind ziemlich überrascht. Sie sind nicht ganz sicher, wie Ihre Frau darauf reagieren wird, nicht wahr? Und die Schulsituation in Hamburg ist für Sie auch ein Problem, nicht?"

Diesem Vorgesetzten hätte Herr Brandt vielleicht erzählt, daß er solche Entscheidungen gern mit seiner Ehefrau besprechen möchte, weil ihm ihre Meinung als Mitbetroffene sehr wichtig ist, und daß er sich zur Zeit ohnehin Sorgen macht über die Schulleistung seines Sohnes. Das hätte den beiden vielleicht die Möglichkeit eröffnet, die vorliegenden Probleme *rechtzeitig* anzugehen und eine Lösung zu finden.

Partnerzentriertes Verbalisieren erfordert ein beträchtliches Maß an Einfühlungsvermögen und vor allem die Bereitschaft, das Wahrgenommene und Verbalisierte der korrigierenden Interpretation durch das Gegenüber zu unterwerfen. Schließlich kann nur eine Person selbst sagen, was sie fühlt, erlebt und wahrnimmt. Worauf, d.h. auf welche implizit kommunizierten Teile der Botschaft sich die Aufmerksamkeit des Zuhörers und seine Verbalisierung richtet, kann sehr unterschiedlich sein und hängt von der jeweiligen Gesprächssituation und der bereits vorhandenen Beziehung zwischen den Gesprächspartnern ab. Sie kann sich auf vergangene Gefühle, Ereignisse, Situationen richten, die möglicherweise auf die gegenwärtige Situation einwirken, sie kann das Gegenwärtige oder auch das Zukünftige (als Erwartung, Hoffnung oder Befürchtung) betreffen:

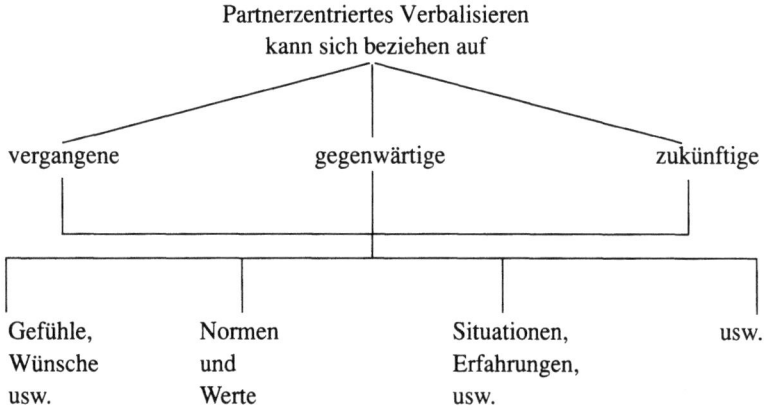

Abbildung 5.5: Gegenstände partnerzentrierter Verbalisierung

Abschließende Bemerkungen

Feedback, Metakommunikation und partnerzentrierte Haltung auf den verschiedenen Stufen sind gute Werkzeuge, um Kommunikationsprozesse zu verbessern, Mißverständnisse auf Inhalts- und Beziehungsebene zu vermeiden oder zu beheben und andere Störungen zu erkennen und zu beseitigen. Natürlich sind sie kein Allheilmittel gegen zwischenmenschliche Probleme – Sie sollten die entsprechenden Ausführungen keineswegs so verstehen, als sei ich der Ansicht, durch die Anwendung der ‚richtigen Gesprächstechnik' könnten solche Schwierigkeiten aus der Welt geschafft werden.

Auch gegen Mißbrauch durch Gesprächstechnokraten sind diese Werkzeuge nicht völlig gefeit. Sie werden allerdings recht schnell merken, ob hinter ihrer Anwendung das wirkliche Interesse zur Optimierung von Kommunikation steht oder lediglich die Hoffnung, besser manipulieren zu können. Ihre Wirksamkeit hängt nämlich davon ab, daß sie glaubwürdig eingesetzt werden – und Glaubwürdigkeit läßt sich nur schwer über längere Zeit vortäuschen.

6. Dialektik – faire und nichtfaire Techniken

Ärgern Sie sich auch manchmal, wenn der Erfolg in einer Verhandlung für Sie nur mäßig ist – trotz vermeintlich guter Argumente? Oder fragen Sie sich manchmal, warum der Kollege seine Vorhaben bei der Firmenleitung wieder einmal durchsetzen konnte? Wünschen Sie sich mehr Erfolg in Verhandlungen und Gesprächen?

Leider fallen uns in der Realität häufig erst nach dem Gespräch die besten Argumente ein. Oder unsere „guten" Argumente werden von dem Gesprächspartner auseinandergenommen und zu seinen Gunsten umgewandelt.

In allen Verhandlungen mit den unterschiedlichsten Gesprächspartnern, seien es Kollegen, Banken, Behörden, Vorgesetzte, Mitarbeiter, Kunden, Vereine, Verbände, geht es darum, unsere Meinung zu vertreten und unsere Standpunkte durchzusetzen.

Was können wir also tun, damit Verhandlungen und Besprechungen erfolgreicher verlaufen? Die angewandte Dialektik bringt folgenden Nutzen:

- in Verhandlungen und Gesprächen die eigenen, gesetzten Ziele erreichen,
- sich besser durchsetzen können,
- ein gutes, konstruktives Verhandlungsklima schaffen,
- erfolgreich kommunizieren,
- andere überzeugen und zum Handeln bewegen.

6.1 Was ist Dialektik?

Sokrates (469–399) brachte die Dialektik als Kunst zur ersten Blüte. Die Kunst der Gesprächsführung im Spiel von Frage und Antwort diente ihm dazu, die Wahrheit herauszufinden und andere zu überzeugen.

Platon (427–347) baute die Dialektik in seinen *Sokrates*-Dialogen weiter aus. Sie ist als Denktechnik, als fester Bestandteil der Philosophie nicht mehr wegzudenken. Durch das Spiel von Frage und Antwort wird der logische Aufbau eines Gedankenganges entwickelt und bis zur Vollendung verfeinert.

Aristoteles (384–322) definiert die Dialektik als Methode problemangemessener, sachkundiger Argumentation in gültiger Form. Die dialektische Argumentation erfolgt im Gegenüber von Meinungen, indem allgemeine Regeln vernünftigen Denkens (Gleichheit und Verschiedenheit, Logik etc.) herangezogen werden, um mit diesen Regeln die über einen bestimmten Sachverhalt bestehenden Meinungen zu bestätigen oder zu widerlegen. Dabei sind Probleme der Logik von denen der Sachverhalte zu unterscheiden.

Die (aristotelische) Dialektik verwendet die Methode des Widerspruchs, d.h. sie negiert zunächst einmal eine vorgetragene Behauptung, verneint die gestellte Frage, um festzustellen, ob die Negation nicht wenigstens ebensogut ist wie die Position.

Gelingt der Nachweis der Brauchbarkeit der Negation, ist zu fragen, welche positiven Konsequenzen sich aus der Negation ergeben. Sie ist also eine Methode, Widersprüche zu beheben.

Die Sophisten (um 300) waren eine Richtung der griechischen Philosophie, die etwa vom 5. bis ins 3. Jahrhundert v. Chr. wirkten. Sie verfeinerten die Dialektik zur „Kunstfertigkeit". Der Redner sollte seine Meinung überzeugend vortragen und erfolgreich mit Einwänden umgehen können. Immer stärker wurden formale Aspekte der Dialektik betont und wichtiger gegenüber dem eigentlichen Inhalt. Während des ganzen Altertums blieb die Dialektik eine wesentliche Grundlage des philosophischen Argumentierens.

Die Stoiker um *Zenon* (ca. 400 v. Chr.) gliederten die Dialektik in zwei Gebiete: das des Bezeichneten (Lehre von den anschaulichen Vorstellungen, Lehre von Sätzen und Schlüssen) und das des Wortes (Lehre von uneindeutigen Worten, Lehre vom melodischen Wort). (*Lay* 1974, S. 12, S. 14)

Sie vermittelte unter anderem die Fähigkeit des sicheren Erkennens des Zeitpunktes, wo und wann man eine Bestimmung (Definition), einen Beitrag geben muß, und wo und wann nicht.

Die Scholastik (1000 bis 1500), die theologisch-philosophische Lehre des europäischen Mittelalters, fußt auf den antiken Ansätzen des dialektischen Denkens. Als „Schöpfer" der scholastischen Methode gilt *Petrus Abaelard* (1079–1142). *Abaelard* stellt Autoritäten einander gegenüber in der Form des Widerspruchs und der Aporie, um Wahrheit zu finden und um mit rationalen Mitteln Probleme zu lösen.

Für *Kant* (1724–1804) ist die Dialektik die „Logik des Scheins", der durch den Gebrauch von Vernunftbegriffen über die mögliche Erfahrung hinaus entsteht. Dialektik soll einerseits diesen Schein kritisieren und die Vernunft aus ihren Widersprüchen lösen, wird andererseits als diese Verwirklichung der Vernunft in Widersprüchen verstanden. (Meyers Enzykl. Lexikon, 1971–81)

Der deutsche Philosoph *Hegel* (1770–1831) entwickelte den berühmten dialektischen Dreischritt von These – Antithese – Synthese. *Karl Marx* (1819–1883) führte Hegels Ansatz weiter zum Dialektischen Materialismus.

Die *philosophische* Ausrichtung der Dialektik in der Neuzeit ist nicht zu verwechseln mit der *Technik* Dialektik, die uns in Überzeugungsprozessen hilft.

Dialektik ist die Kunst zu überzeugen.

Um zu überzeugen, ist es notwendig,
– den richtigen Gedanken (Logik)
– mit den richtigen Worten
– in der richtigen Sprache (Rhetorik)
– zur richtigen Zeit
– vor dem richtigen Publikum (Psychologie)
auszusprechen.

Logik, Rhetorik und Psychologie sind also die wichtigsten Hilfswissenschaften der Dialektik. (Abb. 6.1)

Dialektik gilt auch als die Gesamtheit der Überzeugungstechniken in Rede, Verhandlung, Gespräch und Dialog. In diesem Buch interessiert uns die Dialektik als Überzeugungstechnik. Wir unterscheiden zwischen fairer und unfairer Dialektik.

Faire Dialektik: Hier geht es darum, durch Argumentation den Partner langfristig zu gewinnen. Sie will nicht überreden oder überrumpeln. Zur Anwendung kommen ausschließlich faire Mittel.

Ein gutes Gespräch hat nur Gewinner.

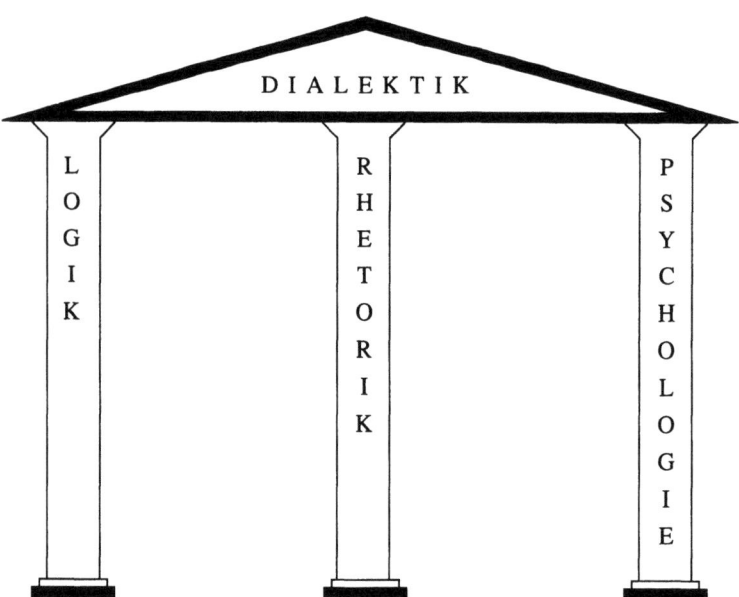

Abbildung 6.1: Die drei Säulen der Dialektik nach *Lay* (1974, S. 9)

Unfaire Dialektik: Hier geht es darum, den Gesprächspartner zu besiegen. Recht zu haben und recht zu behalten steht hier im Vordergrund. Hierzu gehören auch die Techniken des (unfairen) Angriffs und der Abwehr.

Beachte: Ein kurzer Sieg kann Feinde fürs Leben schaffen.

In vielen Situationen, besonders im Beruf, kommt es häufig darauf an, überzeugend reden und argumentieren zu können. Vor allem dann, wenn wir mit dem, was wir sagen, Erfolg haben wollen.

- Somit bedeutet in diesem Buch für uns Dialektik die Fähigkeit, sich in Diskussionen und Auseinandersetzungen richtig, d.h. erfolgsorientiert ebenso wie partnerorientiert zu verhalten. Dazu gehören:
  - situationsgerechtes Verhalten
  - partnerorientierte Argumentation
  - hohe Zielfixierung
  - Anwendung fairer Techniken der Dialektik
  - entschlossene Abwehr unfairer Angriffe

Ziel sollte es sein, den Partner argumentativ zu überzeugen.

6.2 Erfolgreiche Gesprächsführung und Verhandlung

Natürlich wollen Sie in Verhandlungen erfolgreich sein. Bedenken Sie dabei: Wo einer klar gesiegt hat, gibt es auch einen Verlierer. Dieser könnte leicht auf die Idee kommen, sich zu rächen – besonders wenn er glaubt, hereingelegt worden zu sein.

Verlierer sind auf Dauer weder gute Kunden noch gute Freunde oder gute Mitarbeiter. Darum wollen wir Ihnen in den folgenden Abschnitten zeigen, wie Sie Ihre Argumente erfolgreich nach den Grundlagen der fairen Dialektik einsetzen können, ohne Verlierer zu produzieren.

Konstruktive und gezielte Gesprächsführung

Eine qualifizierte Gesprächsführung sollte im Mittelpunkt den Grundgedanken haben, den Partner im hohen Maße zu aktivieren und ihm somit die Möglichkeit zu geben, konstruktiv (mitentscheidend und schöpferisch) das Gespräch mitzugestalten.

Jedes Gespräch, jede Verhandlung, jede Information sollte zielgerichtet sein. Dadurch werden viele Zufälligkeiten, Sprunghaftigkeiten, Ablenkungsfaktoren und unnötiger Energieaufwand vermieden.

Ist schon bei Beginn des Gespräches eine eindeutige Zielsetzung erkennbar, die auch dem Partner erstrebenswert erscheint, erleichtert diese den methodischen Ablauf und aktiviert die Teilnehmer.

Mit gutem Grund wehren sich viele Gesprächspartner gegen eine unmethodische, verschwommene und unzusammenhängende Gesprächsführung. Weil eine Zielsetzung nicht erkennbar ist, man nicht weiß, wo man sich einschalten soll, wo Beteiligung erwartet wird, welche Ergebnisse schon erreicht sind, ist man unzufrieden, enttäuscht, reserviert oder aggressiv.

Wer erfolgreich verhandeln und unnötige Widerstände ausschalten will, muß jedes Gespräch, jede Verhandlung und jede Information methodisch aufbauen und stufenweise durchführen.

Stufen der Gesprächsführung

Die Gesprächsführung verläuft im Regelfall in fünf Stufen:

1. Planung

2. Vorbereitung

3. Eröffnung

4. Durchführung

5. Abschluß (mit Auswertung)

Planung

Bevor ich mit einem Gespräch beginne, muß ich mir über meine eigene Zielsetzung im klaren sein, die Ausgangslage analysieren und die Möglichkeiten, Grenzen und Wege durchdacht haben.

Bestandteil der Gesprächsplanung ist auch, wie meine Zielvorstellung für den Gesprächspartner realisierbar erscheint.

Folgende Gesichtspunkte sind vorher zu bedenken:

- Formulieren Sie Ihr Verhandlungsziel (am besten schriftlich!) und die Thesen, mit denen Sie das Ziel erreichen wollen. Suchen Sie Begründungen für Ihre Thesen. Beschaffen Sie sich Anschauungsmaterial (Graphiken, Skizzen, Bilder).

- Informieren Sie sich über die Verhandlungspartner:
  - Welche Interessen verfolgen sie?
  - Haben diese z.b. Verhaltensweisen oder Vorlieben, die Sie berücksichtigen müssen bzw. für sich nutzen können?
  - Gibt es „Koalitionen" – können Sie eine eingehen? (Allein gegen eine Koalition sind Sie unter Umständen machtlos.)
  - Welche Argumente sind zu erwarten – können Sie diese widerlegen?
  - Welche Position und Kompetenz hat der Gesprächspartner?
  - Wie hoch ist der erforderliche Aufwand (materiell, zeitlich, persönlich)?
  - Ist es ein Einzel- oder Gruppengespräch?
  - Liegen schriftliche Vorinformationen vor?

Vorbereitung

Erst wenn ich mich persönlich und im zwischenmenschlichen Bereich auf meinen Partner eingestellt habe, sind die Voraussetzungen für die Vorbereitungen im sachlich-fachlichen Bereich gegeben.

So wird ein Gespräch, das auf dem Hintergrund menschlicher Sympathien aufgebaut ist, in der Regel im sachlich-fachlichen Bereich erfolgreicher verlaufen. Deshalb ist die persönliche und zwischenmenschliche Vorbereitung an die erste Stelle zu setzen.

Zur persönlichen Vorbereitung gehören folgende Punkte:
– Eine positive Einstellung zu sich selbst und zu Partnern.
– Bedingungen (zumal unabänderliche) als Voraussetzungen akzeptieren.
– Ein möglichst vorurteilsfreies Bild vom Partner haben.
– Einstimmung in die Welt des anderen zur Erreichung der „gemeinsamen" Ziele und zur Vermeidung von unnötigen Konflikten.

Eröffnung

Am Anfang braucht man Zeit. Diese Anlaufzeit läßt sich nicht in Sekunden oder Minuten festlegen. Die Dauer hängt von vielen Faktoren ab. Zudem braucht man ein wenig Fingerspitzengefühl, ob diese Phase noch ausgedehnt werden muß oder ob sie kurz gehalten werden kann.

Versuchen Sie Gemeinsamkeiten zu finden. Hierbei leistet Ihnen die Fragetechnik eine wertvolle Hilfe. Dabei muß es nicht immer um Urlaub, Wetter oder die Bilder an der Wand geben. Mit etwas Kreativität findet man leichter auch interessantere Anknüpfungspunkte.

Gerade diese erste Phase der Gesprächseröffnung entscheidet häufig über Erfolg oder Mißerfolg einer Verhandlung. Naturgemäß verhalten wir Menschen uns am Anfang eines neuen Kontaktes eher zurückhaltend. Erst nach und nach fassen wir Vertrauen in unseren Partner. Kontaktaufbau läßt sich nun einmal nicht erzwingen. Allerdings ist er auch nicht übermäßig schwer. Mit etwas (ehrlichem) Interesse an unserem Gesprächspartner und dem Eingehen auf seine Persönlichkeit und seiner Situation kommen wir schnell weiter. Merken wir uns:

Kontakt ist die wichtigste Hilfe während der gesamten Verhandlung. Dazu gehört auch der Name des Partners. Wir Menschen sind eitel.

Und wir hören gerne unseren eigenen Namen. Auch die Titel unserer Partner sollten wir beachten.

Wichtig ist auch das aktive Zuhören. Das ist gar nicht so einfach, wie gemeinhin angenommen. Wirklich zuhören können leider nur die wenigsten Menschen. Wir sind immer mit unseren Ideen und Meinungen beschäftigt. Während unser Partner gerade etwas sagt, überlegen wir uns schon die nächste Antwort. Oft stellen wir fest, daß wir aneinander vorbeigeredet haben.

Unsere Mitmenschen offenbaren uns viel über ihre Wünsche und Vorstellungen. Ein geschulter Zuhörer kann hier genügend Ansatzpunkte für das weitere Gespräch finden. Unser Gesprächspartner merkt unser Interesse an seiner Person und wird es uns durch Anerkennung unserer Person danken. Dies macht die Gesprächsatmosphäre viel angenehmer, und im Falle einer Konfrontation finden sich meistens wieder Wege zu einem konstruktiven Dialog.

Fassen wir zusammen:

- Sorgen Sie für eine angenehme Atmosphäre.
- Durch unangemessene Kleidung, Mundgeruch oder Imponiergesten können Sie schon zu Beginn einer Verhandlung abstoßend wirken. Der erste Eindruck ist wichtig.
- Suchen und betonen Sie Gemeinsamkeiten. In den ersten Minuten, während einer „smalltalk"-Phase, können Hobbies oder gemeinsame Bekannte Anhaltspunkte sein.
- Auch im späteren Verlauf betonen Sie die gefundenen Gemeinsamkeiten. Behandeln Sie immer zuerst die Teilaspekte, in denen Sie gute Einigungsmöglichkeiten vermuten.

Durchführung

Legen Sie sich und den Partner nicht zu früh fest. Eine formulierte Meinung läßt sich nur sehr schwer zurücknehmen. Wenn Sie sich zu früh festlegen, kann Ihr Partner Sie darauf „festnageln". Sie und die

Verhandlung geraten dabei leicht in eine Sackgasse, weil Sie nur diese eine Meinungsäußerung verteidigen müssen. Aus dem gleichen Grund: Sprechen Sie keine früheren Äußerungen Ihres Partners an, die Ihren Interessen zuwider laufen. Es sei denn, Sie können eine Aussage auf keinen Fall durchgehen lassen.

Lassen Sie sich nicht provozieren. Provokationen können leicht eskalieren. Bleiben Sie ruhig und gelassen (aber engagiert). Wenn Sie sich erregen, dann ausschließlich, weil und wenn Sie es wollen.

Unterbrechen Sie Ihren Partner nicht. Das ist nicht nur unhöflich, sondern oft ein Zeichen für Ungeduld. So erfährt der Partner, mit welchem Punkt er Sie aus der Reserve locken kann.

Lassen Sie sich aber auch nicht unterbrechen. Sie geben sonst die Führung ab und erwecken den Eindruck: „Mit dem kann man es ja machen."

Benutzen Sie zur Unterstützung Ihrer Argumentation Bilder, Zeichnungen, Skizzen oder bildhafte Vergleiche.

Abschluß

Am Ende des Gespräches fassen Sie noch einmal alle wichtigen Punkte zusammen. Wägen Sie das Pro und Contra ab und betonen die Gemeinsamkeiten. Achten Sie in dieser Phase besonders auf Zustimmungssignale des Partners.

Diese Signale sind:

– sehr konkrete/detaillierte Fragen
– Fragen, die schon einmal gestellt wurden, werden nun wiederholt
– Fragen, die sich auf „später" oder „danach" beziehen.

Beispiele:
– Wann können Sie liefern?
– Wie hoch sind die Folgekosten und die Wartungsintervalle?

- Wie sieht die Einführung in die neue Anlage aus?
- Welche Mittel muß ich bereitstellen?
- Wie sehen die Verträge aus?
- Wann kann ich die Unterlagen frühestens bekommen?

Nach dem Gespräch sollte eine Auswertung erfolgen. Hier muß das Gesprächsergebnis festgehalten werden.

Wichtig sind auch die folgenden Punkte:
- Mit welchen Argumenten bin ich weitergekommen? Warum?
- Welche Argumente sind nicht angekommen? Warum?
- Welche Argumente meines Partners haben mich überzeugt? Warum?
- Wie war die Gesprächsatmosphäre?
- Gab es Konflikte und wodurch wurden diese ausgelöst?
- Was hätte zur Vermeidung der Konflikte getan werden können?

Diese Auswertung ist ein wichtiges Hilfsmittel auch für die Vorbereitungen neuer Gespräche und Verhandlungen. Mit der Zeit wird unsere Sensibilität für diese Fragen immer stärker ausgebaut. Unsere Verhandlungstechnik wird zur Gewohnheit – einer erfolgreichen Gewohnheit.

6.3 Gesprächseröffnung und Gesprächssteuerung durch Fragen

Wer fragt, führt das Gespräch

Jeder Mensch befaßt sich gerne mit Inhalten, von denen er glaubt, daß sie für ihn bedeutsam sind. Niemand ist ohne weiteres bereit und auch in der Lage, ohne erkennbaren Grund sich mit anderen Inhalten ernsthaft zu identifizieren. Hinzu kommt, daß viele Tatsachen eine Verunsicherung hervorrufen können, weil sie möglicherweise alte Erfahrungen in Frage stellen.

Es ist deshalb notwendig, dem anderen einen Grund und auch eine Möglichkeit zu bieten, sich unseren Gedankengängen zu öffnen. Als Möglichkeit bietet sich dafür an, das Gespräch durch Fragen zu eröffnen und auch zu führen.

Wer die Probleme eines Gespräches mit einzelnen oder Gruppen erfahren hat, weiß, daß ein intensives Gespräch oftmals dem Beteiligten kaum die Möglichkeit gibt, innerhalb des Ablaufs alle Einzelheiten und Schwerpunkte sinnvoll zu erfassen. Der Gesprächsverlauf wird so der Kontrolle entzogen und ist damit gefährdet.

Wie kann nun diese Erkenntnis über die Wichtigkeit einer professionellen Fragetechnik und deren Einsatz umgesetzt werden?

Stellen Sie zu Beginn des Gespräches unverfängliche Fragen. Sie zeigen Ihrem Gesprächspartner damit, daß Sie an ihm interessiert sind. Legen Sie den Verlauf der Verhandlung durch Fragen gezielt fest. Durch Fragen übernehmen Sie die Initiative. Eine Antwort ist immer eine Reaktion.

Solange Sie fragen, können Sie auch nichts Falsches sagen. (Wer etwas behauptet, muß es auch beweisen.) Durch Fragen stellen Sie Ihren Partner in den Mittelpunkt. Sie helfen ihm damit, Formulierungen zu finden und bewegen ihn dazu, auch Ihnen zu helfen. Mit Ihren Fragen stellen Sie seine Interessen fest, ohne sich selbst festzulegen. Sie zwingen ihn also, Ihrem roten Faden zu folgen.

Haben Sie das Gefühl, daß Sie aneinander vorbeireden oder daß Ihnen die Führung entgleitet, fragen Sie: „Was verstehen Sie unter ...?" Sollten Sie dann keine klare Definition hören, bieten Sie Ihre Definition an. Ist Ihnen die Definition Ihres Gesprächspartners unangenehm, sagen Sie, daß sie nicht richtig ist. („Eigentlich gehört XYZ auch noch dazu" oder „Darunter fällt auch ABC, aber das meinen wir beide nicht.") Dann können Sie Ihre Definition anbieten.

Stellen Sie W-Fragen (was, wann, wo, wie, wer . . .). Die Antworten geben Ihnen mehr Aufschluß als z.B. ein „ja" oder „nein" auf Alternativfragen. Sollten Sie ein Argument bringen müssen, das Sie selbst für etwas schwach halten, hängen Sie eine interessante Frage an, um so von Ihrer Schwäche abzulenken.

Reihen Sie keine Fragen aneinander. Ihr Partner könnte sich die ihm genehmste aussuchen – und sehr ausführlich beantworten (und den Eindruck erwecken, er habe alle Fragen beantwortet). Schließen Sie Ihre Ausführungen auch nicht mit rhetorischen Fragen ab: Sie können lächerlich gemacht werden, indem jemand darauf wie auf eine Sachfrage antwortet. Innerhalb Ihrer Ausführungen sind rhetorische Fragen allerdings erlaubt. Sie sind zwar auch Behauptungen, rufen aber weniger Widerstand hervor als direkte Behauptungen. Eine Verhandlung ist selten erfolgreich, wenn Behauptungen gegenübergestellt werden – sie lebt von Frage und Antwort.

Fragen zur Eröffnung von Gesprächen bieten folgende Vorteile:

1. Bestimmung der Ausgangslage und der Gesprächsziele.
2. Vorbestimmung und Strukturierung des Gesprächsrahmens durch Herausstellen der spezifischen Inhalte.
3. Kontaktaufbau und Einstimmung in die Welt des Gesprächspartners.
4. Voraussetzungen für Dialoge im sachlichen Bereich schaffen (partnerorientiertes Denken und Handeln).
5. Konzentration auf das Wesentliche (Auswahl präziser Darstellungsformen).
6. Schaffung von möglichen Alternativen.
7. Vermeidung von Abwehrreaktionen durch Ausgleichen des Informationsvorsprungs und Reduzieren des Erwartungsdrucks.
8. Je eher der Gesprächspartner die Bedeutung des Inhaltes für sich erkennt, um so früher wird er konstruktive Aktivitäten entwickeln.
9. Kurzer Weg zum Dialog im sachlichen Bereich, schnelle Erfüllung zwischenmenschlicher Voraussetzungen.
10. Vermeidung von Streitgesprächen durch Konzentration auf das Wesentliche.

Fragen als konfliktlösende Technik

Normalerweise ist derjenige, der sich für eine Sache einsetzt, immer davon überzeugt, daß sie richtig ist. Dadurch fühlt man sich berechtigt, den anderen von der Richtigkeit seines Wissens und seiner Überzeugung in Kenntnis zu setzen.

Dies geschieht dann mehr in der Form einer Beweisführung, einer Behauptung und einer selbstbewußten Argumentation.

Besser ist es, dem anderen die Gelegenheit zu geben, die gleiche Beweisführung und das gleiche Bewußtsein selbst herstellen zu können. Auch dafür bietet sich die Frageform als aktivierendes Instrument an.

Folgende Möglichkeiten und Vorteile bietet nun die Fragetechnik:

– Wünsche, Motive und Einwände des Partners werden offenbar.

– Aktivierung des Partners. Der Partner setzt sich gedanklich mit der Sache auseinander und entwickelt das Bedürfnis, das Ergebnis seiner Überlegung in die Verhandlung oder in das Gespräch mit einzubringen.

– Jeder Mensch empfindet es mit Recht als Wertschätzung, wenn er um seine Meinung gefragt wird. Er ist dann unter Umständen auch eher bereit, dem anderen entgegenzukommen.

– Gezielte Fragen steuern das Gespräch in die erforderliche und von uns gewünschte Richtung. Mit gezielten Fragen können wir den Gesprächsablauf regulieren.

Frageformen und ihre Wirkung

Zwischenmenschliche Kommunikation hat unterschiedliche Formen und Wirkungen, d.h., sie ist mehrdimensional.

Auch in der Fragetechnik ist die Art und der Aufbau einer Frage von entscheidender Bedeutung für ihre Qualität. Nicht jede Frage kann zum gleichen positiven Ergebnis führen. Das zielgerichtete Fragen als problemlösende Technik muß also traniert werden.

Offene und geschlossene Fragen

Wir benötigen beide Fragearten. Die geschlossene Frage ist eine Frage, auf die der Gesprächspartner mit „Ja" oder „Nein" oder aber einer kurzen Information wie z.b. einer Zahl antworten kann.

Beispiele:

- Stimmen Sie dieser Argumentation zu?
- Wann wollen Sie Ihren Urlaub machen?
- Wie hoch sind die Folgekosten bei diesem Projekt?

Allerdings ist mit dieser kurzen Antwort erst einmal ein Abschnitt in diesem Gespräch abgeschlossen. Um weiter zu kommen, müssen wir entweder nun etwas selber sagen oder wieder eine neue Frage stellen. Stellen wir nun wieder eine geschlossene Frage, bekommt unser Gesprächspartner sehr schnell den Eindruck, abgefragt zu werden. Da die wenigsten Menschen sich gerne nur abfragen lassen, werden Widerstände aufgebaut, und unser Gesprächspartner wird emotional negativ aufgeladen. Schnell können sich aus einer solchen Situation Konflikte ergeben, die bis zum Abbruch des Gespräches oder der Verhandlung führen können. Da dies nicht im Einklang mit einer partnerorientierten Gesprächsführung steht, in der wir konstruktive Problemlösungen anstreben wollen, brauchen wir noch andere Fragen. Die offenen oder auch öffnenden Fragen helfen uns hier weiter.

Beispiele:

- In welchen Bereichen können wir diese Produkte einsetzen?
- Wo liegen Ihrer Meinung nach bei diesem Projekt Vorteile für unser Unternehmen?

- Inwieweit haben Sie sich mit dieser Thematik schon auseinandersetzen können und zu welchen Ergebnissen sind Sie dabei gekommen?

Die offenen Fragen sind Fragen, die nicht mit einem Ja oder Nein beantwortet werden können. Hier muß unser Gesprächspartner uns einiges mehr an Informationen geben und somit entwickelt sich das Gespräch weiter. Die negativen Auswirkungen einer reinen Abfragesituation wird hier erheblich eingeschränkt, da unser Gesprächspartner nun seinerseits ausreichend Zeit und Gelegenheit hat, seine Meinung und seine Einstellungen darzulegen.

- Jeder Mensch redet gerne von sich selbst.

Durch gezielte Anwendung dieser Fragetechniken können wir nun sehr leicht das Gespräch steuern. Je nachdem, wie wir diese Fragen stellen, können wir das Gespräch in der von uns bevorzugten Richtung weiterentwickeln. Konflikten wird mit einer guten Fragetechnik entgegengewirkt.

Neben den geschlossenen und den offenen Fragen gibt es noch eine ganze Reihe von weiteren Fragearten und Kombinationen aus den unterschiedlichen Fragen. Je nach Absicht und Zielsetzung des Gespräches können wir diese Fragen einsetzen. Neben Vorteilen bergen einige dieser Fragen, wenn sie falsch angewendet werden, auch Risiken. Beides – nämlich die Vorteile und die Nachteile – sollten wir kennen und im Gespräch berücksichtigen.

Informationsfragen

Informationsfragen sollen uns Auskünfte und Informationen über Einstellungen, Situationen und Entscheidungskriterien des Gesprächspartners bringen. Mit der Informationsfrage veranlassen wir unseren Partner zum Überdenken und Analysieren seiner Gesamtsituation. Bei einer solchen Frage sollten wir eine Begründung mitliefern, um nicht den Eindruck des Ausfragens aufkommen zu lassen.

Beispiel:

– Was würde es für Sie bedeuten, wenn Sie alle Informationen rechtzeitig zu den Besprechungen zur Verfügung hätten? Ich stelle diese Frage, um zukünftig die Vorbereitungen für diese Besprechungen gezielter durchführen zu können.

Rhetorische Fragen

Die rhetorische Frage wird von uns selbst beantwortet. Mit ihrer Hilfe lösen wir bei unserem Gesprächspartner ein Mitdenken aus und stimulieren ihn zu neuen, eigenen Gedanken. Rhetorische Fragen fördern den konstruktiven Aufbau des Gespräches oder der Verhandlung. Die rhetorische Frage kann gleichermaßen auch in der Rede zur Führung und Aktivierung unserer Zuhörer eingesetzt werden.

Beispiel:

– Was bedeutet Umweltschutz in der heutigen Zeit? (kurze Pause) Umweltschutz bedeutet für die einen eine absolute Notwendigkeit, für andere ist es eine eher überflüssige Diskussion ...

Bewußt lassen wir dem Zuhörer den Spielraum für eine eigene Gedankenführung.

Alternativfragen

Die Alternativfrage bietet dem Gesprächspartner eine Auswahlmöglichkeit und grenzt gleichzeitig den Gesprächsrahmen ab. Eines der bekanntesten Beispiele für diese Frage ist:

– Wollen Sie Ihr Frühstücksei hart- oder weichgekocht?

Hier wird gar nicht erst danach gefragt, ob überhaupt ein Frühstücksei gewünscht wird. In vielen Verkaufsseminaren wird die Alternativfrage als eine Art Wunderwaffe bei der Terminvereinbarung gepriesen.

Beispiel:
- Geht es am Montag um 9.30 Uhr oder ist Ihnen der Mittwoch um 16.00 Uhr lieber?

Alternativfragen bereiten somit Entscheidungsprozesse vor und leiten Entscheidungsprozesse ein. Sie wahren den Eindruck einer eigenen freien Entscheidung bei unserem Gesprächspartner und helfen ihm, eine Begründung für seine Stellungnahme oder Entscheidung aufzubereiten.

Suggestivfragen

Die Suggestivfrage verhindert eine wirkliche Stellungnahme des Gesprächspartners. Sie soll eine zustimmende Antwort geben.

Beispiele:
- Sie wollen doch auch das Beste für Ihre Kinder?
- Sind Sie nicht auch der Meinung, wir müßten mehr für das ökologische Gleichgewicht in der Atmosphäre tun?

Wir wollen mit der Suggestivfrage eine Zustimmung von unserem Gesprächspartner erhalten. In vielen, wenn nicht gar den meisten Fällen wird uns dies sogar gelingen. Allerdings ist die Suggestivfrage nicht ohne Risiken. Ein geschulter Dialektiker kann hieraus leicht zu einer Gegenaktion starten oder uns angreifen. Diese Angriffe werden dann meist emotional geführt, haben jedoch auf eventuelle Zuhörer einen nicht zu unterschätzenden Einfluß. Zudem kann sehr schnell das Gefühl, manipuliert zu werden, bei dem Gesprächspartner aufkommen. Häufig reagiert er dann mit Abwehrreaktionen gegen uns, und wir kommen dann schnell in eine Verteidigungssituation. Von dem Ziel einer konstruktiven Lösung sind wir in dieser Situation dann weit entfernt.

Gegenfragen

Eine kleine Geschichte vorweg:
Ein Reporter interviewt einen Jesuiten.

Reporter: „Herr Jesuit, ich habe gehört, daß Jesuiten jede Frage mit einer Gegenfrage beantworten. Stimmt das?"
Jesuit: „Wo haben Sie denn das gehört?"

Gegenfragen können zur weiteren Klärung von Unterschieden beitragen.

Beispiel:

– „Wie stehen Sie zu dem Thema Mitbestimmung?" Antwort: „Was verstehen Sie unter Mitbestimmung? Ich frage nur, um sicherzustellen, daß wir das gleiche meinen."

Mit einer Gegenfrage legen wir den Gefragten auf eine vorher geäußerte Meinung unter Umständen zu stark fest. Wir bewirken damit eine Selbstkorrektur, die zu einem persönlichen Prestigeverlust unseres Gesprächspartners führen kann. Konflikte sind damit vorbereitet.

Typische Reaktion:

– Beantworten Sie doch erst einmal meine Frage, dann bin ich auch bereit, weitere Fragen von Ihnen zu beantworten.

Oder noch schärfer:

– Sie können meine Frage wohl nicht beantworten! Jetzt wollen Sie mit einer Gegenfrage von dem eigentlichen Thema ablenken. So geht es nun aber wirklich nicht!

Häufig bewirkt die Gegenfrage also den Eindruck des Ausweichens aus Unsicherheit beim Fragenden. Unsere Position wird dadurch unnötig geschwächt.

Reflektierende Fragen

Mit der reflektierenden Frage stellen wir die vorhandenen Übereinstimmungen oder die vorhandenen Mißverständnisse fest und bieten darüber hinaus die Möglichkeit, eine ursprünglich negative Äußerung auf eine positive Ebene zu heben. Mit der reflektierenden Frage bereiten wir Entscheidungsprozesse vor. Ebenso bietet sie die Möglichkeit, bisher negative Entwicklungen im Gesprächsverlauf positiv neu zu strukturieren oder unsachliche Äußerungen in objektive Zusammenhänge zu setzen.

Beispiele:
- Wie würden Ihre Vorschläge aussehen, wenn wir in dem Punkt der Informationsgestaltung eine Einigung erzielen können?
- Vorhin erwähnten Sie Ihre ablehnende Haltung gegenüber der Todesstrafe. Bedeutet dies nun eine generelle Ablehnung auch unter dem Aspekt großer Gewalttaten oder gibt es auch Bereiche, bei denen Sie mögliche Ansätze neu überprüfen könnten? (Dies auch besonders unter dem Aspekt absolut sicher nachgewiesener Tatbestände.)
- Wenn Sie heute die Entscheidung für diese Investition treffen würden, nach welchen Kriterien würden Sie die Entscheidung treffen und wie würde Ihre Entscheidung aussehen?

Wir haben in diesem Abschnitt die unterschiedlichen Fragetechniken und Fragearten kennengelernt. Ihre Anwendung in Gespräch und Verhandlung bedarf jedoch der gezielten Übung. Auch hier gilt der Spruch:

- Übung macht den Meister.

Allerdings gewöhnt man sich sehr schnell an eine gute Fragetechnik und wird für die Zukunft auf sie nicht mehr verzichten wollen.

Zusammenfassung

In diesem Abschnitt haben wir die Wichtigkeit und Bedeutung einer guten Fragetechnik kennengelernt. Wer fragt, führt das Gespräch. Mit Fragen bringen wir unseren Gesprächspartner zum Reden und lenken unauffällig das Gespräch. Somit können wir unser Ziel elegant ansteuern und Konflikten entgegenwirken.

Die unterschiedlichen Fragearten helfen uns, immer wieder neu das Gespräch zu strukturieren. Ebenso helfen uns die Fragen bei der Konfliktlösung und beim Aufbau einer positiven Gesprächsatmosphäre.

Beim „Abfragen" sind mögliche Auswirkungen zu beachten. Gleich einer Gratwanderung bewegen wir uns auf einem schmalen Pfad.

6.4 Argumentation und faire Überzeugungstechniken

Mit Argumenten wollen wir unseren Partner überzeugen. Zum Überzeugen gehört neben einer guten Argumentation, die die Gesetze der Logik berücksichtigt, auch unsere Überzeugungskraft. Überzeugungskraft ist ein wesentliches und zentrales Moment im Überzeugungsprozeß. So können Menschen mit einer gut entwickelten Überzeugungskraft überzeugen, auch wenn ihre Überzeugungstechnik (Argumentation) Mängel aufweist. Fehler in der Überzeugungskraft können nur langfristig durch eine gezielte Arbeit an sich selbst und ständiger Übung verbessert werden.

Überzeugung hat auch sehr viel mit Psychologie zu tun. Wie sieht mein Partner die Problemstellung? Wie ist seine momentane Stimmung? Solche und ähnliche Fragen sollten wir uns immer und vor jeder Verhandlung stellen.

Das Eingehen auf unseren Partner ist somit sehr wichtig. Daraus folgt: Unsere Argumentation muß partner- und situationsgerecht sein, wenn wir in der Verhandlung Erfolg haben wollen.

Der Überzeugungscharakter wächst, je stärker Sie das Vorstellungsvermögen Ihres Partners durch anschauliche Aussagen ansprechen (Bilder, Beispiele etc.). Beispiele haben die Aufgabe, abstrakte Inhalte zu veranschaulichen und zu verdeutlichen. Sie geben das Typische und Erfahrung wieder. Wählen Sie Beispiele möglichst aus dem Erfahrungsbereich Ihres Partners. In der Rhetorik und Dialektik gilt:

- Beispiele haben Demonstrationscharakter, aber keinen Beweischarakter!

Vorbereitung ist der sichere Weg zum Erfolg! Je gründlicher Sie sich vorbereitet haben, um so leichter haben Sie es in der Verhandlung. Je besser Ihre Beispiele sind, um so überzeugender wirken Sie.

Es ist nützlich, sich folgende Fragen zu beantworten: Wo liegen die Stärken und Schwächen meines Partners? Wo liegen meine Stärken und Schwächen? Auf welche Stärken oder Schwächen unseres Partners wollen wir uns konzentrieren? Auf welche unserer Stärken oder Schwächen könnte sich unser Partner konzentrieren? Wie wollen wir dann darauf reagieren? Das heißt für uns:

- „Lerne mit dem Kopf Deines Partners zu denken."

Argumentation

- Überzeugen ist der Versuch, den anderen durch eine geschickte Argumentation zu einem emotionalen „Ja" zu bringen.

Argumentationstechniken sind sprachlich-taktische Muster, nach denen man argumentieren kann. Ein Argument zum falschen Zeitpunkt ist wertlos oder schadet uns sogar. Überlegen Sie sich also genau, ob das, was Sie sagen wollen, auch jetzt gesagt werden sollte.

Bringen Sie Ihre verschiedenen Argumente nicht alle auf einmal. Bauen Sie sich eine Argumentationskette auf. Das stärkste Argument heben Sie für Ihre Schlußargumentation auf, denn dann fällt die Entscheidung. Beginnen Sie aber nicht mit dem schwächsten Argument. Das könnte den Eindruck erwecken, Ihre Position sei schwach. Sollte der Partner mehrere Argumente hintereinander bringen, greifen Sie das schwächste auf. Widerlegen Sie es „elegant", ohne viel Engagement – das brauchen Sie noch für gefährlichere Situationen. Wenn Sie merken, daß der Partner Argumente zurückhält, versuchen Sie sie mit W-Fragen herauszubekommen.

Vielleicht haben Sie sich schon über Diskussionen geärgert, in denen ein Teilnehmer nach der Wortzuteilung sagte: „Bevor ich auf Ihre Frage antworte, ..." und dann Beiträge zu Themen brachte, die längst abgeschlossen waren. Danach kümmerte sich dann niemand um den Beitrag, oder eine schon beendete Diskussion geht von vorne los. Auch Verhandlungen lassen sich auf diese Weise nicht voranbringen. Scheuen Sie sich nicht zu sagen: „Ich ziehe meine Wortmeldung zurück" oder „Dazu ist jetzt schon genug gesagt worden."

Müssen Sie aber unbedingt auf etwas zurückgreifen, knüpfen Sie an das zuletzt Gesagte an und machen eine Zusammenfassung, die Sie auf Ihr Thema bringt. Sagen Sie immer nur das, was Sie bei einer Worterteilung sagen wollten. (Denken Sie an Ihren roten Faden.) Fällt Ihnen während des Sprechens etwas Wichtiges ein, notieren Sie es sich. Die Gelegenheit, das zu sagen, kommt bestimmt.

Partnerorientierte Argumentation

Zwei Aspekte sind bei der Argumentation wichtig: Zum einen sollte Ihr Partner immer das Gefühl haben, daß Sie ihn ernst nehmen. Zum anderen kann es für Sie nur vorteilhaft sein, wenn es Ihnen gelingt, sich in die Situation des Partners hineinzuversetzen.

Es ist selbstverständlich, daß Ihr Gesprächspartner seine Ziele hat und diese erreichen will. Zudem bestimmen seine Erfahrungen seine Haltung und seine Einstellung. Allein aus dieser Tatsache werden sich Schwierigkeiten ergeben. Darüber hinaus werden die sachbezogenen Argumente von Ihrem Gesprächspartner subjektiv in seine Interessenlage übersetzt.

Es ist geboten, jeden anderen Menschen als Partner anzusehen. Für die speziellen Konfliktlagen der Verhandlung bedeutet das für Sie:

Die Argumentation muß auch die menschliche Wirklichkeit des Partners in einem hohen Maße berücksichtigen und zufriedenstellen.

Wie geht es Ihnen, wenn ein Verhandlungspartner deutlich Überlegenheit demonstriert (durch besondere Fähigkeiten, Macht, Einfluß usw.)? Sie werden sich unter Umständen ärgern, abschalten und nicht richtig zuhören. Sie zu überzeugen wird ihm kaum gelingen. Sie wollen aber überzeugen: Wirken Sie gleichberechtigt!

Beginnen Sie Verhandlungen nicht mit Äußerungen wie:

„Ich bin zu Ihnen gekommen, weil ..."
„Ich brauche dringend ..."
„Ich möchte mit Ihnen sprechen ..."

Sagen Sie besser:

„Sie haben vielleicht gehört, daß ..."
„Sie sagten vor einiger Zeit ..."
„Sie waren der Ansicht, daß ..."

Auf diese Weise belegen Sie auch sein Interesse an der Verhandlung. Hängen Sie an diese Eröffnung eine Frage an, z.B.:

„Sie haben vielleicht schon gehört, ... Was halten Sie davon?"
„Sie waren der Ansicht, daß ... Können Sie mir sagen, was damit gemeint war?"

Sie wollen in einer Verhandlung Ihr Ziel erreichen. Also machen Sie dem Partner immer wieder klar, warum dieses Ziel für Sie so wichtig ist. Können Sie jedoch jemand für Ihre Sache gewinnen, wenn Sie nur *Ihre* Vorteile herausstellen? Nun können Sie sagen, daß Ihr Partner doch erkennen muß, warum Sie ernsthaft mit ihm verhandeln. Das ist richtig. Es ist aber auch richtig, daß Sie den Partner nur überzeugen, wenn Sie ihm vor Augen führen, daß *seine* Probleme gelöst werden, wenn er Ihnen zustimmt. Packen Sie ihn bei *seinen* Wünschen, *seinen* Zielen, *seinen* Sorgen, *seinen* Hoffnungen und stellen Sie *seine* Vorteile konkret und anschaulich dar.

Regeln für eine erfolgreiche Verhandlungsstrategie

1. Argumentieren Sie aus einer Gegenposition.
   Stellen Sie die Meinung Ihres Partners dar, und widerlegen Sie sie dann (Voraussetzung ist: Sie haben sehr gute Argumente). So können Sie verhindern, daß dieser Punkt noch einmal aufgegriffen wird.

2. Sagen Sie möglichst nicht nein.
   Akzeptieren Sie andere Argumente (nicht Ergebnisse); machen Sie aber deutlich, daß weitere Gesichtspunkte dazu gehören oder noch wichtiger sind.

3. Stellen Sie nicht unmittelbar Antithesen auf. Führen Sie den Partner erst von seiner These weg (These – Zweifel – Antithese). Geben Sie dem Partner Zeit, damit er Ihnen folgen kann.

4. Nehmen Sie Einwände anderer vorweg. – Damit zeigen Sie, daß Sie mögliche Schwächen Ihrer Position selbst bemerken. Das ist nicht nur klug, Sie bestimmen damit auch, wie und wann über diese Punkte gesprochen wird.

Aber wie verhalten Sie sich, wenn der Partner entsprechende Techniken anwendet? Achten Sie vor allem darauf, daß Ihnen nichts untergeschoben wird. Überlegen Sie, ob Sie (jetzt) darauf eingehen wollen. Verlangen Sie Beweise. Stellen Sie Gegenfragen. Grundsätzlich läßt sich sagen: Wenn Sie diese Techniken beherrschen, durchschauen Sie auch die Absicht des Partners. Damit ist eine Überrumpelung schon fast ausgeschlossen.

Weitere dialektische Regeln:

1. Achten Sie auf Wertungen.

2. Korrigieren Sie jede manipulative Äußerung sofort.

3. Weisen Sie Unterstellungen und Verfälschungen sogleich zurück.

4. Lassen Sie sich durch Fragen nicht positionieren.

5. Begegnen Sie Suggestiväußerungen mit Gegenfragen.
6. Weisen Sie Diskriminierung und Polemik als der Sache nicht dienlich zurück.
7. Achten Sie auf Ihre Emotionen.
8. Verlangen Sie Definitionen.
9. Führen Sie das Gespräch durch Fragen.

Gefühle ansprechen

A. Chamberlain hat gesagt: „Im letzten Einvierteljahrtausend der englischen Geschichte sind niemals große und lebenswichtige Entscheidungen aus der reinen Logik heraus getroffen worden."
Dieser Satz, dem auch heute jeder Psychologe oder Kommunikationsforscher zustimmen würde, wird immer wieder bestätigt. Sehen Sie sich einmal die Anzeigen in den Zeitungen an: Wirbt das Möbelgeschäft etwa mit der Aussage, daß neue Materialien verarbeitet würden? Nein. Es heißt: „Gehen Sie mit der Zeit – kaufen Sie bei uns."
Die Autofirma wirbt nicht mit dem Hinweis: „Unser Autoblech ist so und so dick und wird x-mal lackiert", sondern: „Qualität ist kein Glücksspiel." Die Boutique verkauft keine neue Mode. Neues ist uns häufig suspekt. Nein, junge Mode bietet sie an, jung wollen wir heute (fast) alle sein.

Für die Verhandlung heißt das: Mit Zahlen und Fakten können Sie unwiderlegbare Beweise führen. Ihren Partner gewinnen werden Sie allerdings eher mit dem Hinweis, daß ein gemeinsamer Erfolg sein persönliches Prestige erhöhen könnte, als mit dem Hinweis auf finanzielle Vorteile für die Firma.

Erfolg können Sie so natürlich nur haben, wenn:
- Ihr Partner nicht den Eindruck hat, manipuliert zu werden,
- Sie wirken, als seien Sie wirklich am Partner interessiert,
- Ihr Partner merkt, daß ihm ein Mensch gegenübersitzt und kein Computer.

Aber denken Sie auch daran: Je mehr Sie sich als Mensch zeigen, je mehr Sie sich öffnen, um so angreifbarer werden Sie auch. Ein „Pokerface" und entsprechendes Verhalten können auch Vorteile haben.

Sie scheinen zu unterliegen – was tun?

Sind Sie in die Defensive geraten, können Sie kaum noch überzeugen. Wichtigstes Anliegen ist es also, aus dieser Situation herauszukommen. Dazu schalten Sie am besten auf Angriff:

- Erinnern Sie sich an den Satz: Wer fragt, der führt. Stellen Sie Fragen, verlangen Sie exakte Beweise, Definitionen usw.
- Suchen Sie ein weniger wichtiges Detail aus einer Gegenbehauptung und gehen Sie gründlich darauf ein.
- Nehmen Sie ein leicht zu widerlegendes Argument Ihres Partners, stellen Sie es als sehr bedeutsam hin und widerlegen es.
- Stimmen Sie bloß rhetorisch zu: Betonen Sie z.B. die Wichtigkeit einer Ansicht des Partners, nicht aber deren Richtigkeit.
- Wenn mehrere Partner beteiligt sind, übernehmen Sie zeitweilig eine Mittlerfunktion. (Für die Zeit sind Sie dann allerdings „aus dem Spiel".)

Argumentationspläne

Welche Möglichkeiten und Hilfsmittel stehen uns zur Verfügung, um schnell und effektiv Argumentationspläne für unsere Verhandlungen und Gespräche aufzustellen? In der Praxis hat sich die Methode des „Fünfsatzes" als wirkungsvolles Hilfsmittel herausgestellt. Damit kann schnell und präzise ein eigenes Argumentationsmuster erstellt werden.

Der Fünfsatz als wirkungsvolles Hilfsmittel bei der Argumentation

Der Fünfsatz ist ein Hilfsmittel für die Planung und die vorbereitende Formulierung unserer Argumentation. Er hilft, eine zielgerichtete und überzeugende Argumentationskette aufzubauen. Der Fünfsatz läßt sich in verschiedenen Argumentationsstrukturen realisieren:

Die folgenden Abschnitte entsprechen weitgehend der Darstellung des „Fünfsatzes" als wirkungsvollstes Planungsinstrument für die Rede und Argumentationsstrategien nach *Hellmut Geißner* (1976, S. 121–128).

Beispiel:

Der Müll in der Industrie und in den privaten Haushalten nimmt von Jahr zu Jahr zu. Die städtischen Deponien in unserer Gemeinde reichen nicht mehr aus. Zudem weigern sich die umliegenden Gemeinden, unseren Müll in ihre Deponien aufzunehmen. Damit es nicht zu Engpässen kommt und um die Entsorgung für das nächste Jahrzehnt sicherzustellen, ist der Bau einer Müllverbrennungsanlage notwendig. Dies ist um so notwendiger, da die Gemeinde auch keine Deponieflächen mehr zur Verfügung hat.

Nehmen Sie bitte ein Blatt Papier und versuchen Sie, die wichtigsten Aussagen aus dem vorangegangenen Beispiel zu notieren, ohne daß Sie während dieser Arbeit den Absatz noch einmal lesen.

Die Aufsatzgliederung

entspricht der gängigen Rede- und Aufsatzgliederung in Einleitung, Hauptteil, Schluß. Dabei ist zu beachten, daß die drei Denkschritte im Mittelteil gleichwertig nebengeordnet sind.

„Einleitung"

„Hauptteil"

„Schluß"

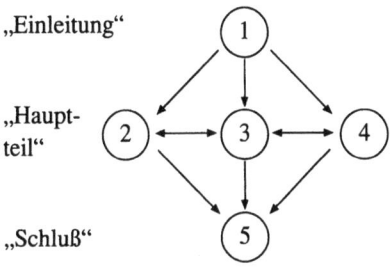

1. Einleitende Äußerung aus den Argumenten ...
2. erstens ...,
3. zweitens ...,
4. und – am wichtigsten – drittens ...
5. Hauptaussage (Ziel)

Formulierungsbeispiel:

1. Der Müll in Industrie und privaten Haushalten nimmt von Jahr zu Jahr zu.
2. Die städtischen Deponien reichen nicht mehr aus.
3. Andere Gemeinden weigern sich, unseren Müll aufzunehmen.
4. Zudem haben wir in unserer Gemeinde keine Fläche für neue Deponien.
5. Somit bleibt nur eine Müllverbrennungsanlage.

Ein „räumliches" Stichwortkonzept, das die Fünfsatz-Struktur deutlich macht, könnte zu unserem Beispiel so aussehen:

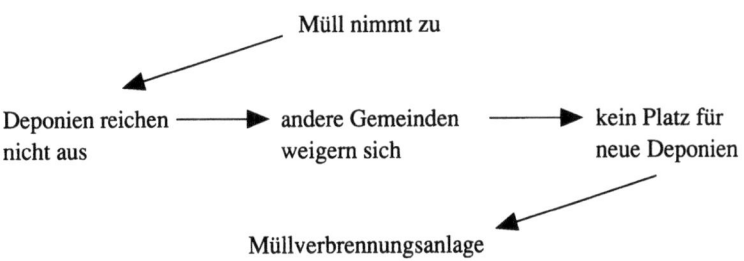

Die Kette

Die „Kette" entwickelt im Gegensatz zum Aufsatzplan ihren Zielsatz nach einer streng chronologischen oder logischen Abhängigkeit der einzelnen Glieder. Hier stehen keine Argumente nebeneinander.

Beispiel:

1. Ich meine, der Vorschlag X ist gefährlich ...
2. Wir müssen überlegen, ob nicht ...
3. Mir scheint der bessere Weg, wenn ...
4. Dann nämlich können wir ...
5. Wir haben zu entscheiden, ob ...

Formulierungsbeispiel:

1. Ich meine, für die Neuansiedlung von Industrieunternehmen wird noch zu wenig getan.
2. Dies führt langfristig zu einem Stagnieren oder sogar zu einem Rückgang an Arbeitsplätzen.
3. Die Folge ist ein Rückgang im Steueraufkommen und damit Probleme bei der Finanzierung unseres Haushaltsetats.
4. Voraussetzung für die Industrieansiedlung ist die Ausweisung von Gewerbeflächen.
5. Darum haben wir heute zu entscheiden, ob und wo wir diese Gewerbeflächen anlegen können.

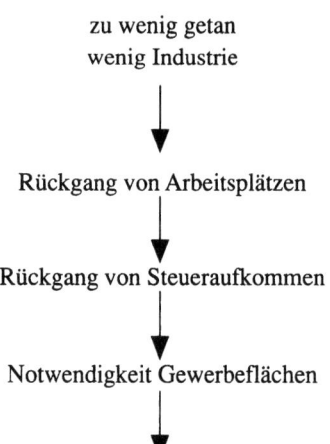

Stichwortkonzept:

zu wenig getan
wenig Industrie
↓
Rückgang von Arbeitsplätzen
↓
Rückgang von Steueraufkommen
↓
Notwendigkeit Gewerbeflächen
↓
Entscheidung wo und wie heute.

Der dialektische Aufbau

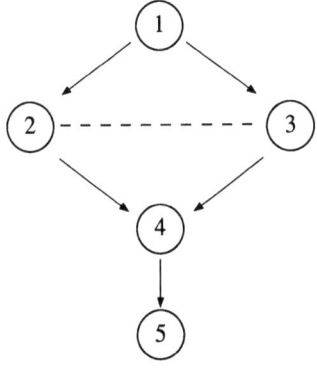

Beispiel:

1. Dem Referenten möchte ich danken für eine Menge neuer Einsichten ...
2. Unter anderem hat er gesagt ...
3. Dagegen ist aber auch zu halten, daß ...
4. Vergleicht man beide Ansichten, dann ...
5. Aus diesem Grunde schlage ich vor ...

Vom Allgemeinen zum Besonderen

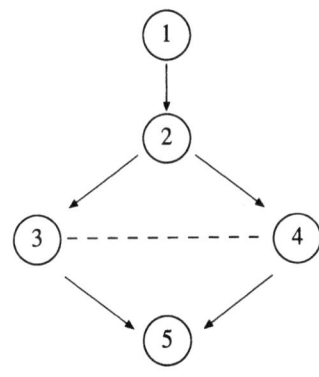

Beispiel:

1. Gemeinhin sieht man die Sache so ...
2. Aus unserer Erfahrung aber ...
3. Denn erstens ...
4. und zweitens ...
5. Folglich ...

Formulierungsbeispiel:

1. In Anbetracht der Finanzlage, in der sich unsere Stadt befindet, mag der Oberbürgermeister recht haben, wenn er die neue Kulturstätte nicht unterstützen will.
2. Während die Nachbargemeinden in den letzten Jahren ihr Kulturangebot ausgebaut haben, ist das Kulturangebot in unserer Stadt eher zurückgegangen.
3. Zum einen wird damit die Bereitschaft der Kulturschaffenden, sich hier in unserer Stadt zu engagieren, immer geringer und damit das Kulturangebot noch schlechter.
4. Zum anderen bleiben auch die Besucher von außerhalb aus, was zu einer zusätzlichen Verschlechterung der wirtschaftlichen Situation unserer Stadt führt.
5. Darum bleibt trotz finanzieller Bedenken nur eine Lösung: Unsere Stadt braucht ein attraktives Kulturangebot und somit sollte die neue Kulturstätte finanziell gefördert werden.

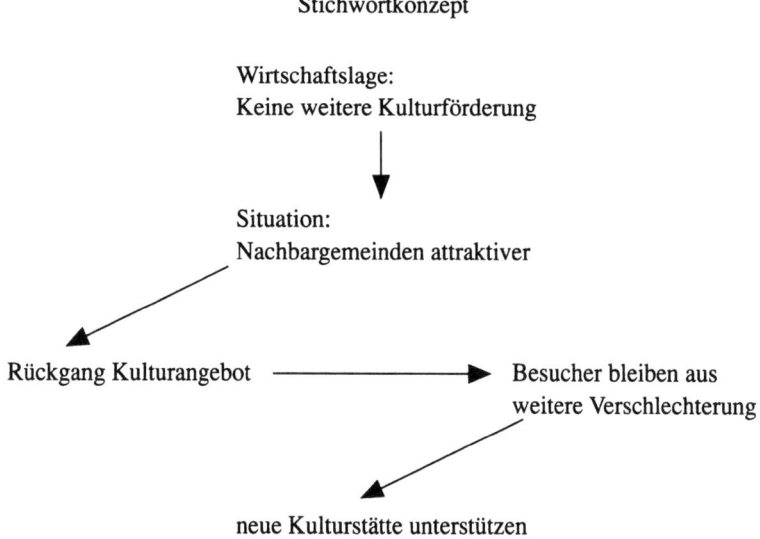

Der Vergleich

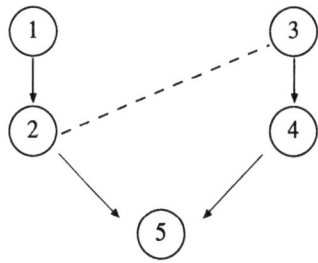

Beispiel:
1. Die A-Partei hat folgenden Standpunkt ...
2. Sie begründet ihn mit ...
3. die B-Partei vertritt den entgegengesetzten Standpunkt ...
4. Sie begründet ihn mit ...
5. Ich kann mich für keinen von beiden entschließen, sondern ...

Der Kompromiß

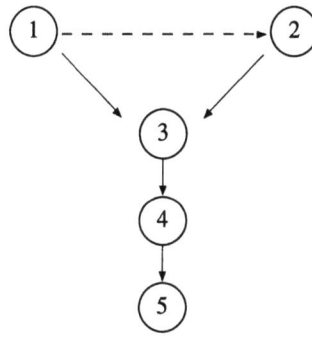

Beispiel:
1. A behauptet ...
2. B widersprach mit dem Hinweis auf ...
3. Mir scheint, die beiden treffen sich in einem Punkt
4. Hier liegt vielleicht die Lösung, denn ...
5. Wir sollten in dieser Richtung weiterdenken

Formulierungsbeispiel:

1. A behauptet, die Arbeitsleistung ist in Großraumbüros besser als in Einzelbüros aufgrund einer besseren und schnelleren Information.
2. B widersprach mit dem Hinweis auf die Lärmbelästigung, die die Konzentration und damit auch die Arbeitsleistung beeinträchtigt.
3. Mir scheint, beide treffen sich in dem Punkt, daß eine Steigerung der Arbeitsleistung wünschenswert ist.

4. Hier liegt vielleicht die Lösung, denn in einem Großraumbüro können zusammengehörende Funktionsbereiche abgetrennt werden. Zudem können Maßnahmen zur Geräuscheindämmung getroffen werden.
5. Wir sollten in dieser Richtung weiterdenken und überprüfen, inwieweit wir von einer solchen Lösung Vorteile erzielen können.

Stichwortkonzept

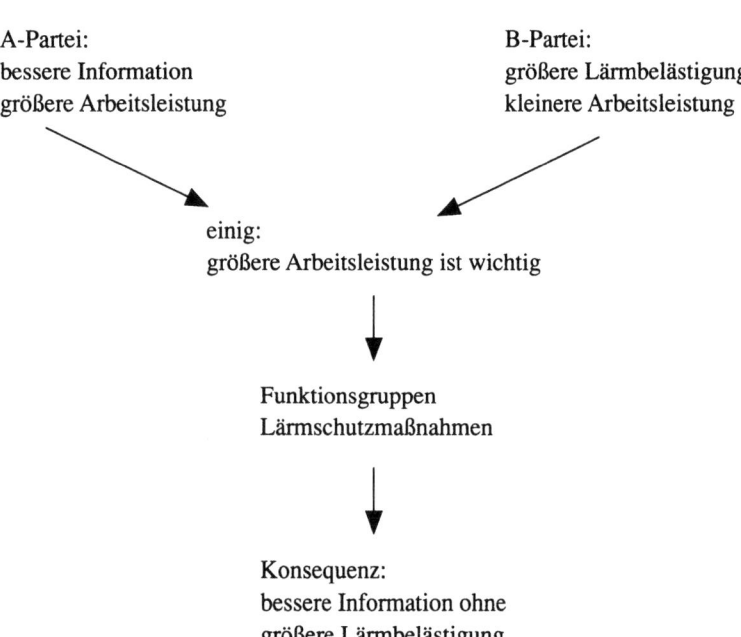

Die Ausklammerung

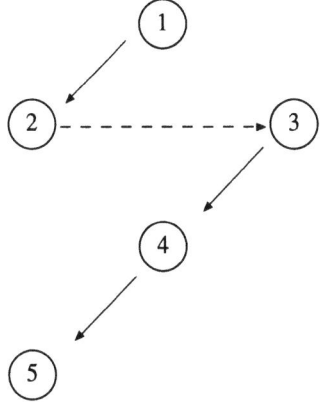

Beispiel:
1. Wir reden schon eine Weile über ...
2. Bislang dreht sich alles um ...
3. Dabei wurde übersehen, daß ...
4. Gerade dies scheint mir aber besonders wichtig, weil ...
5. Ich stelle den Antrag ...

Formulierungsbeispiel:
1. Wir reden schon eine Weile über die Verkehrsbelastung in den Innenstädten und wie wir mit Einbahnstraßen oder Durchgangsstraßen die Situation verbessern können.
2. Bislang dreht sich alles um den Individualverkehr.
3. Dabei wurde übersehen, daß der öffentliche Nahverkehr hier durchaus eine Alternative bietet.
4. Durch ein attraktives Angebot im öffentlichen Nahverkehr und der Sperrung der Innenstadt für den Durchgangsverkehr kann das Verkehrsaufkommen in der Innenstadt kanalisiert werden und zudem die Umweltbelastung reduziert werden.
5. Daher sollte der öffentliche Nahverkehr schnellstmöglich ausgebaut werden.

Stichwortkonzept

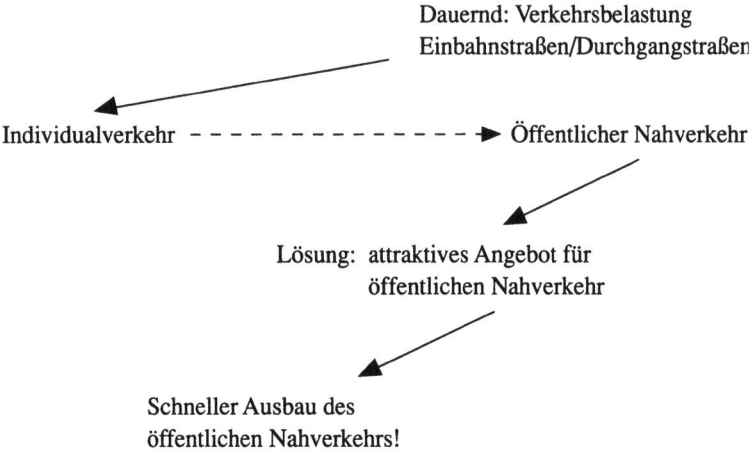

Zusammenfassung

Die Hinweise aus den vorangegangenen Abschnitten sind keine Universal-Rezepte, die immer passen. Sie werden in der Praxis erproben müssen, wann und wie oft und in welchen Situationen Sie sich so verhalten.

Ohne zu fragen, kommen Sie nicht weit. Aber nur Fragen stellen geht nicht, nur Gefühle ansprechen reicht nicht, und wenn Sie alle denkbaren Einwände selbst vorwegnehmen, kommt Ihr Partner nicht mehr zu Wort. Die Kunst ist also nicht nur, alle Techniken zu beherrschen, sondern sie auch situationsgerecht einzusetzen: Damit Sie nicht nur Ihr Verhandlungsziel erreichen, sondern damit Ihr Verhandlungspartner auch hinterher noch Ihr Partner ist. Oder anders gesagt:

- Dialektik ist die Kunst zu siegen, ohne zu gewinnen.

6.5 Dialektische Gesprächsformen

Es geht in Gesprächssituationen nicht immer nur darum, den direkten Gesprächspartner zu überzeugen. Häufig gilt es, die Zuhörer zu überzeugen. Sicher haben Sie schon einmal an einer Podiumsdiskussion, zu der Politiker oder andere bekannte Persönlichkeiten eingeladen waren, teilgenommen. Der Adressat aller Argumente ist hier der Zuhörer. Ihn gilt es zu überzeugen, besonders bei politischen Veranstaltungen. Denn hier gilt: Gewonnen hat, wer die Mehrheit der Zuhörer auf seiner Seite hat. Dies gilt auch für die Übertragung von Debatten im deutschen Bundestag. Die Abgeordneten wissen genau, wann die Fernsehübertragung stattfindet, und richten ihre Argumentationsstrategie dann auf die Zuschauer aus. Ist die Fernsehübertragung beendet, wird häufig der Argumentationsstil wieder sachlicher.

In diesem Abschnitt werden wir die Gesetzmäßigkeiten der Debatte kennenlernen, ebenso die der Diskussion. Und wir werden uns mit der Interviewtechnik befassen. Erinnern Sie sich noch an Ihr letztes Bewerbungsgespräch? Hier hat nichts anderes als ein Interview stattgefunden.

Auch geht es um die Abwehr unfairer dialektischer Angriffe. Dazu sind die Kenntnisse der Techniken der unfairen Dialektik nötig. Sie werden hier die wichtigsten und erfolgreichsten Techniken kennenlernen.

In der Dialektik unterscheiden wir verschiedene Gesprächsformen. Da ist zum einen die Debatte. Sie ist ein Kampfgespräch mit dem Ziel zu siegen. Sieger ist, wer das Publikum überzeugt.

Eine weitere Gesprächsform ist die Diskussion. Hier unterscheiden wir zwischen der Diskussion, die die Mitglieder eines Diskussionskreises überzeugen soll, und der Diskussionsgruppe, die in gemeinsamer Bemühung versucht, zwischen Pro und Conra zu ermitteln und zu einem tragfähigen Konsens zu gelangen.

Im Interview wird versucht, möglichst viele Informationen von unserem Partner zu bekommen. Die Kunst besteht darin, ihn durch geschickte Fragen dazu zu bringen, Informationen preiszugeben, die er uns eigentlich nicht mitteilen wollte.

Das Streitgespräch ist auf direkte Konfrontation unterschiedlicher Meinungen ausgerichtet. Überzeugt werden sollen die nicht direkt am Gespräch Beteiligten.

Rupert Lay gliedert die spezielle Dialektik in folgenden Situationen:

Gespräch (es geht um den Partner)
Diskussion (es geht um die Sache)
Debatte (es geht um den Sieg)
Interview (es geht um Sie)
Rede (es geht ums Überzeugen)

Nicht immer sind die Formen in der Praxis für den nicht Geübten klar erkennbar. Auch weiß er häufig nicht, daß er sich im Mittelpunkt des Überzeugungsprozesses befindet. Hier kann leicht die Grenze zur Manipulation der Zuhörer überschritten werden. Doch davor kann sich jeder weitgehend schützen.

Auch hier gilt der Spruch: Je mehr jemand weiß, um so schwieriger ist er zu manipulieren.

Die Diskussion

Bei der Diskussion geht es um den zielgerichteten Austausch von Informationen und Argumenten mit dem Ziel, zu einer gemeinsamen Problemlösung oder zu einem Konsens zu kommen. An der Diskussion sind immer mehrere Personen beteiligt. Sie zählt zu den Sonderformen des Gesprächs und umspannt ein weites Feld: vom alltäglichen Zwiegespräch bis hin zur großen Auseinandersetzung z.B. im Anschluß an einen Vortrag.

So schreibt *Lemmermann* in seinem „Lehrbuch der Rhetorik" (S. 160), das mittlerweile schon als ein Klassiker zu dem Thema Rhetorik gilt:

„Man sollte Diskussionen nicht um ihrer selbst willen pflegen, sondern um Wahrheit zu ergründen und um Gegner zu überzeugen. Jede *echte* Diskussion ist ein Versuch, durch *gemeinsames* Überdenken eines Sachverhaltes diesem gerecht zu werden."
Man kann so ziemlich über alles diskutieren. Wichtig ist, daß das Thema möglichst kontrovers ist. Gut ist es, wenn sowohl die Teilnehmer an der Diskussion als auch die Zuhörer über dieses Thema genügend Informationen und in etwa das gleiche Wissen besitzen.

Rupert Lay unterscheidet folgende Arten der Diskussion:

1. Erörterungen

Ziel: Eine gemeinsame Strategie erarbeiten.
Zwischen Alternativen die günstigste wählen.
Gründe Pro und Contra kennenzulernen, gegenüberzustellen und kritisch zu prüfen (bzw. prüfen zu lassen).

2. Aussprachen

Ziel: Gemeinsam eine Stellungnahme zu erarbeiten.
Divergierende Meinungen einander anzunähern.
Mißverständnisse auszuräumen.

3. Meinungsaustausch

Ziel: Information über Fremdmeinung, mit der Möglichkeit schneller Rückfragen.
Vortrag eigener Meinung, mit der Möglichkeit schneller Prüfung ihrer Realisationschancen.
Meinungsbildungsprozeß in Gang zu setzen.

4. Beratungen (Konferenzen)

Ziel: Sachliche oder taktische Entschlüsse fassen.
Meinungsbildungsprozesse zum Abschluß bringen.
Bei Beratungen wird das Ergebnis zumeist durch Abstimmung ermittelt.

Die Diskussionstypen sind nicht immer sauber voneinander zu trennen. Nicht selten finden sich auch Mischformen. Die meisten Regeln für das Gespräch gelten auch für die Diskussionen.

● *Die wichtigsten Regeln für die Diskussion*

Bei der Diskussion geht es in erster Linie um das Publikum. Es gilt, das Publikum zu überzeugen. Diskussionen sind nur sinnvoll, wenn die Teilnehmer alle zur Frage in etwa gleich gut informiert sind. Somit gilt es, zu Beginn einer Diskussion für einen ausreichenden Informationsstand zu sorgen. Eine Diskussion gliedert sich üblicherweise in drei Phasen (sie sind uns auch schon aus der freien Rede bekannt):

– Eröffnung
– Durchführung/Hauptteil
– Schluß

Albert Thiele (S. 145) nennt drei grundsätzliche Ziele der Diskussion:

– nach außen überzeugen (Publikum),
– die wirkungsvolle Selbstdarstellung, die Austragung von Konflikten, die Verdeutlichung der eigenen Meinung und Argumentation,
– Darstellung und Überprüfung der Tragfähigkeit der verschiedenen Argumentationen.

Die meisten Regeln für das Gespräch gelten auch für die Diskussion. Wichtig:

– Nehmen mehr als vier bis fünf Personen an der Diskussion teil, so sollte ein Diskussionsleiter ernannt werden.
– Jeder Teilnehmer bringt zuerst sein Eröffnungsstatement ein.
– bei der Diskussion gilt: zuhören ist wichtig! Die Teilnehmer einer Diskussion verbringen normalerweise den weitaus größeren Teil der Diskussionszeit mit Zuhören. Hören Sie genau zu, was die anderen Diskussionsteilnehmer sagen. Gehen Sie auf das Gesagte ein und führen Sie ihre Argumentation dann weiter.

- Eine gründliche Vorbereitung ist sehr wichtig. Hier sollte man genügend Zeit aufwenden und auch die Durchführung der Diskussion mit planen.
- Geben Sie den Diskussionsteilnehmern ein Feedback. Sie steuern damit den Erfolg einer Diskussion. Wenn Diskussionen uneffektiv verlaufen oder ohne ein Ergebnis enden, so liegt es häufig daran, daß nicht genügend oder in ungeeigneter Form Feedback gegeben wurde.

Beim Feedbackgeben ist wichtig, daß es sachlich konkret, konstruktiv und möglichst bald auf einen Beitrag erfolgt.
- Bringen Sie nicht zu viele Aspekte in Ihre Aussage ein. Es führt nur zur Verwirrung bei den Zuhörern.
- Drücken Sie sich klar und präzise aus. Ordnen Sie Ihre Gedanken, bevor Sie sprechen.
- Vermeiden Sie zu viele Fremdwörter und ein Sprachniveau, das zu wissenschaftlich oder zu fachlich-abstrakt ist.
- Bringen Sie Beispiele!

Sie kennen nun die wichtigsten Regeln für die Diskussion. Nutzen Sie jede sich bietende Gelegenheit, sei es in einem kleinen Kreis oder vor einem Publikum, um sich in der Diskussion zu üben. Sie werden sehen, wieviel Freude es Ihnen bereiten wird.

Die Debatte

Die Debatte ist ein verbaler Kampf gegensätzlicher Meinungen, eine Auseinandersetzung zwischen mehreren Personen, meistens zwei Parteien, die nicht den Zweck haben, ein Mitglied der Debattenteilnehmer zu überzeugen, sondern die Zuhörer zu überzeugen. Sie sind die eigentlichen Adressaten. Anders ausgedrückt: die Debatte ist die polemische, kämpferische Form der Diskussion. Im Gegensatz zur Diskussion, wo wir uns um Gemeinsamkeiten mit dem Partner bemühen, geht es in der Debatte um den Sieg über unseren Gegner. Ihn niederzuschlagen und uns mit unseren Argumenten beim Publikum durchzusetzen, ist das Ziel in der Debatte. Unser Gegner hat jedoch dasselbe Ziel.

In der Debatte ist selbst der Einsatz unfairer dialektischer Mittel erlaubt – mit Ausnahme des persönlichen Angriffs (*Lay*, S. 177).

● *Regeln zur Durchführung einer Debatte*

Es gelten bei der Debatte im allgemeinen die Regeln der Diskussion. Wichtig ist: Die Debatte ist Teamwork. Bereiten Sie die Debatte daher im Team vor. Verteilen Sie die unterschiedlichen Aufgaben und legen Sie gegebenenfalls fest, wer welche Argumente oder Richtung vertreten soll. Wie bei allen Teamaufgaben ist auch bei der Debatte ein gewisses Maß an Disziplin nötig, und in besonderer Weise gilt: Fallen Sie einem Mitglied ihres Teams nicht in den Rücken. Die Gegenpartei würde dies gleich für ihre Strategie nutzen. Beispielsweise, indem sie sagt: „In Ihrem Team scheinen ja noch unterschiedliche Meinungen zu diesem Thema vorhanden zu sein. Einigen Sie sich doch erst einmal, welche Meinung Sie hier vertreten wollen. Vielleicht können wir dann weiter fortfahren." Unterstützen Sie Ihre Gruppenmitglieder bei Angriffen der Gegenseite, auch wenn Sie nicht die Meinung Ihres Gruppenmitgliedes uneingeschränkt teilen. Nach außen hin gilt es, wie eine geschlossene Einheit zu wirken. Machen Sie es der Gegenseite also nicht allzu leicht, Sie als Gruppe zu spalten. Sonst werden Sie unter Umständen Aussagen zu hören bekommen wie diese: „Es mag ja sein, daß Sie diese Meinung vertreten, aber Herr …, bei Ihnen sieht das ja ganz anders aus." Ist eine solche Situation erst einmal eingetreten, ist es sehr schwer, wieder zu einer einheitlichen Gruppenmeinung und zu einem einheitlichen Gruppenauftreten zu kommen. Was Sie bis dahin an Ansehen bei den Zuhörern verloren haben, läßt sich unter Umständen überhaupt nicht mehr in dieser Debatte zurückerobern. Und gerade diese Zuhörermeinung ist der wichtigste Bereich, hier soll ja Überzeugung aufgebaut werden.

Die Debatte vollzieht sich nach einer vereinbarten Geschäftsordnung, deren Einhaltung ein Debattenleiter überwacht. Zu Beginn der Debatte sollte über die Geschäftsordnung Klarheit herrschen. Sind noch Fragen oder Unklarheiten zur Geschäftsordnung, sollten sie jetzt geklärt werden. Wenn möglich, sollte die Geschäftsordnung schon bei der

Vorbereitung mit berücksichtigt werden. Ebenso wichtig ist auch die Einhaltung der Redezeit und der Reihenfolge der Redebeiträge. Dies ist Aufgabe des Debattenleiters. Er hat sich auch eigenen Meinungsäußerungen und Wertungen über die Meinung anderer zu enthalten. Dies ist jedoch eine idealtypische Annahme. Debattenleiter sind auch nur Menschen, und hier und da kann im Eifer der Debatte schon einmal von der strikten Einhaltung dieser Regel abgewichen werden. Prüfen Sie unmittelbar, welche Auswirkungen dies auf Ihre Position und Argumentation hat. Sollte sich hier eine für Sie ungünstige Situation ergeben, sprechen Sie diese Thematik sofort an. Fordern Sie eine sofortige Klarstellung seitens des Debattenleiters und erinnern Sie ihn gegebenenfalls an die Regeln der Debattenleitung. Ein Zögern kann sich für Sie zu einem späteren Zeitpunkt negativ auswirken, und dann ist es für eine Korrektur zu spät. Sie können beispielsweise einhaken mit folgendem Satz: „Dies stellt Ihre Meinung dar, ich habe jedoch etwas anderes gesagt." oder: „Es wäre schön, wenn Sie als Debattenleiter sich auf die Lenkung der Debatte konzentrieren würden. Gerne können wir nach der Debatte uns über Ihre Meinung zu diesem Thema austauschen."

Die Debatte lebt vom sachlichen und emotionalen Gegeneinander von Meinungen und Wertungen (Polemik). Dies bietet Ihnen eine ganze Reihe von Möglichkeiten zu agieren. So empfiehlt *R. Lay* unter anderem: „Versuchen Sie Ihren Gegner emotional zu stimulieren. Ein verärgerter oder gereizter Gegner wird oft etwas anderes als ursprünglich Geplantes sagen." (*Lay* 1974). Unter Umständen gibt er sich eine Blöße, die nun zu einem weiteren Angriff genutzt werden kann. Jetzt sollten aber nicht Sie diesen Angriff führen, sondern einer aus Ihrem Team. Stellen Sie aggressive oder unterstellende Fragen oder gar provozierende und unterstellende Behauptungen auf. Wichtig hierbei: Nur die Form, nicht der Inhalt darf provozieren! Sie wissen, die Zuhörer reagieren ebenfalls in weiten Bereichen emotional. Ihre Angriffe sollten daher so erfolgen, daß sie nicht allzuleicht als solche zu erkennen sind und nicht unfair oder verletzend wirken. Sonst kann die Zuhörergunst schnell zu dem nun Angegriffenen und vermeintlich hilflosen Debattenmitglied hinüberschwenken und Sie stehen als der „böse" aggressive Gegner da. Es ist also immer ein sorgfältiges Abwägen notwendig, wie weit wir gehen können, ohne uns selbst zu gefährden. Wie führt man nun solche Angriffe? Hier einige Beispiele:

„Sie wissen ja noch nicht einmal, was die wesentlichen Punkte hierbei sind."

„Von der ganzen Problematik haben Sie bisher noch nicht viel verstanden, vielleicht konzentrieren Sie sich einmal auf das, was hier gesagt wird."

„Ich erwarte jetzt endlich einmal eine klare Antwort auf die gestellten Fragen."

„Weichen Sie nicht immer aus und stellen Sie sich jetzt meinen Argumenten."

„Lenken Sie nicht immer ab von dem eigentlichen Thema und unterlassen Sie die Versuche, diese Debatte immer wieder zu manipulieren."

Halten wir noch einmal fest: Alle diese Angriffe sollen unseren Gegner dazu veranlassen, sich eine Blöße zu geben und ihn zu falschen Reaktionen zu verführen. Doch seien Sie dabei vorsichtig. Wie schnell sich eine Situation ändern kann, erleben wir häufig in Debatten, die in den Medien übertragen werden. Schneller, als wir es manchmal glauben, wird aus dem Jäger ein Gejagter.

Im letzten Abschnitt haben wir gesehen, wie durch eine emotionale Aufladung die Gefahr wächst, Fehler zu begehen und sich eine Blöße zu geben. Hier werden wir dann angreifbar. Somit gilt für uns in der Debatte: Ruhig bleiben und sicher nach außen zu den Zuhörern wirken. Lassen Sie sich nicht emotional stimulieren. Zeigen Sie Ihre Verärgerung nicht und lassen Sie sich nicht zu verbalen Äußerungen hinreißen, die Ihrer Verärgerung Ausdruck geben. Es ist leichter, dies zu sagen, als in der konkreten Situation sich daran zu halten. Es bedarf der Übung und eines hohen Maßes an Selbstdisziplin. Halten wir uns jedoch nicht daran, machen wir es unserem Gegner leicht und begeben uns unnötig in Gefahr. Wir sollten auch in diesen Situationen immer unser Ziel vor Augen haben, das wir in dieser Debatte erreichen wollen. Nichts anderes zählt in diesem Augenblick!

In der Debatte geht es um Gruppenmeinungen und Gruppeninteressen. Dies bedeutet für Sie als Debattenredner, auch immer Gruppenmeinungen und Gruppeninteressen in Ihren Argumentationen zu formulieren. Und es geht in der Debatte nicht um einen Konsens, sondern um die Gewinnung der Zuhörer. Für die Argumentation bedeutet dies, hauptsächlich konfliktorientiert und weniger konsensorientiert zu argumentieren. Das Erreichen eines Konsens ist nicht Ziel der Debatte.

- Der Debattenredner argumentiert hauptsächlich konflikt-, nicht konsensorientiert.

Aufgaben des Leiters bei der Diskussion und der Debatte

Auch ohne Leiter können Diskussionen und Debatten erfolgreich verlaufen, und sie können auch mit einem Leiter scheitern. Und doch ist zumindest bei größeren Gruppen – ab vier Personen – eine Gesprächsleitung zu empfehlen. Hierzu liefert die Sozialpsychologie uns interessante Befunde. Sie deuten darauf hin, daß die Empfehlung, einen Gesprächsleiter zu ernennen, mehr ist als nur eine Formalie.

Wer ist leistungsfähiger: die Gruppe oder der einzelne? Faßt man die Ergebnisse der unterschiedlichen Experimente und Untersuchungen zusammen, kann gesagt werden: Gruppen haben es offensichtlich in einem entscheidenden Punkt schwerer als Einzelpersonen: *bei der Koordination ihres Handelns.* Diese Schwierigkeit macht sich um so stärker bemerkbar, je komplexer die Aufgabenstellung wird. Damit wird ein immer genauer abgestimmtes Handeln verlangt. Nicht zuletzt hängen diese Koordinationsprobleme auch von der Größe der Gruppe und ihrer Zusammensetzung ab. Unter dem Aspekt der Zielsetzung und Zielerreichung in der Diskussion und der Debatte heißt dies:

- Den Gesprächsverlauf nicht dem Zufall überlassen!

Denn erst wenn es gelingt, die Koordinationsprobleme einigermaßen befriedigend zu lösen, kann eine Gruppe ihre volle Leistungsfähigkeit entfalten. Dann allerdings ist sie Einzelpersonen bei einer Reihe von Aufgaben klar überlegen, insbesondere dann, wenn es darum geht, eine optimale Entscheidung zu finden oder alle Aspekte einer Sache voll auszuleuchten. Hier nun beginnt die Aufgabe des Gesprächsleiters. Er hat Sorge dafür zu tragen, daß der Verlauf des Gesprächs nicht völlig dem Zufall überlassen ist, sondern die Vorgehensweise sowohl der Sache, um die es geht, als auch dem einzelnen Gesprächsteilnehmer gerecht wird.

- Dialektische Regeln für die Durchführung einer Diskussion oder Debatte
  – Der Gesprächsleiter hat dafür zu sorgen, daß eine Diskussion fruchtbringend, fair und unter Beachtung der Zeit verläuft.
  – Der Gesprächsleiter führt zu Beginn der Diskussion/Debatte in das Thema ein und bringt gegebenenfalls eine Definition als Orientierungshilfe.
  – Der Gesprächsleiter enthält sich einer eigenen Meinungsäußerung, um nicht der Gefahr zu unterliegen, in die Diskussion oder Debatte hineingezogen zu werden und Partei zu ergreifen.
  – Der Gesprächsleiter untergliedert umfangreiche Themen in überschaubare Einzelpunkte und überwacht die Einhaltung dieser Einteilung.
  – Der Leiter aktiviert alle Teilnehmer. Er verteilt die Gesprächsanteile gerecht, so daß jeder, der etwas sagen möchte, auch Gelegenheit dazu bekommt.
  – Er bemerkt störende Äußerungen einzelner Teilnehmer und wirkt dagegen. Ebenso achtet er darauf, daß nicht über verschiedene Fragen gleichzeitig diskutiert wird.
  – Der Leiter behält das Thema im Auge und verhindert, daß sich die Gruppe verläuft bzw. das Thema verläßt. Fährt sich die Gesprächsrunde fest, versucht er durch neue Aspekte das Gespräch wieder in Gang zu bringen.

- Er achtet darauf, daß die Diskussionsbeiträge nicht zu ausführlich und zu umfangreich werden oder sich in Nebensächlichkeiten und Unwesentlichem verlieren.
- In Abständen fixiert er durch die Gruppe erreichte Standpunkte und Ergebnisse, benennt sie und sichert sie ab.
- Wird in dem Gespräch ein Begriff oder eine Definition verwendet, von der auszugehen ist, daß nicht alle (insbesondere die Zuhörer) diesen Begriff kennen, bittet er um eine klare Definition oder Erläuterung.
- Persönliche Angriffe und emotionale Zuspitzungen soll er auf die sachliche Ebene zurückbringen. (Siehe auch „Abwehr unfairer dialektischer Angriffe", S. 225.)
- Am Schluß der Diskussion oder Debatte faßt der Gesprächsleiter die wesentlichen Gesprächspunkte noch einmal zusammen.

Folgende Fehler werden häufig bei der Leitung einer Diskussion oder einer Debatte begangen (vgl. *Thiele*):

- Ungenügende oder keine Abgrenzung des Themas.
- Ungenügende oder gar gänzlich fehlende Strukturierung des Themas.
- Eigene Beiträge zum Thema.
- Schlecht formulierte und unpräzise Fragen.
- Geschlossene Fragen oder gar Suggestivfragen.
- Zu rigides Einhalten von Steuerung bis hin zur Übersteuerung durch den Moderator.
- Keine Unparteilichkeit.
- Mangelnde Abwehr von Angriffen gegen seine Autorität. (Wer leitet dann eigentlich das Gespräch?)
- Ungleich verteilte Worterteilungen sowohl nach Dauer als auch nach der Anzahl.
- Bei unfair geführten Angriffen auf die Gesprächsteilnehmer keine oder nur eine unzureichende Reaktion.
- Keine Zusammenfassung am Schluß der Gesprächsrunde.

Um seinen Aufgaben nachkommen zu können, benötigt der Gesprächsleiter einige Sonderrechte. So darf er jederzeit das Wort ergreifen, um seine Aufgabe als Gesprächsleiter wahrzunehmen. Die einzelnen Punkte seiner Aufgabe haben wir ja schon kennengelernt. Es gilt, Störungen abzustellen oder Koordinationsprobleme zu bereinigen und gegebenenfalls auch einmal auf die Redezeit hinzuweisen und den Redner aufzufordern, sich kürzer zu fassen.

Kann der Gesprächsleiter immer neutral sein, ja ist es wünschenswert für eine gute Diskussion? Die Forderung, ein Gesprächsleiter müsse neutral und objektiv sein, wird häufig erhoben. Aber ist das überhaupt realistisch? Diese Frage können wir mit einem klaren „Nein" beantworten. Absolut neutral kann nur jemand sein, der von der Sache, um die es in dieser Diskussion geht, wenig oder gar nichts weiß. Er kann dann aber auch nicht Wichtiges von weniger Wichtigem unterscheiden und merkt unter Umständen erst viel zu spät ein Abgleiten der Diskussion vom eigentlichen Thema. Es bleibt ihm nur seine Aufgabe und deren formalistische Anwendung. Mehr als ein guter Verwalter der Redezeiten kann dann dabei nicht herauskommen.

Die Auswirkungen auf die Diskussion sehen wir leider häufig im Fernsehen. Da werden bekannte Fachleute zu einem aktuellen Thema eingeladen, und leider entwickelt sich nur eine langweilige Diskussionsrunde, da dem Gesprächsleiter die Sachkenntnisse fehlen. Übrig bleibt ein formales Reagieren.

- *Hinweise für die Vorbereitung*

Lange bevor die Diskussion oder Debatte stattfindet, beginnt schon die Arbeit des Gesprächsleiters. Er muß sich vorbereiten – sowohl auf die Sache, um die es geht, als auch auf den Personenkreis, der an dem Gespräch aktiv oder als Zuhörer teilnehmen wird.

Der Leiter erarbeitet sein Konzept für die bevorstehende Moderation. Dazu gehört: (vgl. *Thiele*, S. 148)

– eine Eröffnung mit Anrede und Begrüßung der Teilnehmer,

- ein attraktiver Einleitungsgedanke zum Thema,
- Thema sowie eine Abgrenzung des Themas,
- Festlegung der Regeln, nach denen das Gespräch ablaufen soll, (Zeit, Definition, Ablauf etc.)
- Vorstellung der Teilnehmer mit kurzen Worten.

An Sachkenntnis braucht der Gesprächsleiter so viel, daß er überschauen kann, welche Richtung das Gespräch nehmen könnte und ob die Teilnehmer bei der Sache bleiben. Zur Einstellung auf die Personen sind folgende Überlegungen wichtig:

- Wer wird an dem Gespräch teilnehmen?
- Wie ist der Kontakt zwischen diesen Personen? Bestehen erhebliche Differenzen zwischen ihnen oder haben sie häufig schon Kontakt miteinander gehabt usw.
- Welches Gesprächsverhalten ist von den Teilnehmern zu erwarten? Mauert eventuell einer oder wer ergreift die Initiative?
- Sind negative Verhalten zu erwarten? Wenn ja: Von wem sind sie zu erwarten und wie können wir darauf reagieren?

Führt der Gesprächsleiter alle Punkte gewissenhaft durch, ist seine Vorbereitung sorgfältig aufgebaut und hält er sich während des Gesprächs an seine Aufgaben und die genannten Regeln, so steht einer guten Diskussion oder Debatte nichts mehr im Wege. Auch hier gilt die Aussage:

- Vorbereitung ist der sichere Weg zum Erfolg!

Das Interview

Das Interview ist ein Spiel von Frage und Antwort. Es erfordert in einem hohen Maße dialektische Fertigkeiten. Wir kennen das Interview aus den Medien. Doch sind wir gar nicht so selten selbst in der Rolle eines Interviewers oder eines Interviewten. Beispiele sind Bewerbungsgespräche oder wenn wir uns bei einer Behörde oder einem Unternehmen über einen ganz bestimmten Tatbestand informieren.

Rupert Lay (1974) unterscheidet zwei Ziele, die in einem Interview verfolgt werden können:
- den Interviewten über ein bestimmtes Thema zu befragen (Sachinterview),
- die Persönlichkeit des Interviewten zu „entwickeln", vorzustellen (Personalinterview).

Es kommen jedoch auch Mischformen vor: zum Beispiel wenn bei einem Interview zuerst die Person dargestellt werden soll, danach dann Fragen zu einem Sachverhalt gestellt werden. Häufig geht es hierbei zuerst darum, zu erläutern, warum der Gesprächspartner gerade für dieses Thema kompetent ist, um dann seine Einschätzung und weitere Informationen zu bekommen.

Nun ist es in der Praxis leider gar nicht so selten, daß der Interviewte keine oder nur unvollständige Informationen geben will, aus welchen Gründen auch immer.

Wenn Sie die Nachrichtensendungen oder die Talkshows im Fernsehen verfolgen, haben Sie die Gelegenheit, Interviews live mitzuerleben. Sie können sich notieren, wie der Interviewer vorgeht, welche Fragen er stellt und welche Fragen Sie dem Interviewten stellen würden.

Bei der Auswertung gehen Sie bitte nach folgenden Überlegungen vor:
- Welche Fragetypen wurden von dem Interviewer gestellt, und wie waren die Antworten darauf? (Wurden mehr offene oder mehr geschlossene Fragen gestellt, und wie gut und umfangreich waren die Antworten des Interviewten?).
- Wieviel Zeit redete der Interviewer, und wieviel Zeit stand dem Interviewten für seine Antworten von der Gesamtgesprächszeit zur Verfügung? Sprach der Interviewer mehr oder antwortete der Interviewte mehr?
- Wie reagierte der Interviewte auf ihm unangenehme Fragen? Antwortet er auf diese Fragen oder wich er diesen Fragen in seinen

Antworten mit Hilfe der Dialektik aus. So reagieren Politiker auf Fragen, die ihnen unangenehm sind: „Diese Frage kann so nicht gestellt werden. Sie müßte so gestellt werden ...". Und dann stellt sich der Politiker eine Frage, auf die er sehr gerne antwortet und die er nach den Regeln der Debatte häufig geschickt für seine Selbstdarstellung nutzt.
- Prüfen Sie, inwieweit den Regeln des Interviews gefolgt wurde. Diese Regeln werden im nächsten Absatz besprochen.

• *Regeln für den Interviewer*
- Stellen Sie zuerst ein Gesprächsklima her. Wie wichtig dies ist, wurde bereits in dem Kapitel über die erfolgreiche Gesprächsführung besprochen. Eröffnen Sie das Interview mit einer Frage. Vorab geben Sie noch eine kurze Darstellung über das Thema und das Ziel dieses Interviews, so daß der Interviewte auf Antwortbereitschaft gestimmt wird. Es wäre falsch, hier schon mit scharfen Tönen auf einen Angriff zu gehen oder mit Unterstellungen zu arbeiten. Dies können Sie, wenn Sie wollen, später immer noch tun.
- Die Hauptaufgabe des Interviewers ist das Fragen! Leider wird dies von vielen Journalisten heute manchmal vergessen. Stellen Sie Fragen! Denken Sie an die Fragetechnik, die wir ja schon besprochen haben. Stellen Sie zudem mehr offene Fragen, also Fragen, die mit einem „W" beginnen. Beispiel: „Wie sehen Sie die Entwicklung im Nahen Osten?"
- Vermeiden Sie Frageketten! Stellen Sie *immer* nur eine Frage. Frageketten bieten dem Interviewten die Möglichkeit, sich die Frage, auf die er antworten möchte, auszusuchen.
- Versuchen Sie, eine angenehme Gesprächsatmosphäre während des Interviews zu halten. Dazu gehört auch das Vermeiden negativer Emotionen (wenn immer möglich).
- Vergessen Sie nicht, eine sorgfältige Vorbereitung ist auch hier der Schlüssel zum Erfolg. Was wir in der Vorbereitung versäumt haben, können wir in dem Interview nicht mehr nachholen.

- Lassen Sie sich nicht provozieren. Behalten Sie einen kühlen Kopf und halten Sie Ihre Emotionen weitgehend zurück.
- Denken Sie an die Verständlichkeit von Frage und Antwort. Bitten Sie Ihren Gesprächspartner gegebenenfalls um die Erklärung eines Fachbegriffes, wenn Sie glauben, daß nicht alle Zuhörer diesen Fachausdruck kennen.

● *Regeln für den Interviewten*
- Antworten Sie klar auf die gestellten Fragen. Achten Sie auf Ihre Sprache.
- Achten Sie sorgfältig auf Unterstellungen! Reagieren Sie sofort, wenn Sie Unterstellungen bemerken. Weisen Sie die Unterstellungen zurück!
- Ist eine Frage mehrdeutig, fragen Sie nach. Etwa: „Wie meinen Sie das genau?" oder „Was genau möchten Sie hier wissen?"
- Versuchen Sie, keine negativen Emotionen zu zeigen. Sollten jedoch Angriffe gegen Sie unternommen werden, so reagieren Sie gemäß den Methoden zur Abwehr unfairer Angriffe.
- Denken Sie daran, wen Sie erreichen möchten. Wer sind Ihre Zuhörer, und was wollen Sie ihnen vermitteln?
- Auch für Sie gilt: Vorbereitung ist sehr wichtig. Bereiten Sie sich gründlich vor (wenn immer möglich), Ihr Interviewer wird dies auch tun.
- Klären Sie gegebenenfalls, wieviel Zeit Sie haben. Halten Sie sich an die Zeit.

Das Streitgespräch

Das Streitgespräch – auch Pro- und Contra-Diskussion – ist die dialektische Konfrontation unterschiedlicher Meinungen, Überzeugungen und Wertvorstellungen. Beteiligt sind zwei Personen oder zwei Personengruppen. Durch ein Streitgespräch soll eine klare Abgrenzung von Meinungen und Positionen erreicht werden. Auch hier ist das Ziel, das Publikum zu überzeugen.

Im Streitgespräch gelten die nun schon bekannten Methoden der fairen und unfairen Dialektik. Jedoch sind einige Besonderheiten im Streitgespräch zu beachten. Es geht neben den sachlichen Argumenten im Streitgespräch im hohen Maße auch um Emotionen. Um die eigene Emotionalität sowie die des Gegners und in besonderer Weise um die Emotionen der Zuhörer.

Emotionen leiten uns Menschen in einem hohen Maße. Wir brauchen nur die Werbung zu betrachten, die uns genügend Beispiele für eine emotionale Ansprache und einen damit verbundenen Appell an unser Unterbewußtsein liefert. Wichtig für uns ist es, diese psychologischen Gegebenheiten zu akzeptieren und für uns einzusetzen. Das heißt nichts anderes, als schon gleich zu Beginn des Streitgespräches zu versuchen, ein Sympathiefeld aufzubauen. Überlegen Sie sich also zuvor sehr genau, wie Sie dies bei *diesem* Gegner am besten machen können. Und überlegen Sie auch, wie Sie gleich zu Beginn die Sympathie der Zuhörer für sich gewinnen. Sei es nun durch eine Bemerkung, die im hohen Maße die Meinung der Zuhörer widerspiegelt, oder durch eine andere dialektische Technik. Wenn das Publikum Sie unterstützt, haben Sie es leichter.

- *Dialektische Regeln im Streitgespräch*

Achten Sie bei Ihrem Partner auf Wertungen und suggestiven Unterstellungen. Sie sind der Versuch, Sie aus der Ruhe zu bringen und Sie zu unbedachten Äußerungen zu verleiten. Hier gelten dieselben Regeln, die wir schon bei der Debatte kennengelernt haben. Prüfen Sie kritisch die Äußerungen Ihres Gegners auf manipulative Unterstellungen. Korrigieren Sie jede manipulative Äußerung sofort! Weisen Sie energisch jede Unterstellung *sofort* zurück. Verfälscht Ihr Gegner Ihre Aussagen, stellen Sie dies ebenfalls sofort richtig.

Verwendet Ihr Gegner Suggestivformulierungen, reagieren Sie ebenfalls sofort, zum Beispiel mit einer Gegenfrage: „Was wollen Sie mit dieser Unterstellung erreichen?". Oder greifen Sie die Unterstellung mit einer rhetorischen Frage auf und beantworten Sie sie dann in die von Ihnen gewünschte Richtung. Zum Beispiel: „Wollen wir wirklich alle genau dasselbe, oder müssen wir hier nicht differenzieren?"

Im Gegenzug achten Sie sorgfältig darauf, daß Ihr Gegner Sie nicht durch geschickte Fragen positioniert. Stellen Sie Versuche Ihres Gegners in diese Richtung fest, weisen Sie diese zurück und gehen unmittelbar zu einem Gegenangriff über. Eine solch schnelle Reaktion hat schon manch einen Gegner im Streitgespräch überrascht und irritiert. Wenn es Ihnen nun noch gelingt, Ihren Gegner emotional zu reizen und zu einer unbedachten Äußerung zu verleiten, ist der Vorteil auf Ihrer Seite.

Für Sie gilt genau wie in der Debatte: Halten Sie Ihre Emotionen unter Kontrolle und lassen Sie sich nicht zu Ärger oder Wutausbrüchen hinreißen. Dies dient nur Ihrem Gegner, und darauf zielen ja seine Versuche ab.

Wichtig: Sollte Ihr Gegner ständig mit Diskriminierungen und mit Polemik arbeiten, so weisen Sie diese als der Sache nicht dienlich zurück. Bleibt Ihr Gegner dann immer noch bei Diskriminierungen und bei der Polemik, greifen Sie noch härter an, etwa mit folgendem Satz: „Mehr als eine billige Polemik haben Sie wohl nicht zu bieten." oder „Das Einfachste ist immer, andere zu diskriminieren statt selber sachliche Argumente vorzubringen. Dies zeigt sehr deutlich, welche Geisteshaltung Sie haben!" Die hier aufgeführten Punkte gelten auch für Verallgemeinerungen, die ihr Gegner macht.

Für Sie gilt während des Streitgespräches:

– Sachlich bleiben und eine positive Grundeinstellung zeigen. Damit können Sie Zuhörer gewinnen bzw. Zuhörer veranlassen, sich Ihnen zuzuwenden. Vergessen wir nicht, unsere Argumente sind in einem hohen Maße an die Zuhörer gerichtet.
– Möglichst in der Sprache der Zuhörer argumentieren. Vermeiden Sie allzu lange Sätze mit mehreren Aussagen. Kaum ein Mensch behält so lange Sätze. Meistens wird von einer solch langen Aussage nur das letzte Argument behalten. Die anderen sind schnell ver-

gessen. Und Sie ermöglichen Ihrem Gegner, sich auszusuchen, auf welches Argument er stärker eingehen will. Er kann sich ja aus diesen aneinandergereihten Argumenten in einem solchen Mammutsatz das ihm genehme heraussuchen. Schnell können Sie in eine Verteidigungsposition gedrängt werden. Aus diesen genannten Gründen gilt für das Streitgespräch:
– Ihre Aussagen kurz halten, damit Sie jederzeit wissen, was Sie gesagt haben und Ihre Zuhörer Ihnen auch folgen können. Sie erschweren damit auch Ihrem Gegner, auszuweichen bzw. von dem Thema abzulenken und ein anderes Argument aufzugreifen. Sie schützen sich damit also selbst.
– Eine Zick-Zack-Linie Ihrer Argumentation vermeiden. Denken Sie an die „Fünfsatztechnik" als Argumentationsstrategie. Verwenden Sie gegebenenfalls Bilder oder Vergleiche, um Ihre Aussagen deutlich zu machen.
– Verwendet Ihr Gegner Begriffe, die nicht unbedingt bekannt sind (besonders für die Zuhörer) oder die mehrdeutig sind, verlangen Sie von Ihrem Gegner klare Definitionen. Gegebenenfalls haken Sie nach. Erst wenn Sie sich auf eine Definition geeinigt haben, führen Sie Ihre Argumentation weiter.

6.6 Abwehr unfairer dialektischer Angriffe

Wahrscheinlich haben auch Sie schon Verhandlungspartner erlebt, die sich so verhielten, daß Sie mindestens gedacht haben: Das ist ja unverschämt.

Was können Sie tun?

Die Verhandlung beenden, also Ihre Macht einsetzen. Die Angelegenheit durch Machtausübung zu beenden, wird nicht immer gelingen. Die Verhandlung abzubrechen oder zu vertagen kann trotzdem angebracht sein. Ohne Gesichtsverlust schaffen Sie das aber nur, wenn Sie noch nicht mit dem Rücken zur Wand stehen. Der Abbruch muß also freie Entscheidung sein. (Manchmal wirkt schon die Drohung damit.)

Bei einer Diskussion oder einer Debatte ist ein Vertagen jedoch nicht möglich. Hier heißt es zu kämpfen oder zu verlieren. Um uns in diesen Situationen anders wehren zu können, wollen wir uns hier mit einigen Methoden vertraut machen.

Die wichtigsten Grundsätze für Sie sind:
– Bleiben Sie ruhig und gelassen.
– Seien Sie stets weniger unfair als Ihr Gegner.

Im folgenden beschreiben wir jeweils kurz eine Situation und wie Sie darauf reagieren könnten. Ob diese Reaktion im Ton und in der Formulierung eher sachlich, spöttelnd oder aggressiv ist, hängt von Ihrer Einschätzung der Gesamtsituation ab. Die Bitte: „Wiederholen Sie das", z.B. kann

– das Bemühen sein, Sie richtig zu verstehen,
– dazu dienen, Zeit zu „schinden",
– mit der Absicht geäußert werden, Sie lächerlich zu machen.

● *Sie sollen verwirrt werden*

1. Der Gegner weist darauf hin, daß Sie früher anderer Ansicht waren.
Antwort: „Ich kann dazulernen." (Bleiben Sie ruhig bei Ihrer Meinung.)

2. Sie werden darauf aufmerksam gemacht, daß Sie sich falsch ausgedrückt haben (Wörter, Betonungen usw.).
Antworten:
– „Da habe ich mich geirrt."
– „Danke für den Hinweis, offenbar sind wir hier in der Schule."

3. Sie werden bei Ihren Ausführungen durch Zwischenrufe gestört.
Reaktionen:
– überhören,
– kurze, sachliche Antwort,
– notfalls: „Jetzt rede ich, Sie dürfen später" oder „Wo sind Sie eigentlich erzogen worden?"

4. Der Gegner führt „gesunden Menschenverstand" gegen Sie ins Spiel.
Antworten:
- „Es ist doch naiv anzunehmen, daß ..."
- „Können Sie sich wirklich nicht vorstellen, daß etwas Neues auch richtig sein kann?"
- „Ihr Menschenverstand scheint mir nicht gerade gesund zu sein."

5. Der Gegner stimmt Ihnen nur rhetorisch zu. „Das, was Sie jetzt gesagt haben, ist sehr wichtig. Damit sprechen Sie genau das Thema an, um das es mir geht. Es kommt also darauf an, daß ..."
Reaktionen:
- Seien Sie immer hellwach, damit Sie diese Taktik auch durchschauen.
- Machen Sie die Auffassungsunterschiede ganz deutlich.

6. Der Gegner entstellt Ihre Argumente in einer Zusammenfassung, z.B. durch Auslassungen oder Verallgemeinerungen.
Reaktion:
Korrigieren Sie den Sachverhalt sofort. (Fast unmöglich ist das, wenn die Entstellung in der Schlußzusammenfassung eines Diskussionsleiters passiert. Sie könnten leicht als Besserwisser oder Querulant wirken. Zeigen Sie durch Gestik und Mimik Ihr Mißfallen.)

7. Der Gegner stellt ständig Forderungen, die Sie nicht erfüllen können.
Reaktionen:
- Spielen Sie mit, bis der Gegner mürbe ist (und nicht Sie).
- Hinterfragen Sie wiederholt seine Forderungen. Sagen Sie nicht direkt „nein".
- Sagen Sie, daß taktische Spiele nicht weiterführen.
- Deuten Sie den Abbruch der Verhandlung an (nur in der Verhandlung möglich).
- Hilft alles nichts, sagen Sie abschließend „nein".

- *Sie sollen auf eine falsche Fährte gelockt werden*
1. Der Gegner stellt „unechte" Forderungen. (Um durch möglichst viele Diskussionspunkte ein „Ja" bei wichtigen Forderungen zu erzwingen.)
   Reaktionen:
   – Stellen Sie unechte oder weiterführende Forderungen dagegen.
   – Hinterfragen Sie alle Forderungen.
   – Versuchen Sie, Forderungen auszugrenzen. („Darüber reden wir später".)
   – Sagen Sie nur „nein", wenn Sie die Verhandlung beenden wollen.
2. Der Gegner bietet Ihnen unechte Alternativen an. („Also dürfen wir in Zukunft an der Maschine nur noch Sechskantschrauben verarbeiten.")
   Reaktionen:
   – Überlegen Sie, welche Alternativen außerdem möglich sind.
   – Überlegen Sie, warum Ihr Argument trotzdem gut ist. (Beides ist möglicherweise nicht spontan möglich. Darum ist es so wichtig, *vor* einer Verhandlung *alle* möglichen Alternativen zu bedenken.
3. Der Gegner stellt Ihnen Fragen, mit denen er bestimmte Sachverhalte unterstellt. „Berühmtes" Beispiel: „Schlagen Sie Ihre Frau immer noch?"
   Reaktionen:
   – Antworten Sie nicht auf die Frage, sondern auf die darin steckende Behauptung. („Ich habe meine Frau noch nie geschlagen.") Ähnlich sind Fragen wie: „Sie behaupten doch nicht etwa, daß ...?" Überlegen Sie genau, was ein „Ja" oder „Nein" bedeutet.

- *Sie sollen unter Zeitdruck gesetzt werden*
1. Der Gegner verschleppt die Diskussion, er weicht auf Nebenthemen aus oder er diskutiert endlos über Begriffe.
   Reaktionen:

- Geduld zeigen bis hin zur Langeweile.
- Fragen zum Hauptthema stellen.
- Nicht auf die Nebenthemen einlassen.
- Die Verschleppungstaktik offen ansprechen.
- Andere Nebenthemen einbringen, bis der Gegner ungeduldig wird.

2. Der Gegner vertuscht seine Ansicht.
   Reaktionen:
   - Fragen Sie nach der Ansicht.
   - Formulieren Sie Ihre Ansicht provokativ.
   - „Sie wollen Ihre Meinung nicht äußern? Oder haben Sie keine?"

3. Der Gegner tut so, als hätte er nicht verstanden, und läßt Sie wiederholen.
   Reaktionen:
   - Wiederholen Sie *nicht,* bringen Sie Neues.
   - „Soviel Fachwissen hätte ich bei Ihnen eigentlich erwartet."
   - „Lesen Sie doch mal das Buch XYZ, dann verstehen Sie das Gesagte."

4. Der Gegner argumentiert mit wertenden Schlagworten (Sozialstaat, Gastfreundschaft, gute Nachbarschaft usw.).
   Reaktionen:
   - Sie können kaum dagegen argumentieren – und damit die Werte in Frage stellen.
   - Fragen Sie, was diese Schlagworte mit dem Thema zu tun haben.
   - Stellen Sie höhere Wertansprüche als der Gegner.
   - Sprechen Sie nicht negativ über Unbeteiligte.

● *Sie sollen unglaubwürdig gemacht werden*

1. Der Gegner beruft sich auf „die Wissenschaft" oder erfundene Autoritäten.
   Reaktionen:

- Fordern Sie präzise Details. Tun Sie dies wiederholt. Nach einiger Zeit weisen Sie auf mögliche Differenzen hin. Machen Sie den Gegner auf seine Unglaubwürdigkeit aufmerksam.
- Decken Sie Fehlinformationen sofort auf. Prangern Sie die Leichtgläubigkeit an.

2. Der Gegner steigert Ihre Aussage so, daß sei falsch wird. (Beispiel: Sie machen eine kritische Anmerkung zu Kleinstaaten, der Gegner stellt fest: „Der Föderalismus ist also überhaupt nicht zeitgemäß.")

Reaktionen:
- Fassen Sie Ihre Kritik noch einmal zusammen. Machen Sie dabei die Grenzen der Kritik deutlich.
- Bitten Sie um Wiederholung, möglicherweise ist diese vorsichtiger formuliert.
- „Das ist doch eine unmögliche Antwort – die muß ich mir aufschreiben."

3. Der Gegner benutzt Beispiele oder Vergleiche, um Ihre Meinung zu verallgemeinern.

Reaktionen:
- Weisen Sie darauf hin, daß Beispiele nichts beweisen.
- Interpretieren Sie das Beispiel anders.
- Weisen Sie darauf hin, daß Vergleiche hinken. Lassen Sie sich nicht auf eine Diskussion des Vergleiches ein.

- *Sie werden persönlich angegriffen*

1. Der Gegner geht nicht auf Ihre Argumente ein, sondern greift Sie als Person an.

Reaktionen:
- Bezweifeln Sie die Fähigkeit des Gegners, sachlich zu argumentieren.
- Geben Sie bekannte Fehler zu mit dem Hinweis: „Ich habe diese Fehler wenigstens nur in der Vergangenheit gemacht."
- Suchen Sie Verbündete, die Sie verteidigen.
- Lassen Sie Vorwürfe wiederholen, bis sie lächerlich wirken.

2. Der Gegner bestreitet Ihre Kompetenz.
   Reaktionen:
   - Versuchen Sie nicht zu erklären, warum sie doch kompetent sind.
   - „Sie zeigen nur, daß Sie nicht fähig sind, über die Sache zu sprechen." „Über meine Kompetenz steht Ihnen kein Urteil zu."
   - Stellen Sie eine so schwierige Frage zur Sache, daß Sie die Inkompetenz des Gegners beweisen können. (Vorsicht! Wenn die Antwort gut ist, sind Sie der Dumme.)
3. Der Gegner bringt Sie in die Nähe von Personen oder Gruppen, die bei anderen Beteiligten negative Assoziationen hervorrufen. (Kapitalist, Kommunist, Faschist usw.)
   Antworten:
   - „Da gibt es klare Unterschiede: 1., 2., 3. usw. ..."
   - „Mit diesem Vergleich zeigen Sie nur, daß Sie über ... nichts wissen."
4. Der Gegner stellt Ihnen ungehörige Fragen, z.B.: „Wer bezahlt Sie eigentlich?" „Wieviel Dummheiten wollen Sie noch erzählen?"
   Reaktionen:
   - Beweisen Sie mit Fakten, daß die in der Frage enthaltenen Unterstellungen fasch sind.
   - Fragen Sie zurück: „Warum ...?" Oder an andere Beteiligte: „Was hat er jetzt gesagt?" (Antwort: „Nichts.")
5. Der Gegner bedroht Sie. „Das wird Folgen für Sie haben."
   Reaktionen:
   - Überhören.
   - „Das werden wir sehen."
   - Wenn es ganz schlimm wird, aber *nur dann,* drohen Sie Rechtsmittel an (Paragraphen 240/241 StGB).
6. Der Gegner macht sich über Sie lustig. „Das ist ja lachhaft." „Wenn es nicht ernst wäre, könnte ich mich totlachen."
   Reaktionen:
   - Antworten Sie mit Humor, berücksichtigen Sie dabei die Stimmung anderer Beteiligter.

- „Das hätte ich an Ihrer Stelle auch gesagt, weil es keine Sachargumente dagegen gibt."
- Reagieren Sie betont sachlich. Argumentieren Sie so zwingend, daß dem Gegner das Lachen vergeht.

Sie wissen jetzt, wie Sie in einer Verhandlung oder einer Diskussion erfolgreich operieren können, wie Sie eigene Argumente wirkungsvoll einsetzen, wie Sie auf unfaire Attacken reagieren.

Einiges davon ist Taktik für einen bestimmten Augenblick. Taktieren allein genügt auf Dauer natürlich nicht. Sie brauchen eine Strategie. Oder anders gesagt: Sie müssen wissen,

- was Sie wollen,
- wie Sie das begründen können,
- womit Sie Gegenargumente ausräumen können.

Das alles ist größtenteils Sache der Vorbereitung. Während der Verhandlung kommen drei wichtige Dinge dazu: Konzentration, die Fähigkeit, zuhören zu können, und Schlagfertigkeit.

Auch das läßt sich üben – so wie alles, was Sie in diesem Abschnitt gelernt haben.

6.7 Manipulation

Je mehr wir uns mit den unterschiedlichsten Gesprächssituationen auseinandersetzen, um so mehr werden wir auch sensibilisiert für die Versuche anderer, uns zu manipulieren. Wer weiß, vielleicht regt sich sogar in uns der Wunsch, es den anderen zurückzuzahlen. Spätestens hier müssen wir uns selbst nach unserem Verständnis von Fairneß und Ethik fragen. Manipulation ist heute negativ besetzt. Schnell haben wir alle Sympathien unserer Gesprächsteilnehmer und unserer Zuhörer leichtfertig verspielt, wenn sie uns bei Manipulationsversuchen ertappen. Dann gibt es kaum noch eine Möglichkeit, sauber aus dieser Situation herauszukommen. Zudem wird unser Gegner, wenn er dialektisch geschult ist, diese nun für ihn so günstige Gelegenheit für sich nutzen und uns weiter angreifen. Die Sympathien der Zuhörer sind ihm gewiß.

Was verstehen wir nun unter Manipulation?

- Manipulation ist eine Verhaltensbeeinflussung zu fremden Nutzen. Mit „fremden Nutzen" ist der Nutzen des Beeinflussenden oder eines Dritten gemeint, nicht aber der Nutzen des Beeinflußten. Letzterer ist allerdings auch nicht ausgeschlossen, so daß es durchaus Manipulationen geben kann, die allen Beteiligten nutzen.

Eine weitere Definition zur Manipulation:

- Beeinflussung des Menschen (als Einzelwesen oder in der Gruppe) zum Zwecke einer systematischen zielgerichteten Lenkung des Bewußtseins, der Denkgewohnheiten und der Gefühlslagen.

Die Grenzen zwischen einer Beeinflussung mit dialektischen Fertigkeiten und der Manipulation sind fließend. Es gilt, immer vor Augen zu haben, welche negativen Auswirkungen Manipulationsversuche unsererseits haben können, wenn sie von unserem Gesprächsgegner entdeckt werden und nun von ihm gegen uns eingesetzt werden. Stellen wir jedoch Manipulationsversuche unseres Gegners fest, so nutzen wir sie unverzüglich zu unseren Gunsten.

7. Die erfolgreiche Präsentation

Im Verlauf dieses Buches haben wir die Gesetze einer erfolgreichen Rhetorik kennengelernt. Immer ging es darum, möglichst gut und gezielt auf unsere Zuhörer einzugehen und eine optimale Wirkung auf sie zu erreichen. Was ist nun eine Präsentation, worin unterscheidet sich eine Präsentation von einer Rede?

- Bei der Präsentation geht es um eine konzentrierte Informationsvermittlung, bei der neben dem gesprochenen Wort vor allem die Mittel der visuellen Informationsvermittlung eingesetzt werden.

Wenn wir heute als Führungs- oder Fachkraft die Kunden, Behörden oder die eigenen Mitarbeiter bzw. die Unternehmensleitung von neuen Konzepten, Ideen oder Produkten überzeugen sollen oder wenn wir als Außendienstmitarbeiter einen Kunden von unseren Produkten oder Dienstleistungen überzeugen sollen, wählen wir häufig zur Unterstützung Bilder, Grafiken oder Prospekte. Oder wir führen das Gerät dem Interessenten vor. Auch hier ist es unser Ziel, möglichst überzeugend und interessant beim anderen anzukommen und ihn zu beeinflussen. Verkürzt können wir sagen:

- Präsentieren heißt, mit sprachlichen und sonstigen Kommunikationsmitteln auf den Zuhörer einwirken mit dem Ziel, den Zuhörer zu beeinflussen.

Er soll veranlaßt werden, eine Handlung auszuführen, eine Entscheidung zu treffen, oder es soll eine Meinung erzeugt, ein Informationsstand hergestellt werden.

Hier ist es wichtig zu fragen, wie die Informationsaufnahme und Informationsverarbeitung bei uns Menschen funktioniert. Vereinfacht können wir uns die Informationsverarbeitung im menschlichen Körper als eine Reihe von Umkodierungs-, Verarbeitungs- und Selektionsprozessen vorstellen. Eine von außen kommende Information gelangt über Wahrnehmungsprozesse ins Bewußtsein, wo sie zunächst verstanden werden muß. Ist das Interesse an der Information groß genug, dann wird sie in unser Gedächtnis überführt, wo sie zur Grundlage von Entscheidungen und schließlich von aktiven Verhalten werden kann. Welche Information ausgewählt und in welcher Weise sie verarbeitet wird, wird entschieden durch die Motivation und die bereits vorhandenen Gedächtnisinhalte des Menschen gesteuert. Bei der Aufarbeitung der Information, die auf den Menschen einwirkt, spielt der Faktor Zeit eine wichtige Rolle. Ein bewußt arbeitendes System der Informationsverarbeitung tut nur eines zur Zeit, während alles Weitere aufgeschoben ist. Nun strömen auf den Menschen zu jedem Augenblick riesige Mengen von Informationen aus der Außenwelt ein. Welche davon kann in unser Kurzzeit- oder Langzeitgedächtnis kommt, entscheiden unsere Bewertungsstruktur und unsere Motivation zu diesen Informationen.

Die Ablage der Information im Gehirn geschieht nicht nach einem Schubladensystem, etwa: dort liegen die Grammatikregeln, dort die Namen der Kunden, dort meine Kindheitserlebnisse; sondern die Informationen sind sozusagen überall und nirgends. Unterschiedliche Informationen liegen an einer Stelle übereinander, während zusammengehörende Fakten über das ganze Gehirn verteilt gefunden werden. Das Gehirn legt ein Netz von den Informationen an. Hat man eine Information nun recht vielfältig – mit allen uns zur Verfügung stehenden Sinnen (Augen, Ohren, Fingern, Nase) oder mit praktischen Beispielen versehen – abgespeichert, ist das Netz weiter verzweigt. Zur Erinnerung genügt nun das Wiederfinden *eines* der vielen Netzstränge, um die Gesamtinformation wieder ins Bewußtsein zu bringen. Man hat auf diese Weise aus mehreren unterschiedlichen Blickwinkeln Zugriffsmöglichkeiten zu diesem Gedächtnisinhalt. Somit gilt für die Präsentation, möglichst viele Sinne unserer Zuhörer anzusprechen um möglichst viele Informationen in das Langzeitgedächtnis unserer Zuhörer zu bringen. Wenn das gelingt, war unsere Präsentation erfolgreich.

7.1 Die vier Phasen einer Präsentation

Die erste Frage, die wir uns stellen müssen, ist: Warum wird die Präsentation überhaupt durchgeführt? Das Ziel sollte in einem einzigen Satz formuliert werden. Beispiel: „Um den Umsatz in dem Produktbereich um 8 % zu erhöhen."

1. Planung

Zur Planung einer Präsentation gehört die Beantwortung folgender Fragen: Welche Vorbereitung habe ich wie zu treffen, wie soll die Durchführung sein, und vor welchen Teilnehmern findet die Präsentation statt? Welches Ziel will ich diesen Teilnehmern näherbringen?

2. Vorbereitung

Zur Vorbereitung gehört:

- Wie soll die Präsentation aufgebaut werden?
- Wie soll sie inszeniert werden?
- Welche Medien sollen eingesetzt werden?
- Welche Raumausstattung und welche Technik steht zur Verfügung bzw. wird benötigt?

3. Durchführung

In der Durchführungsphase sollen die erarbeiteten Ergebnisse „verkauft" werden. Die Präsentation ist nicht nur eine Veranstaltung zur Wissensvermittlung, sondern es laufen gleichzeitig vielfältige emotionale Prozesse ab, die zu berücksichtigen sind:

- Wie sieht es mit meinem der Situation angepaßten Verhalten aus?
- Beherrsche ich die Medien und die Technik?
- Beherrsche ich den Stoff?

4. *Auswertung*

Nach der Präsentation ist die Auswertung für uns sehr wichtig. Nur hier kann ich erfahren, ob ich mein Präsentationsziel erreicht habe. Warum ich es erreicht habe oder warum ich es nicht erreicht habe. Hier finde ich die Hinweise für mich, um mich auf dem Gebiet der Präsentation weiterzuentwickeln.
- Ist das Ziel erreicht worden?
- Was war besonders gut?
- Was kam besonders gut an?
- Was kann verbessert werden?
- Wurden die richtigen Medien eingesetzt?
- Wie kann zukünftig weiter vorgegangen werden?

7.2 Aufbau einer Präsentation

1. Einleitung
   - Begrüßung
   - Eröffnung
   - Einführung mit dem Ziel, Anlaß und eventuell Sonstiges

2. Vortrag (Präsentation)
   - kurz und klar
   - Aussagen visualisieren
   - auf die Zielgruppe abgestimmte Argument

3. Diskussion (wenn nötig)
   - eröffnen
   - moderieren
   - evtl. Entschluß herbeiführen
   - abschließen

4. Abschluß
   - zusammenfassen
   - danken
   - evtl. weitere Vorgehensweise aufzeigen

7.3 Einsatz visueller Hilfsmittel

Die Informationsaufnahme des Menschen erfolgt in hohem Maße über die Augen. Es liegt daher nahe, den optischen Kanal bei Präsentationen, z.b. bei Referaten, Berichten, Besprechungen und Konferenzen, mit einzubeziehen. Denn wenn wir unsere Gedanken nicht nur aussprechen, sondern auch veranschaulichen, finden sie beim Hörer mit größerer Wahrscheinlichkeit Eingang. Zudem ist festgestellt worden, daß Gesehenes besser behalten wird als Gehörtes (siehe Abbildung 7.1).

Visuelle Hilfsmittel können also, wenn sie richtig eingesetzt werden, einen Vortrag sehr unterstützen, getreu dem Motto „Ein Bild sagt mehr als 1000 Worte".

Eine durch Schaubilder angereicherte Darstellung ist außerdem wesentlich lebendiger und abwechslungsreicher und vermitteln dem Empfänger einen tiefergehenden Eindruck als ein bloßer Vortrag. Diese Erfahrung werden Sie sicher auch schon des öfteren gemacht haben.

Die Veranschaulichung hat folgende Vorteile: Sie

- bietet Überblick und Orientierung,
- erleichtert die Informationsaufnahme,
- macht Zusammenhänge durchschaubar,
- verdeutlicht Sachverhalte,
- weckt Interesse,
- erleichtert das Behalten,
- erhöht die Überzeugungskraft.

Falsch und überflüssigerweise eingesetzte Veranschaulichungsmittel können aber die Wirkung eines Vortrages vollkommen zunichte machen, wenn

- Gezeigtes nicht mit Gesagtem in Einklang steht,
- zuviel gezeigt wird,

- die technischen Hilfsmittel zuviel Aufwand bei der Handhabung erforderlich machen,
- der Vortragende die Hilfsmittel nicht richtig beherrscht,
- der Zuhörer von dem, was verbal vorgetragen wird, abgelenkt wird,
- die Vorbereitung mangelhaft ist.

Aus den aufgezeigten positiven und negativen Wirkungen lassen sich folgende Grundsätze ableiten:

1. Visuelle Hilfsmittel sind nur dann einzusetzen, wenn sie die Wirkung des Wortes unterstützen.
2. Visuelle Hilfsmittel müssen zum richtigen Zeitpunkt das zeigen, was im Vortrag gesagt wird.
3. Visuelle Hilfsmittel können einen Vortrag keinesfalls ersetzen, sondern nur anreichern.
4. Die Verwendung visueller Hilfsmittel erfordert eine sehr gute Vorbereitung.

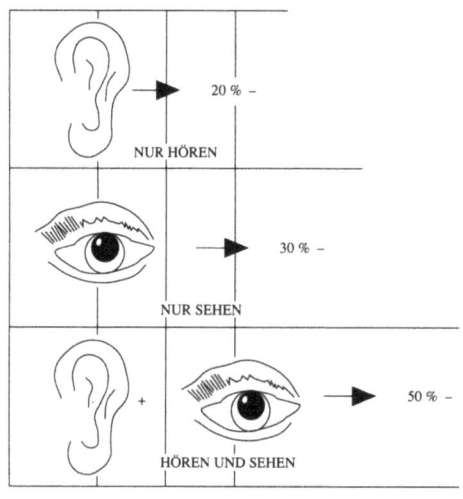

Abbildung 7.1: Darstellung der Behaltensquote (in %)

Wahrnehmungsgewohnheiten

Neben handwerklichem Geschick erfordert eine wirkungsvolle Visualisierung auch Kenntnisse der Wahrnehmungspsychologie. Schaubilder, Transparente und Graphiken müssen optisch ansprechend gezeichnet werden, wenn sie die gewünschte Wirkung erzielen sollen.

Wahrnehmung ist ein aktiver Vorgang. Demzufolge verarbeiten wir alle auf uns einströmenden Reize, ordnen und gliedern sie und bringen auf diese Weise strukturierte Gesamtheiten hervor. Die menschliche Wahrnehmung ordnet die Umweltreize nach bestimmten Gesetzen, z.B.

– Symmetrie der Form und Anordnung
– Geschlossenheit der Gestalt
– Ähnlichkeit von Farben und Formen
– Nähe der Teile
– Verhältnis Figur – Grund.

Betrachten Sie einmal Abbildung 7.2. Was sehen Sie?

Abbildung 7.2: Verdeutlichung von Wahrnehmungsgewohnheiten

Abgebildet sind dort Punkte, Winkel und Striche. Das Auge sieht aber ein Quadrat, zwei Dreiecke und einen offenen Raum. Visuelle Einzelinformationen werden also vom Menschen über das Auge spontan zu einer übergeordneten Einheit, einem Bild, zusammengefaßt.

Für die Gestaltung von Schaubildern können wir einiges daraus lernen, z.B. daß wir durch Formgebung und Anordnung der Teile eines Bildes die Wahrnehmung durch unser Publikum in unserem Sinne beeinflussen können. Bei der Schaubildgestaltung müssen wir z.B. darauf achten, daß sich die Hauptinformation gut von der Umgebung abhebt und die zu treffende Aussage durch die Darstellungsart verstärkt wird. Abgesehen von der Formgebung, Größe und Zuordnung einzelner Figuren können bestimmte Informationen auch durch die Farbgebung hervorgehoben werden.

Farben haben unmittelbaren Einfluß auf die Gefühle des Betrachters. Sie lösen Assoziationen (= Verknüpfungen von Vorstellungen) mit unterschiedlichen Empfindungen aus. Sie werden als warm, kalt, traurig, heiter, anregend oder bedrückend empfunden.

gelb	hell, heiter
orange	warm, froh, festlich
rot	aktiv, stark aufreizend
blau	kalt, stabil, angenehm
grün	passiv, ruhig, natürlich

Abbildung 7.3: Farben und ihre Wirkung

Entscheidend ist dabei immer auch die Helligkeit der Farben und die Farbtönung der Umgebung. In einem Schaubild ist das Verhältnis der Farben zueinander für die Gesamtwirkung ausschlaggebend. Wichtig ist dabei eine gute Kontrastwirkung. Der Kontrast ist um so stärker, je größer der Helligkeitsunterschied zwischen der Farbe des Untergrundes und der Farbe der Schrift oder Zeichnung ist. So reizvoll farbige Darstellungen sein können – für visuelle Darstellungen sollten sie nicht um ihrer selbst willen eingesetzt werden, sondern jeweils nur der Unterstützung und Verstärkung der inhaltlichen Aussage dienen.

Oft kommen Sie auch nicht darum herum, einzelne wichtige Begriffe, Definitionen und Merksätze herauszustellen. Dabei muß die Schrift, ebenso wie die Bildüberschriften, gut lesbar sein. Erwarten Sie nicht, daß Ihr Publikum sich anstrengen wird, um zu entziffern, was dort geschrieben steht. Aus Abbildung 7.4 können Sie die erforderliche Mindestbuchstabengröße für Tafelanschriften in Abhängigkeit von der Distanz zum am weitesten entfernt sitzenden Betrachter ablesen.

Abstand zwischen Tafel und am weitesten entfernten Betrachter	Mindesthöhe der Buchstaben in Zentimetern
bis 5 m	1,5 cm
5 – 10 m	2,5 cm
10 – 15 m	3,5 cm
15 – 20 m	4,5 cm
über 20 m	6,0 cm

Abbildung 7.4: Mindestgröße für Buchstaben in Abhängigkeit von der Distanz zum Betrachter

Graphisches Darstellen

Ein wichtiger Bereich der Visualisierung ist die graphische Darstellung von Quantitäten, um einen Vergleich unterschiedlicher Größen vornehmen zu können oder Entwicklungen im Zeitablauf aufzuzeigen. Dabei wird die graphische Darstellung zur Illustration und Erklärung, zur Analyse sowie als Rechenhilfe eingesetzt. Mit Hilfe von Symbolen, Zahlen und ergänzenden Tests entstehen aussagefähige Schaubilder. Zahlenmäßige Zusammenhänge und Größenordnungen können auf verschiedenste Art und Weise graphisch dargestellt werden. So werden z.b. Größenunterschiede dem Auge am einprägsamsten mit Hilfe von Säulendiagrammen verdeutlicht. Die zweckgerichtete Anwendung sowie die Vor- und Nachteile der einzelnen bildlichen Darstellungsformen zu beschreiben, würde hier sicherlich zu weit führen. Die nachfolgenden Beispiele sollen Ihnen daher lediglich einige Anregungen für den Einsatz der wichtigsten graphischen Darstellungsformen geben. Wenn Sie sich ausgiebiger hiermit beschäftigen wollen, sei Ihnen „Wie aus Zahlen Bilder werden" von *Gene Zelazny* empfohlen.

• *Säulendiagramme*

Säulendiagramme eignen sich besonders zur Veranschaulichung von Größenverhältnissen und Bestandsstrukturen. Mit ihnen kann z.b. der Vergleich von Umsätzen verschiedener Unternehmen oder eines Unternehmens in verschiedenen Perioden dargestellt werden. Die Form der Darstellung ist weitgehend dem persönlichen Geschmack überlassen. Wichtig ist jedoch, daß alle Säulen an der Basis gleich breit sind. Sonst wird aus der Säulen- eine Flächendarstellung, was zu Verzerrungen und sogar zu Manipulationsmöglichkeiten führen kann. Außerdem sollten Sie darauf achten, daß die Wahl der Maßstäbe eine größtmögliche Aussagekraft zuläßt. Wichtig ist bei jedem Diagramm, daß aus der Überschrift eindeutig hervorgeht, um was es sich handelt. Ein nicht gekennzeichnetes Diagramm ist weitgehend wertlos.

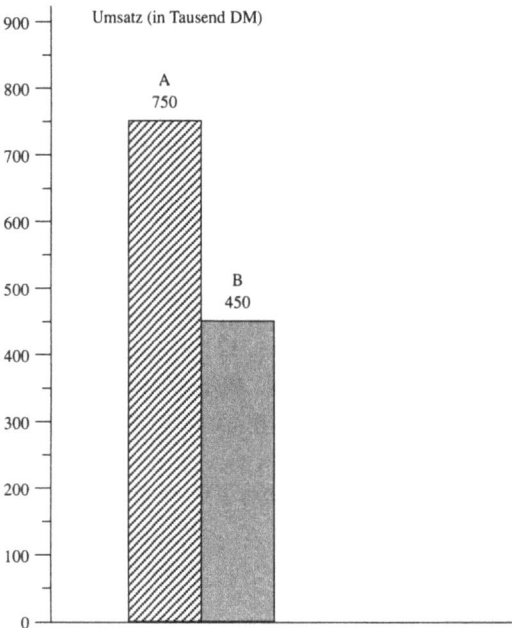

Abbildung 7.5: Beispiel für ein Säulendiagramm – Vergleich der Jahresumsätze von Unternehmen A und B

• *Kurvendiagramme*

Kurvendiagramme sind am besten zur Darstellung von Entwicklungen im Zeitablauf und in kontinuierlichen Prozessen geeignet. Damit lassen sich beispielsweise Größenentwicklungen von Umsätzen und Kosten innerhalb bestimmter Zeiträume veranschaulichen. Damit der Leser einen wirklichkeitsnahen Eindruck des dargestellten Stoffes erhält, sollte der Maßstab so gewählt werden, daß die Kurve die durch die Koordinatenachsen vorgegebene Fläche möglichst gut ausfüllt. Dazu setzt man häufig den ersten Zahlenwert mit dem Nullpunkt des Koordinatenkreuzes gleich. Betrachten sollten Sie weiterhin, daß alle aufgezeigten Entwicklungsreihen untereinander in Beziehung stehen und Sie nicht Äpfel mit Birnen vergleichen.

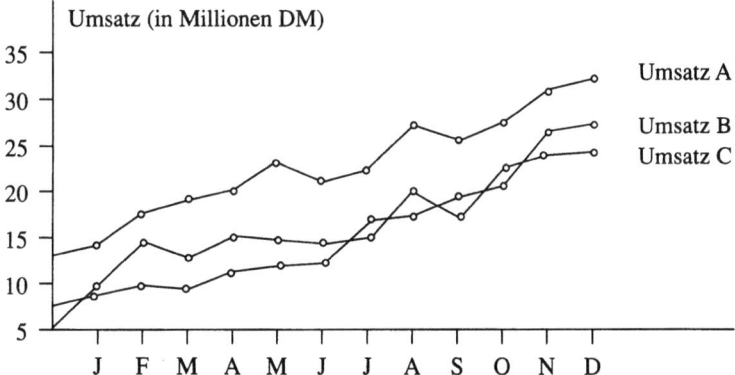

Abbildung 7.6: Beispiel für ein Kurvendiagramm – Vergleich der monatlichen Umsätze von Unternehmen A und B

• *Flächendiagramme*

Durch Flächendiagramme lassen sich Größenverhältnisse sehr gut darstellen, so z.B. Anteile einzelner Erzeugnisse an der Gesamtproduktion. Zu beachten ist dabei, daß die meisten Menschen wenig Übung im Abschätzen von Flächengrößen haben. Deshalb empfiehlt es sich, die einzelnen Flächen mit Zahlen zu versehen.

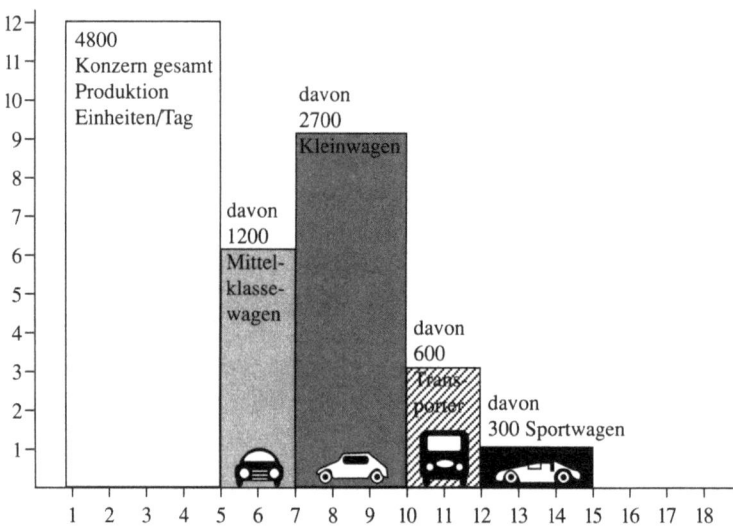

Abbildung 7.7: Beispiel für ein Flächendiagramm – Anteil der einzelnen Autoklassen an der Gesamtautoproduktion pro Tag

• *Kreisdiagramme*

Darstellungen in Kreisform sind ideal zur Veranschaulichung von Anteilsverhältnissen. Die Anteile einzelner Größen am Gesamtwert werden durch die Größe der entsprechenden Kreisausschnitte wiedergegeben (360 Grad entsprechen 100 Prozent Anteil). Auf diese Art und Weise lassen sich z.b. Umsatzanteile einzelner Produkte am Gesamtumsatz sowie Anteile einzelner Wirtschaftsbereiche am Sozialprodukt zeigen. Zur Unterscheidung der einzelnen Sektoren können Symbole wie Buchstaben, Zahlen oder auch Schraffuren und Farben benutzt werden.

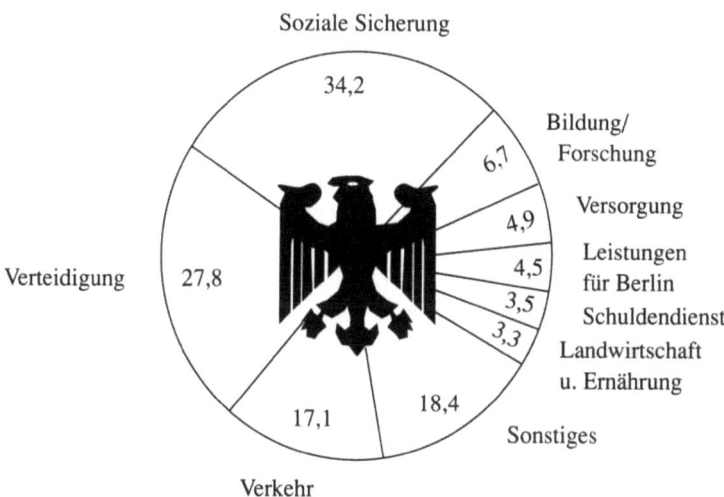

Abbildung 7.8: Beispiel für ein Kreisdiagramm – Aufgliederung der Staatsausgaben

7.4 Medien für die Präsentation

Visualisieren kann mit den unterschiedlichsten Medien erfolgen. Bei der Auswahl der Medien sollte man sich nach dem Zweck der Darstellung und nach dem Rahmen der Präsentation richten. Günstig ist es, nicht zu viele unterschiedliche Medien einzusetzen, sondern sich auf einige wenige zu beschränken, z.b. eine Blattafel (Flip-chart) und einen Tageslichtprojektor (Overhead- oder Hellraumprojektor). Bei der Auswahl der Medien ist auch der unterschiedlich hohe Vorbereitungsaufwand und die damit verbundenen Kosten zu berücksichtigen. So ist z.b. der Einsatz einer Tafel als Mittel für die Visualisierung einfach zu realisieren, während die Präsentation mit einem Film oder einer Ton-Bild-Schau beträchtlich mehr Aufwand und Kosten erfordert.

Visualisierung am Beispiel Metaplan

Außer den zuvor besprochenen Formen des graphischen Darstellens bietet sich für die Visualisierung eine große Medienvielfalt und umfangreiches Handwerkszeug an. Es werden in zunehmendem Maße technisch aufwendige Anlagen (z.b. Video, Computer) eingesetzt, aber auch die herkömmlichen Medien wie Wandtafel, Overhead-Projektor usw. haben nichts an Aktualität eingebüßt. Verstärkt in den Mittelpunkt gerückt ist das Verfahren der Metaplan- bzw. Moderationsmethode. Sie soll im folgenden kurz geschildert werden.

Das wesentliche Grundelement dieser Technik ist die optische Darstellung eines Gesprächsverlaufs innerhalb einer Arbeitsgruppe. Geleitet wird die Arbeitsgruppe von einem sogenannten Moderator, der durch gezielte Fragen zu einem bestimmten Problem versucht, die Gruppenmitglieder zu einer Auseinandersetzung mit dem Thema zu motivieren. Der Moderator selbst soll sich möglichst neutral verhalten, d.h. keine Wertungen vornehmen und keine Monologe halten, sondern gut zuhören und durch gezielte Fragen die Diskussion anregen können. Faustregel für den Moderator: fragen statt sagen!

Oberstes Prinzip bei der Durchführung der Metaplan- bzw. Moderationsmethode ist die aktive Beteiligung aller Teilnehmer. Jedes Gruppenmitglied soll gleichberechtigt die Gelegenheit erhalten, sein Wissen und seine Meinung in die Diskussion einzubringen. Dazu bedient man sich der Kartenabfrage, d.h. jedes Gruppenmitglied schreibt seinen Vorschlag auf ein Kärtchen. Die Kärtchen wiederum werden an einer großen mit Packpapier versehenen Stecktafel für alle sichtbar angebracht.

Das wichtigste methodische Hilfsmittel der Metaplan-Methode ist also die Visualisierung. Sie soll es ermöglichen, alle Informationen und Gesprächsbeiträge schriftlich festzuhalten und optisch sichtbar zu machen.

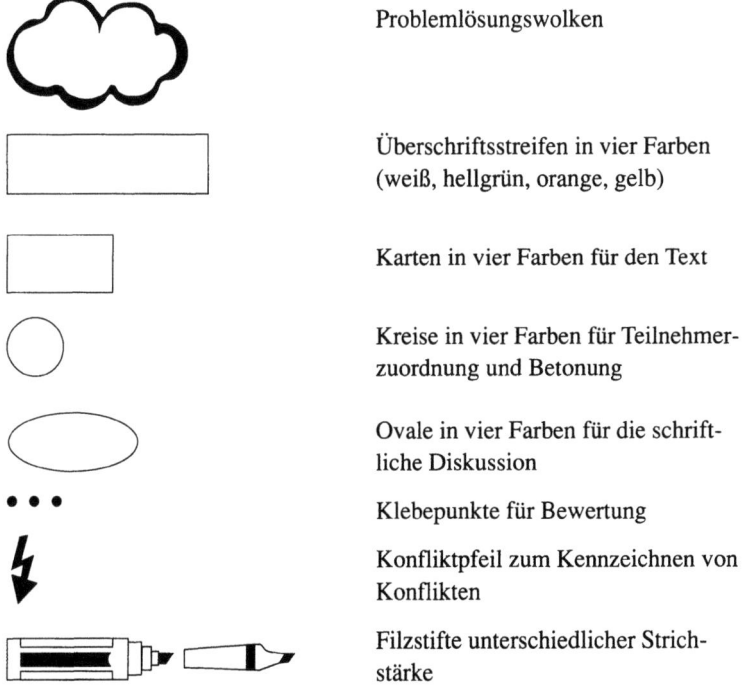

Problemlösungswolken

Überschriftsstreifen in vier Farben (weiß, hellgrün, orange, gelb)

Karten in vier Farben für den Text

Kreise in vier Farben für Teilnehmerzuordnung und Betonung

Ovale in vier Farben für die schriftliche Diskussion

Klebepunkte für Bewertung

Konfliktpfeil zum Kennzeichnen von Konflikten

Filzstifte unterschiedlicher Strichstärke

Abbildung 7.9: Elemente der Visualisierung bei Metaplan

Mit Hilfe dieser Kommunikationswerkzeuge werden Teilnehmern das zu behandelnde Problem und alle dazugehörigen Informationen sowie die eigenen Diskussionsbeiträge und die der anderen Gruppenmitglieder durchgängig vor Augen geführt. Dies ermöglicht die Zusammenfassung gleichartiger Aussagen zu Problembündeln und das systematische Abarbeiten aller Karten. Damit werden Wiederholungen vermieden, und somit wird die Informationsdichte und letztlich auch die Problemlösungsqualität erhöht. Außerdem bewirkt dies, daß auch unbequeme und eigenwillige Meinungsäußerungen nicht einfach „vergessen" werden können. Ein weiterer unschätzbarer Vorteil dieser Vorgehensweise liegt darin, daß durch die Kartenabfrage aller Teilnehmer die Gelegenheit haben, gleichzeitig zu antworten, während es sich bei herkömmlichen Diskussionen in der Regel nur einige wenige zu Wort melden.

Wie so ein „Metaplan" in der Praxis aussehen kann, soll Abbildung 7.10 demonstrieren.

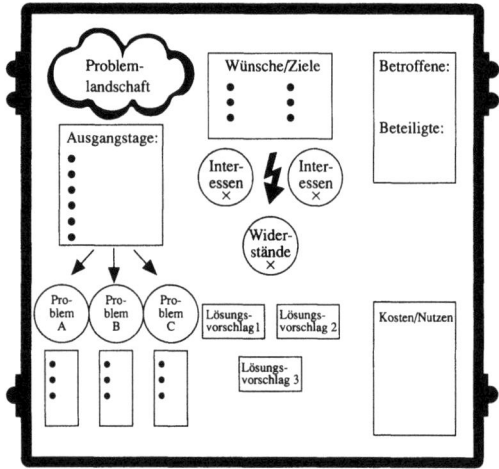

Abbildung 7.10: Problemlandschaft (nach *Klebert, K.*, u.a., Moderationsmethode, 2. Aufl., Hamburg 1984)

Arbeiten mit der Blattafel (Flip-chart)

Die Blattafel besteht aus einem Ständer, auf dem ein Block Papier im Format DIN A1 befestigt ist. Sie kann grundsätzlich ebenso wie eine Kreidetafel eingesetzt werden, bietet jedoch mehr Möglichkeiten als die bekannte Kreidetafel. So können beschriftete Blätter abgenommen und im Raum zur Erinnerung aufgehängt werden. Den Teilnehmern wird damit eine bessere Orientierung geboten. Zudem können Sie Ihre Präsentation dem jeweiligen Zuhörerkreis anpassen. Das Flip-chart ist zudem flexibel verwendbar und an jedem Ort ohne Kabel, Steckdose und zusätzlicher Leinwand einsetzbar.

Benutzen Sie bei der Arbeit mit dem Flip-chart Symbole und Zeichnungen, um Zusammenhänge transparenter zu machen oder besonders wichtige Punkte hervorzuheben.

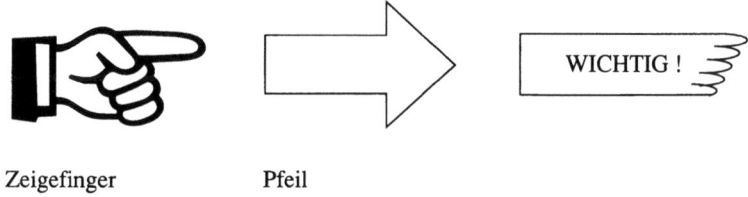

Zeigefinger   Pfeil

Abbildung 7.11: Beispiel für verschiedene Symbole

Wenn wir mit dem Flip-chart arbeiten, sollten wir nicht zu viele unterschiedliche Punkte auf ein Blatt bringen. Zeigen Sie immer nur auf den Punkt, auf den es Ihnen im Augenblick ankommt. Zu viele Hinweise verwirren den Betrachter und lenken ihn ab.

- Machen Sie Ihre graphischen Darstellungen *so groß,* daß jeder sie sehen kann, und *so einfach,* daß jeder sie verstehen kann.

Und noch etwas gilt es zu beachten: Erst wenn der Augenblick für den Einsatz des visuellen Hilfsmittels gekommen ist, dürfen Sie es zeigen. Ihre Zuhörer werden sonst nur auf das Bild schauen und Ihnen kaum zuhören. Erläutern Sie Ihre Graphiken so wirkungsvoll wie möglich und kreuzen Sie gegebenenfalls mit einem Farbstift immer die Punkte an, von denen Sie gerade sprechen.

Arbeiten mit dem Tageslichtprojektor

Der Tageslichtprojektor, auch Overhead- oder Hellraumprojektor genannt, gehört heute mit zu den wichtigsten Veranschaulichungsmitteln. Einer der Vorteile ist, daß der Vortragende mit dem Gesicht zum Publikum gewandt arbeiten kann. Die Präsentation kann vollständig auf Folien vorbereitet werden. Während der Präsentation kann der Vortragende mit Stiften seine Aussagen unterstreichen oder ergänzen. Das Publikum kann dies auf einer Leinwand verfolgen. Eine Verdunkelung des Raumes ist nicht notwendig.

Die Handhabung ist denkbar einfach. Der Vortragende sitzt oder steht seitlich hinter dem Overhead-Projektor. Hinter ihm befindet sich die Leinwand. Wichtig: Der Projektionsstrahl darf nicht unterbrochen werden. Alle Demonstrationen finden auf der Schreibfläche des Gerätes statt und sind sofort für das Publikum sichtbar und nachvollziehbar. Es kann mit farbigen Stiften gearbeitet werden. Für die Darstellung der Inhalte auf den Folien gelten die gleichen Regeln der Visualisierung, wie sie schon besprochen wurden.

Bei der Arbeit mit dem Overhead-Projektor unterscheiden wir drei verschiedene Techniken, wie wir mit den Transparenten (Folien) arbeiten.

Aufdecktechnik:

Das Transparent wird zum Teil mit einem undurchsichtigen Papier abgedeckt. So kann schrittweise mit Fortgang der Präsentation der nächste Punkt aufgedeckt werden. Das Publikum sieht immer nur den gerade besprochenen Punkt.

Unterlegtechnik:

ein vorbereitetes Transparent mit einem Grundmuster liegt unter einer unbeschriebenen Folie und wird durch Beschreiben der Folie ergänzt. Das Grundmuster kann danach wieder verwendet werden.

Überlegtechnik:

mehrere Transparente können nacheinander übereinander gelegt werden, und so unsere Aussagen zusammenfügen. Das Schaubild wird schrittweise aufgebaut.

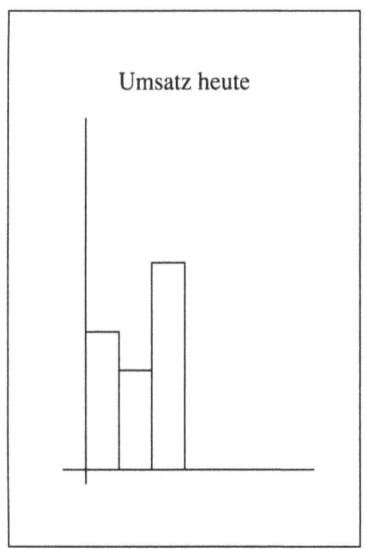
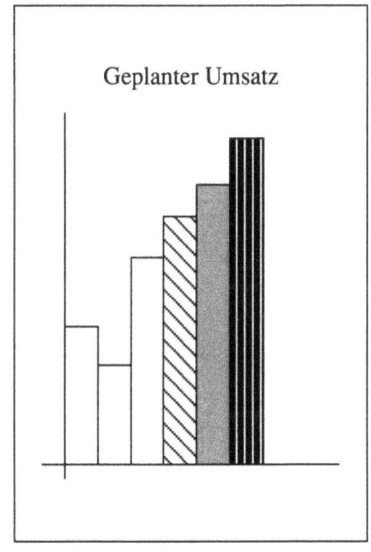

Schritt 1: Zuerst zeichnen Sie die Basisfolie.

Schritt 2: Auf der nächsten Folie legen Sie deckungsgleich weitere Informationen auf.

Abbildung 7.12: Beispiel für die Überlegtechnik

253

Zusammenfassung

Gesehenes wird leichter aufgenommen und besser behalten als Gehörtes. Diese Tatsache macht deutlich, wie wichtig der Einsatz visueller Hilfsmittel zu Veranschaulichungszwecken ist. Vorträge aller Art können wesentlich wirkungsvoller und lebendiger gestaltet werden, wenn wir den optischen Kanal, also das Auge, mit einbeziehen. Um beim Publikum die gewünschte Wirkung, nämlich erhöhte Aufmerksamkeit und besseres Behalten, zu erzielen, müssen wir zwei Dinge beachten. Zum einen müssen wir die Wahrnehmungsgewohnheiten berücksichtigen, d.h. die Art und Weise, wie das menschliche Auge auf bestimmte Umweltreize reagiert, und zum anderen muß die rein handwerkliche Ausführung unserer Schaubilder stimmen.

Literaturangaben

ALLPORT, F.H. (1924): Social Psychology. Boston: Mifflin.
ALPERT, R. (1957): Anxiety in academic achievement situations: Its measurement and relation to aptitude. Diss. Stanford: Stanford University.
ALPERT, R.; HABER, R.N. (1960): Anxiety in academic achievement situations. Journal of Abnormal and Social Psychology 61. S. 207–215.
ARGYLE, M. (1979): Körpersprache und Kommunikation. Paderborn: Junfermann.
ARNOLD, W.; EYSENCK, H.J.; MEILI, R. (Hg.) (1980): Lexikon der Psychologie. Freiburg: Herder.
CHERRY, C. (1967): Kommunikationsforschung – eine neue Wissenschaft. Hamburg: S. Fischer.
COMELLI, G. (1985): Training als Beitrag zur Organisationsentwicklung. München: Hanser.
COOPER, C.L. (1987): Streßbewältigung. Person, Familie, Beruf. München: dtv.
CORREDOR, J.M. (1955): Conversations avec Pablo Casals. Paris: o.V.
DAVISON, G.C.; NEALE, J.M. (1988): Klinische Psychologie. 3., neubearb. u. erw. Aufl. München: Psychologie Verlags Union.
DENNEY, D.R. (1974): Active, passive, and vicarious desensitization. Journal of Counseling Psychology 21. S. 369–375.
DENNY, D.R.; RUPERT, P.A. (1977): Desensitization and self-control in the treatment of test anxiety. Journal of Counseling Psychology. 24. S. 272–280.
DOCTOR, R.M.; ALTMANN, F. (1969): Worry and emotionality as components of test anxiety: Replication and further data. Psychological Reports 24. S. 563–568.
DORSCH, F. (1982) (10): Psychologisches Wörterbuch. Bern: Huber.
dtv-Lexikon. München: dtv.
ECKHARDT, J.; LÜCK, H.E.; MERTESDORF, F. (1970): Untersuchungen zum Lampenfieber. Das Orchester 10. S. 445–451.
FLIEGEL, S. (1980): Verhaltenstherapie bei Ängsten, Teil 3: Graduierte Konfrontation in der Realität. (Lehrfilm) Göttingen: Institut für den wissenschaftlichen Film.
FLIEGEL, S.; GROEGER, W.M.; KÜNZEL, R.; SCHULTE, D.; SORGATZ, H. (1989): Verhaltenstherapeutische Standardmethoden. München: Psychologie Verlags Union.
FLORIN, I. (1975): Die Praxis der Systematischen Desensibilisierung. In: FLORIN, I.; TUNNER, W. (Hg): Therapie der Angst: Systematische Desensibilisierung. München: Urban & Schwarzenberg. S. 241–267.
GEISSNER, H. (1976): Rhetorik. München: Bayrischer Schulbuch-Verlag.
GORDON, T. (1986): Managerkonferenz. Hamburg.
GRAUMANN, C.F. (1972): Interaktion und Kommunikation. In: GRAUMANN, C.F. (Hg): Handbuch der Psychologie, Bd. 7, Sozialpsychologie, 2. Halbband. Göttingen: Hogrefe. S. 1109–1262.

HINSCH, R.; PFINGSTEN, U. (1983): Gruppentraining sozialer Kompetenzen. München: Urban & Schwarzenberg.
HOLES, Th.; RAHE, R. (1967): Holmes-Rahe Social Readjustment Rating Scale. Journal of Psychosomatic Research 2.
IZARD, C.E. (1981): Die Emotionen des Menschen. Eine Einführung in die Grundlagen der Emotionspsychologie. Weinheim: Beltz.
JACOBSON, E. (1938): Progressive Relaxation. Chicago: University of Chicago Press.
LAY, R. (1974): Dialektik für Manager. München: Wirtschaftsverlag Langen-Müller/Herbig.
LEINS, B. (1984): Gespräche führen – zuhören. Hamburg/Wiesbaden: Institut für Lernsysteme GmbH.
LEMMERMANN, H.: Lehrbuch der Rhetorik. München: Goldmann Verlag.
LEVI, L. (1981): Psychosoziale Reize, psychophysiologische Reaktionen und Krankheit. In: NITSCH, J.R. (Hg): Streß. Theorien, Untersuchungen, Maßnahmen. Bern: Huber. S. 188–212.
LIEBERT, R.M.; MORRIS, L.W. (1967): Cognitive and emotional components of test anxiety: A distinction and some initial data. Psychological Reports 20. S. 975–978.
LÜCK, H.E. (1969): Soziale Aktivierung. Untersuchungen zur Gültigkeit der modifizierten Social-Facilitation Hypothese von Robert F. Zajonc. Köln: Wison.
MANDEL, A.; MANDEL, K.H.; STADTER, E.; ZIMMER, D. (1971): Einübung in Partnerschaft. München: Pfeiffer.
MCCROSKEY, J.C. (1968): An introduction to rhetorical communication. Englewood Cliffs: Prentice-Hall.
MEAD, G.H. (1975): Geist, Identität und Gesellschaft. Frankfurt: Suhrkamp.
MEICHENBAUM, D.W. (1979): Kognitive Verhaltensmodifikation. München: U & S.
MORRIS, L.W.; LIEBERT, R.M. (1969): Effects of anxiety on timed and untimed intelligence tests. Journal of Consulting and Clinical Psychology 33. S. 240–244.
MORRIS, L.W.; LIEBERT, R.M. (1970): Relationship of cognitive and emotional components of test anxiety to physiological arousal and academic performance. Journal of Consulting and Clinical Psychology 35. S. 332–337.
NECKERMANN, B. (1979): Redekunst in der Praxis. Düsseldorf: Econ Verlag.
ORTLIEB, P. (1973): Sozialpsychologische Aspekte der systematischen Desensibilisierung. Diss. Köln.
OSGOOD, C.E. (1963): Psycholinguistics. In: KOCH, S. (Hg): Psychology: a study of science. Vol. IV. New York: McGraw-Hill.
OSGOOD, C.E.; SEBEOK, T.A. (1965): Psycholinguistics. Bloomington/Ind.: Indiana University Press.
PAUL, G.L. (1966): Insight vs. desensitization in psychotherapy. Stanford o.V.
RECHTIEN, W. (1973): Einstellungs- und Verhaltensänderung durch Kommunikation in der Gesprächspsychotherapie. Diss. Münster: Westfälische Wilhelms-Universität.

Rechtien, W. (1988): Beratung im Alltag. Psychologische Konzepte des nichtprofessionell beratenden Gesprächs. Paderborn: Junfermann.
Rechtien, W. (1989): Angewandte Gruppendynamik. Hagen: FernUniversität. Reden, die die Welt bewegten. Stuttgart: Mundus Verlag (1986).
Rogers, C.R. (1951): Client-centered therapy. Boston: Mifflin.
Sarason, I.G. (1958): The effects of anxiety, reassurance, and meaningfulness of material to be learned in verbal learning. Journal of Experimental Psychology 56. S. 472–477.
Sarason, I.G. (1972): Experimental approaches to test anxiety: Attention and the uses of information. In: Spielberger, C.D. (Hg): Anxiety: Current trends in theory and research. Vol. II. New York: Academic Press. S. 383–403.
Schlüter, H. (1974): Grundkurs der Rhetorik. München: dtv Verlag.
Schopenhauer, A. (1989): Eristische Dialektik. Zürich: Haffmans Verlag.
Schrader, E.; Gottschall, A.; Runge, Th. E. (1984): Der Trainer in der Erwachsenenbildung. Rollen, Aufgaben, Verhalten. In: Jeserich, W. u.a. (Hg): Handbuch der Weiterbildung für die Praxis in Wirtschaft und Verwaltung. Bd. 5. München: Hanser.
Schuh/Watzke (1983): Erfolgreich Reden und Argumentieren. München: HueberHolzmann Verlag.
Schultz, I.H. (1966): Das Autogene Training. Stuttgart: Thieme.
Schwarzer, R. (1981): Besorgtheit und Aufgeregtheit als unterscheidbare Komponenten der Leistungsängstlichkeit. Psychologische Beiträge 23. S. 579–594.
Schwarzer, R. (1983): Angst und Furcht. In: Euler, H.A.; Mandl, H. (Hg): Emotionspsychologie. Ein Handbuch in Schlüsselbegriffen. München: Urban & Schwarzenberg. S. 147–156.
Selye, H. (1936): A syndrome produced by diverse nocuous agents. Nature 138. S. 32.
Selye, H. (1937): Studies on adaptation. Endocrinol. 21. S. 169–188.
Selye, H. (1981): Geschichte und Grundzüge des Streßkonzepts. In: NITSCH, J.R. (Hg): Streß, Theorien, Untersuchungen, Maßnahmen. Bern: Huber. S. 163–187.
Shannon, C.E.; Weaver, W. (1949): The mathematical theory of communication. Urbana/Ill.: University of Illinois Press.
Sieland, B. (1977): Metakommunikation. In: Meyer, E. (Hg): Handbuch Gruppenpädagogik – Gruppendynamik. Heidelberg: Quelle & Meyer. S. 62–63.
Spiegler, M.D.; Morris, L.W.; Liebert, R. M. (1968): Cognitive and emotional components of text anxiety: Temporal factors. Psychological Reports 22. S. 451–456.
Thiele, A. (1988): Die Kunst zu überzeugen. Düsseldorf: VDI Verlag.
Triplett, N. (1987): The dynamogenic factors in pacemaking and competition. Am. J. Psych. 9. S. 507–533.
Ullrich, R.; Ullrich, R. (1976): Einübung von Selbstvertrauen und sozialer Kompetenz. Bd. I–III. München: Pfeiffer.

WATZLAWICK, P.; BEAVIN, J.; JACKSON, D.D. (1969): Menschliche Kommunikation. Formen, Störungen, Paradoxien. Bern: Huber.
WELLER, M. (1954): Das Buch des Redekunst. Düsseldorf/Wien: ECON Verlag.
WIENER, N. (1968): Kybernetik. Reinbek: Rowohlt.
WINE, J. (1971): Text anxiety and direction of attention. Psychological Bulletin 76. S. 92–104.
WOLPE, J. (1958): Psychotherapy by reciprocal inhibition. Stanford: Stanford University Press.
ZAJONC, R.B. (1965): Social facilitation. Science 149. S. 269–274.
ZDORA, J. (1988): Reden und Verhandeln. Hamburg/Wiesbaden: Institut für Lernsysteme GmbH.
ZELAZNY, Gene (1989): Wie aus Zahlen Bilder werden. 2. Aufl. Wiesbaden: Gabler Verlag.

Stichwortverzeichnis

A
Abwehr unfairer dialektischer Angriffe 225 ff.
Ängstlichkeit 19
Akzeptanz des anderen 123 ff.
Allgemeines Adaptations-Syndrom 48 f.
Angst 17 ff., 22
Angstarten 41
Angst vor der Angst 54
Argumentation 191 f.
– partnerorientierte 193
Argumentationspläne 197
Aufdecktechnik 252
Aufgeregtheit 31
Aufmerksamkeitsorientierung 30
Aussprachen 209

B
Beeinflussung 114
Beratungen 209
Beurteilungsgespräch 127 ff.
Blattafel 251
Blickkontakt 107
Block-Manuskript 101

D
Debatte 211 f.
– dialektische Regeln 216
– Regeln 212 ff.
Dekodierung 138
– fehlerhafte 153
Denken 10
Desensibilisierung, systematische 71 ff.
Dialektik 171 ff.
– drei Säulen 174
– faire 174
– unfaire 175

Diskussion 208
– dialektische Regeln 216
– wichtigste Regeln 210
Distreß 51

E
Eindruck, erster 113
Empfänger 149 f.
Enkodierung 138
– fehlerhafte 152
Entspannung 53
Entspannungstraining I: Arme 58 ff.
Entspannungstraining II: Gesicht, Nacken, Schultern 68 ff.
Entspannungstraining III: Atmung, Bauch, Rücken, Beine 77 ff.
Erörterungen 209
Erregung 21
Eustreß 51
Existenzangst 22

F
Face-to-face-Situation 148
Feedback 156 ff.
Flächendiagramme 246
Flip-chart 251
Frageformen 184
Fragen 181 ff.
– Alternativ- 187
– Gegen- 188
– geschlossene 185
– Informations- 186
– offene 185
– reflektierende 189
– rhetorische 187
– Suggestiv- 188
Fünfsatz 198
– Aufsatzgliederung 199
– Ausklammerung 205

– dialektischer Aufbau 201
– Kette 200
– Kompromiß 203
– Vergleich 203
– vom Allgemeinen zum Besonderen 201
Furcht 18 f.

G
Gedankenstop 64 f.
Gefühle 196
Gesprächsanteile, subjektive 111
Gesprächsformen, dialektische 207
Gesprächsführung
– erfolgreiche 175
– Stufen 176
Gesprächsgegenstand 115 f.
graphisches Darstellen 243

H
Hand 107
Hellraumprojektor 252
Hören 10
Interaktion 134 ff.
Interview 219
– Regeln 221

K
Kennedy, J. F. 85 ff.
Kommunikation 133 ff., 137
– analoge 148
– digitale 148
– nichtsprachliche 145, 151
– nonverbale 141
– sprachliche 145
– verbale 141, 151
Kommunikationsmodell
– nach McCroskey 140
– nach Osgood und Sebeok 139
– nach Shannon und Weaver 138
Kommunikationsprozesse 152
Konferenzen 209
Konfliktgespräch 126 f.

Kreisdiagramme 247
Kurvendiagramme 245

L
Lampenfieber 14 ff.
– Auswirkungen 23 ff.
– leistungsförderndes 38
– leistungshemmendes 39
Leistung 25
Leistungsangst 22, 26 ff., 31
– Komponenten 33

M
Manipulation 232 f.
Meinungsaustausch 209
Metakommunikation 159 ff.
Metaplan 248 f.
Monologe, innere 61
Mund 107

O
Optik 106
Overheadprojektor 252

P
Paraphrasieren 165
partnerbezogenes Gespräch 117 ff.
partnerzentrierte Haltung 163 ff.
Präsentation 235 ff.
– Aufbau 238
– vier Phasen 237
Projektion 112
Publikumsangst 15

R
Rationalisierung 112
Rede
– ausgearbeitete 99
– Einleitung 90
– freie 83 ff.
– Gliederung 94
– Vorbereitung und Aufbau 88 ff.
Redearten 84

Rückkoppelung 156 ff.
Rückmeldung 156 ff.

S
Säulendiagramme 244
Selbstaufmerksamkeit 31
selbstsicheres Verhalten, Merkmale 43
Selbstverbalisation 63
– negative 63
Selbstwahrnehmung 79
Selbstzweifel 31
Sender 149 f.
Seyle, Hans 47 ff.
sozial bedingte Angst 40
soziale Aktivierung 24
soziale Angst 22
Sprache 9, 105
Sprechen 10
Steckenbleiben 103
Stressoren 49
Stichwort-Manuskript 100
Stimme 105
Stoffsammlung 91
Streitgespräch 222
– Regeln 223
Streß 19, 46 ff.
– psychosozial bedingter 50
Streßfaktoren 46 ff.
Streßsituationen 52

T
Tageslichtprojektor 252

U
Überlegtechnik 253
Überzeugungstechniken 191
Unterlegtechnik 253

V
Verbalisieren 167
– partnerzentriertes 170
Verdrängung 112
Verhandlung 175
Verhandlungsstrategie, Regeln 195
Verständlichmacher 93
visuelle Hilfsmittel 239
Vorurteile 113

W
Wahrnehmungsgewohnheiten 241
Watzlawick/Beavin/Jackson 146

Z
Zuhören
– aktives 125, 163 ff.
– passiv aufmerksames 163 ff.
Zwischenrufe 104 f.

Management-Literatur von GABLER: konkret und gewinnbringend im Einzelfall, fast verwirrend facettenreich in der Gesamtschau des Angebots.

Aber das ist es ja. Die Aufgaben, die Manager und Führungskräfte heute zu erfüllen haben, sind nun mal facettenreich.

Zwei Wissenschaftler veranschaulichen das in einem Management-Lehrbuch für Studenten auf ihre Weise: „Man kann sich das Management als eine komplexe Verknüpfungsaktivität vorstellen, die den Leistungserstellungsprozeß gleichsam netzartig überlagert und in alle Sachfunktionen steuernd eindringt." (Zitat aus Steinmann/ Schreyögg, Management)

Was im Lehrbuch Dozenten ihren Studenten vermitteln wollen, zeigt das GABLER-Management-Programm in seiner tatsächlichen Ausprägung.

Da stehen Titel wie "Familienunternehmen", "Kundenmanager", "Innovation" scheinbar willkürlich nebeneinander, da werden "13 Leitbilder eines Managers von morgen" gegen das "Management von Joint Ventures" geklappt, da stützt das "Total Quality Management" die "Computer-Dimensionen" (oder umgekehrt), da hat man eine schwache Andeutung des "CI-Dilemmas" und muß schließlich erkennen, daß "Vernetztes Denken", "Konfliktmanagement" und "Management der Hochleistungs-Organisation" nur Voraussetzung (oder Ergebnis?) von "Management-Effizienz" ist. Wer dann noch "Vom Sinn zum Gewinn" denken kann und seine "Organisationskultur" danach ausrichtet, der braucht sich kaum noch mit "Intrapreneuring" oder Führungsfragen zu beschäftigen.
Oder doch und gerade?

Wie auch immer, die Zahl der Titel wächst weiter. Ganz gezielt, mit Umsicht ausgewählt und kompetent betreut. Denn auch die Aufgaben im Management wachsen, ständig gibt es neue Problemlösungen, eröffnen sich ungeahnte Perspektiven.

Die die hier darüber schreiben, sind weder Romanautoren, noch zum Publizieren verpflichtete Wissenschaftler. Es sind Frauen und Männer, die das harte und spannungsreiche Geschäft des Managements von innen heraus kennen,

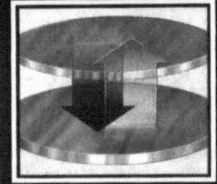

GABLER

die direkt zur Sache kommen und keine Zeit für Schnörksel verlieren - weil sie wissen, für wen sie die Bücher schreiben, und weil sie möchten, daß die Leser etwas davon haben.

Nachfolgend noch zwei ideale Geschenkbände:

Anders, Peter E. (Hrsg.)
Betriebswirtschaftslehre humoris causa
1991, 335 S., Geb. DM 38,–
ISBN 3 409 18902 5

Management Heute
Ein Lesebuch
1991, 335 S., Geb. DM 58,-
ISBN 3 409 18902 5

Weitere Informationen erhalten Sie bei Ihrem Buchhändler oder direkt vom Verlag, Taunusstr. 54, 6200 Wiesbaden.

MIX
Papier aus verantwortungsvollen Quellen
Paper from responsible sources
FSC® C105338

If you have any concerns about our products,
you can contact us on
ProductSafety@springernature.com

In case Publisher is established outside the EU,
the EU authorized representative is:
**Springer Nature Customer Service Center GmbH
Europaplatz 3, 69115 Heidelberg, Germany**

Printed by Libri Plureos GmbH
in Hamburg, Germany